다섯 살 그림책

일러두기

1. 도서명과 저자명은 출판사의 표기를 따랐고, 출간 연도의 경우 초판 발행 연도를 표기했습니다. 그러나 출판사가 재발행을 하며 연도를 수정한 경우는 이에 따랐습니다.
2. 그림 작품이나 노래 제목, TV 프로그램, 애니메이션, 영화의 제목은 홑낫표(「 」), 단행본을 포함한 책자의 제목 등은 겹낫표(『 』)로 표시했습니다.
3. 이 책을 쓰기 위해 참고한 도서의 목록은 책 뒤에 따로 '참고 도서'에 실었습니다.
4. 책에 실린 저작물은 저작권자의 허락을 받아 실었으나 일부는 연락이 닿지 않아 미처 허락을 구하지 못했습니다. 연락이 닿는 대로 허락을 구하고 협의과정을 밟겠습니다.

어린이를 평생 독자로 이끄는, 부모를 위한 그림책 독서법

다섯 살 그림책

한미화·황유진 지음

열린어린이

다섯 살 그림책이
미래의 독자를 만들어요

스무 살 무렵에는 무라카미 하루키의 『상실의 시대』를 읽었습니다. 청춘과 사랑을 담은 소설이었지요. 요즘은 가끔 같은 작가의 『달리기를 말할 때 내가 하고 싶은 이야기』를 읽습니다. 마라톤에 빗대어 삶을 이야기하는 에세이입니다. 이 책에서 작가는 오십 대가 되었다며 "나이를 먹어간다는 것은 태어나서 처음으로 체험하는 것이고, 거기에서 느끼는 감정 역시 처음"이라는 말을 합니다. 이 문장을 읽다가 '삶도 부모 노릇도 언제나 처음이구나' 싶었습니다. 어린이가 자라면 좀 성숙한 부모가 될까 싶지만, 꼭 그렇지는 않더라고요. 초등학생의 부모 노릇은 또 처음이니까요. 둘째는 다를 거야 기대하지만 역시 호락호락하지 않아요. 둘째는 첫째와 성격이 다르기 마련이라, 또 부모 노릇이 새롭지요.

저 역시 양육자의 길은 늘 낯설었어요. 온갖 시행착오를 겪었고 실수를 거듭했지요. 초보 엄마 시절에는 아이를 떼어놓고 출근하기 힘들어 울었고요. 아이가 조금 더 자라서는 양육과 일 사이의 균형을 맞추기 어려워 전전긍긍했어요. 성탄절에 마감하다 5분 간격으로 아이의 전화를 받은 적도 있지요. 한동안 공룡과 일본 만화에 빠진 아이를 보며 한숨을 쉬었고요.

아무리 멀어도 42.195km를 뛰고 나면 마라톤의 결승점에 이르지요. 양육도 어느 순간 '다 자랐구나' 싶을 때가 찾아오더군요.『다섯 살 그림책』은 아기가 어린이가 되고, 청년이 되는 모습을 지켜본 양육자와 아기가 초등학교에 입학하고 십 대가 되는 과정을 겪고 있는 양육자가 함께 쓴 책입니다. 두 사람 모두 처음이라 애를 먹었던 시절을 기억하며 독자에게 어린이와 그림책을 읽는 이야기를 해드리고 싶었습니다.

지나고 나면 아이와 함께 보낸 시간은 애틋해지더군요. 그중에서도 그림책을 읽어준 일은 가장 즐거운 순간으로 기억됩니다. 돌 무렵이 되자 아기가 그림책에 적극적으로 반응하고, 다섯 살 무렵이 되자 그림책의 황금기를 맞았지요. 아이가 좋아하는 작가도 생기고, 그림책 속 주인공으로 함께 이야기를 짓기도 했어요. 이 시기의 추억 중에 그림책이 빚어준 일이 많아요. 언제나 피곤한 양육자였던 제가 아이에게 온전하게 집중하는 시간이기도 했습니다. 소리 내어 읽어주다 보면 잡생각도 사라지고 오로지 아이의 반응에 민감해졌지요. 그림책을 읽다가 소곤소곤 비밀 이야기를 할 때도 있었습니다. 물론 그림책을 읽어주다 졸기도 했어요. 아이는 '그림책 읽어주는 시간'을 기다리고, 특별하게 생각했습니다. 이 순간 사랑받고 있다는 사실을 느꼈기 때문이겠죠. 이야기에서 맛보는 황홀경도 알아버렸고요. 책을 매개로 양육자와 어린이 사이에 이런 상호작용이 생기면 곧 마법이 일어납니다. 어린이가 '읽기는 편안하고 재미있는 일'이라는 기억을 갖게 되는 거지요. 연구자들이 이구동성으로 말하는 책을 즐기는 가장 바람직한 시작입니다.

물론 어린이의 독서는 생각보다 쉽지 않아요. 언제나 뜻하지 않은 일이 생겨요. 모든 좋은 것은 치명적인 어려움을 지니고 있다고나 할까요. 그림책으로 시작해 잘 읽는 사람이 되기까지 긴 시간이 필요하고, 효과는 천천히 나타나지요. 어린이가 예기치 않은 고집을 부릴 때도 많습니다. 한 권의 책을 마르고 닳도록 읽어달라고 조르기도 하고요. 특정 분야만 고집하기도 해요. 양육자 역시 꾸준히 읽어주기 어렵고, 불안이 고개를 들기도 합니다. 어린이가 산만하고 집중을 못 하면 걱정이고요. 이웃집 아이가 그림책으로 한글을 떼었다고 하면 마음이 급해져요. 옛이야기 그림책을 읽다가 어려운 말을 설명해야 할지도 헷갈려요. 저도 비슷했어요. 다행히 평론가는 "왜 그럴까?"를 고민하고 공부하는 직업이지요. 양육자 시절, 그림책을 읽어주다 궁금했던 것을 하나둘 모아 이 책에 담았습니다. 이 책은 어쩌면 아주 오래오래 쓰인 책입니다. 겪어보니 어린이의 세계를 이해하면 양육자가 조금은 덜 조급해질 수 있더군요. 읽어주는 기쁨과 보람에 집중할 수도 있고요.

평생 독자를 만드는 가장 쉬운 방법은 부모와 어린이가 함께 즐긴 그림책으로부터 시작됩니다. 하지만 먼 길이니 동행자가 필요하겠다 싶은 마음을 담아 『다섯 살 그림책』을 썼습니다. 책 속에 양육자가 그림책을 읽어주며 겪는 궁금증과 어려움을 헤아려 담았습니다. 어린이는 성장에 따라 변화가 크니 연령을 기준으로 부를 나누어 설명했고요. 또 상황에 따라 함께 읽으면 좋을 그림책을 고전과 신간으로 나누어 소개했습니다. 성인 독자가 부러 고전을 찾아 읽듯, 고전 그림책을 접하면 그림책을 보는 안목이 발전하니까요. 일단 재미를 느끼면 어린이와 양육자 모두 그림책을 고르는 일이 부담스럽지 않고 즐거워질 수 있습니다.

부모는 자녀에게 주고 싶은 것이 많습니다. 하지만 가장 기본이 되는 좋은 습관을 물려주는 것보다 더 값진 유산은 없습니다.

읽기는 어린이가 평생 벗할 좋은 습관입니다. 이 습관은 먼저 책과 친해지는 일로부터 시작됩니다. 특히 요즘처럼 어린이가 읽기를 싫어하고, 문해력이 걱정스러울 때는 더욱더 절실합니다. 물론 지름길은 없습니다. 함부로 일반화할 수도 없지요. 어린이에 따라, 부모에 따라, 환경에 따라 해결책도 달라집니다. 하지만 한 가지 확실한 건 있습니다.

양육자와 어린이가 그림책을 읽는 시간은 즐겁습니다.
함께 책을 읽은 충만한 시간이 평생 독서의 기반이 됩니다.

2025년 가을, 한미화

어린이에게는
더 많은 무지개의 순간이 필요합니다

휴대폰 속 사진첩을 정리하다, 아이들과 책 읽는 사진을 보면 문득 멈추게 됩니다. 대부분의 사진에서 둘째는 제 무릎에, 첫째는 제 오른쪽에 바짝 붙어 앉아 있습니다. 시선은 제 손에 들린 그림책 화면에 고정되어 있지요. 동그란 얼굴에 떠오른 진지한 표정이 사랑스러워 한참을 바라봅니다. 표지만 펼치면 손쉽게 들어갔다가 책장을 덮기만 하면 빠져나올 수 있는 초능력이 우리에게 있었지요. 작지만 힘 센 영웅들의 시절이었어요.

앙트아네트 포티스의 그림책 『엄마, 잠깐만!』에는 제시간에 기차를 타기 위해 앞만 보며 서두르는 엄마와, 자꾸만 뒤돌아보며 거리를 유심히 바라보는 아이가 등장합니다. 기차역까지 가는 동안 아이는 재미있고 궁금한 것들을 발견할 때마다 "엄마, 잠깐만!"을 외칩니다. 하지만 엄마는 여유가 없어요. 비까지 내리자 더욱 발걸음을 재촉하지요. 그 순간 "엄마, 진짜 진짜로 잠깐만요"라는 아이의 간절한 부탁에 잠시 아이를 따라 고개를 듭니다. 시선 끝에는, 비 그친 하늘에 무지개가 걸려 있습니다.

아이들에게 책 읽어주는 사진을 보고 있자면 꼭 이 그림책이 떠오릅니다. 지금에 비해 한참 앳된 제 얼굴도 믿기지 않네요. 눈가에는 피로함이 가득하지만 입꼬리에는 옅게 웃음이 묻어납니다. '해야 할 일을 잠시 잊기', '아이들 곁에 그저 있기'. 이 쉽고도 어려운 과제를 실천할 수 있었던 유일한 시간이 바로 그림책 읽어주는 시간이었습니다. 그림책은 잠깐 멈춰 같은 곳을 바라보게 함으로써, 부모와 아이 사이 찬란한 무지개가 되어줍니다.

무지개는 잠시 떴다가 사라지지요. 분명한 현실이지만 그 찰나성과 아름다움은 비현실적이에요. 아이들과 그림책 읽는 시간도 하루 중 잠깐입니다. 긴 인생으로 보아도 짧은 시간이에요. 이 잠시 잠깐의 순간 어린이는 현실과 환상을 넘나들며, 이야기의 기쁨을 배우고 모르던 낱말을 익히고 낯선 세계를 탐험합니다. 일상과는 다른 속도와 밀도로, 여름 숲처럼 무서운 기세로 자라납니다.

『다섯 살 그림책』은 어린이를 평생 독자로 이끌기 위한 첫걸음이자 마중물이 되고자 쓴 책입니다. 다섯 살은 아직 한글 읽기는 서툴더라도, 스스로 책을 고르고 말하고 느끼기에 충분한 어린 이를 상징하는 나이입니다. 이 책은 그림책 읽어주기의 의의를 살피고, 연령대 별로 어떤 그림책을 골라 어떻게 읽어줘야 할지 제안합니다. 물론 어린이에게 꼭 읽혀야 하는 책도 없으며 꼭 해 줘야 하는 책 놀이도 없어요. 그러나 발달 단계에 적합한 그림책 과 읽기 방법, 그림책 읽기 시간을 지속할 다양한 방법을 추천하 고자 노력했습니다.

이제 14살 11살이 된 아이들에게서, 좋아하던 그림책과 그 림책 작가에 대한 기억이 희미해진 걸 확인하곤 합니다. 그럼 에도 불구하고 그림책 읽던 시간이 우리에게 남긴 것은 무엇 일까, 곰곰이 생각해 봅니다. 그 중 한 가지로 "대화하는 습관" 을 들고 싶어요. 우리는 책장을 넘기며 기억을 나누고, 등장인 물에 이입하여 마음을 털어놓았습니다. 말하는 법과 듣는 법을 함께 익혔고, 서로의 생각 차이를 받아들이는 연습을 했습니 다. 이 건강한 경험은 일상에서 그림책이 빠지고 함께 있는 시 간이 줄어든 지금에도 유효합니다. 그림책을 읽으며 다져진 대 화의 습관이 여전히 우리 사이를 이어주고 있으니까요. 두 번 째로는 "믿을 수 있는 힘"을 꼽겠습니다. 그림책 속 등장인물은 늘 시련을 겪지만 결국은 갈등과 긴장이 해소되며 성장과 희망

의 결말에 이릅니다. 『고슴도치 X』등을 쓰고 그린 노인경 작가
는, "그림책의 해피엔딩은 우리가 어둠을 통과할 때 떠올릴 수
있는 좋은 날에 대한 기억을 심어준다"고 말해요. 아이들이 힘
들어하거나 스스로를 의심할 때, 저는 『씨앗 100개는 어디로 갔
을까』나 『고양이 나무』의 마지막 장면을 들려줍니다. 그림책 한
장면이 당장 문제를 해결해주지는 않지만, 아이들은 이내 고개
를 끄덕이고 제자리로 돌아가더군요. 그림책의 낙천적 결말은
어린이의 내면에 더 나은 날을 신뢰하는 힘을 심어줍니다.

　사실 이 책을 쓰다 우울해지는 날도 있었습니다. '7세 고시'는
우습고 '4세 고시'라는 말조차 낯설지 않은 시대를 살고 있으니
까요. 오직 대학 입시 결과로 귀결되는 성취 지상주의, 교육 시장
이 부추기는 부모의 경쟁 심리, 성취 압력 속에서 가중되는 어린
이 청소년의 불안과 긴장감, 출생률이 급감하여 아기 울음소리
가 줄어들고 더 이상 놀이터에서 어린이를 찾아보기 힘든 세상
에서, '아이를 꼭 안고 그림책을 읽어주라'는 말이 무슨 소용이 있
을까?' 회의가 들기도 했습니다.
　하지만 그럴수록 더 간절해지는 이야기가 있더라고요. 어린
시절의 책 읽기마저 학업과 성취의 잣대에 포섭된다면, 우리는
살면서 누구와 대화를 나누고 무엇을 믿을 수 있을까요? 어린이
에게는 더 많은 무지개의 순간들이 필요합니다. 빨리 완벽하게

자라야 한다는 다그침 속에서도, 새하얀 눈밭의 새빨간 남천 열매처럼 더 환히 빛나는 이야기가 있으리라는 믿음으로 이 책을 세상에 내어놓습니다.

함께 쓰자 청해주신 한미화 선생님께 깊은 감사를, 저를 그림책 읽어주는 엄마로 만들어주었던 두 딸 연꽃자매에게 무한한 사랑을 보냅니다.

2025년, 황유진

차
례

1부

그림책을
읽기 전에

어린이를 평생 독자로
이끌어 주세요

인지신경학자이자 아동발달학자인 메리언 울프의 어머니는 평생 특별한 순간에 딱 어울리는 적절한 시를 암송해 분위기를 돋았다고 합니다. 메리언 울프는 '어머니는 어떻게 저 많은 시를 다 외우게 되었을까' 궁금했지요. 유대인이었던 어머니는 나치의 압박을 피해 고향도 집도 친구도 모두 잃어버린 경험이 있었습니다. 그때부터 아무도 빼앗을 수 없는, 평생 간직할 수 있는 시를 외우기 시작했답니다. 암송한 시는 평생의 보물이 되어 슬프거나 기쁘거나 함께 할 수 있으니까요.

메리언 울프의 어머니처럼 자녀에게 평생 몸에 가지고 있을 보물을 남겨주고 싶다는 생각을 종종 합니다. 삶에 대한 긍정적 태도와 사랑받았다는 기억을 남겨준다면 좋겠더군요. 한 가지만 더 바란다면 책을 즐기는 습관을 추가하고 싶습니다. 독서의 즐거움을 알고, 성찰이 찾아오는 순간의 환희를 안다면 그보다 좋은 삶의 동반자는 없으니까요.

읽기는 평생을 간직할 최고의 유산

아이를 키우다 보면 필연적으로 조바심이 생깁니다. "왜 우리 아기는 말이 늦을까?"부터 "이웃집 아이는 벌써 한글을 읽는다던데?" 심지어 서너 살 아이를 둔 부모가 "사춘기가 오면 어떻게 할까 걱정이에요!"라고 해서 웃은 적도 있습니다. 아이가 자라는 만큼 부모의 근심도 따라서 커집니다. 그러니 많아야 한둘뿐인 자녀를 위해 과감한 투자를 하는 거겠지요.

어린이가 잘 성장하길 바란다면 책 읽는 사람이 되도록 이끌어 주세요. 어린이는 신체적인 성장 못지않게 내적인 성장도 필요합니다. 성숙한 독자가 되는 일은 내면의 삶을 가꾸는 일입니다. 혼자 있어도 외롭지 않은 마법의 지팡이를 갖는 일입니다. 이 유산은 부모가 읽어주는 그림책으로부터 시작됩니다. 배움을 위해 첫 단추를 끼우는 일이자 고급 독서의 기반을 닦는 일입니다. 어린이가 자라서 '무엇이 되었으면 좋겠다' 하고 바라기 전에 먼저 그림책을 읽어주세요.

저는 성인이 되어 그림책을 처음 만났습니다. 1990년대 중반, 출판사에서 일했는데 마침 한국에서 그림책이 꿈틀대던 시기였습니다. 그때 마츠이 다다시의 『어린이와 그림책』을 읽었고 그림책의 세계로 걸어 들어갔습니다. 마침 양육의 시기와 겹쳐 밤마다 아이에게 그림책을 읽어주었습니다. 생각해보면 제가 열정적인 엄마라서 그런 게 아니었습니다. 일하는 엄마로 사는 게 힘들어서 매일 권정민 작가의 그림책에 나오는 '시계탕'에 가고 싶었으며, 그림책을 읽어주다 제가 먼저 잠들 때도 많았으니까요.

잘 들어야 잘 읽는다

그렇게 시작해서 생각보다 오래 아이에게 그림책을 읽어주었습니다. 이유는 아이가 좋아했기 때문입니다. 아이는 종일 보이지 않던 엄마가 잠자리에서 그림책을 읽어주는 시간을 기다렸습니다. 그림책을 읽어주는 소리를 들으며 온전하게 사랑받고 있다고 느꼈을 겁니다. 이 세상의 모든 아기가 부모가 책을 읽어주는 소리를 들을 때 이런 편안함과 충족감을 느낍니다. 이 감정은 모든 아이가 책을 좋아하게 만드는 훌륭한 토대입니다.

그 시절 함께 읽은 그림책을 만나면 지금도 가슴 한쪽이 따뜻해집니다. 하야시 아키코의 『은지와 푹신이』는 은지와 여우 인형인 푹신이가 모래언덕으로 모험을 떠나는 이야기입니다. 기차가 잠시 정차했을 때 푹신이가 도시락을 사러 갔는데 기다리는 사람이 많습니다. 기차가 출발했는데 푹신이는 돌아오지 않자 은지가 훌쩍훌쩍 울어요. 알고보니 기차의 문에 푹신이의 꼬리가 끼여서 오도가도 못하고 있었지요. "어쩌지?" 하며 조심스레 페이지를 넘겼던 일이 어제인 듯 떠오릅니다.

푹신이를 걱정하는 은지의 마음, 차장 아저씨가 푹신이의 꼬리에 붕대를 감아주는 모습, 개에게 물린 푹신이가 아프면서도 "괜찮아"라고 말할 때 부모와 아이는 함께 걱정하고 슬퍼합니다. 마침내 할머니를 만났을 때 내 일처럼 온 마음으로 기뻐하고요. 이렇게 어린이가 제법 긴 이야기에 몰입할 수 있는 건 부모가 읽어주는 글을 이해하고, 글을 통해 전달되는 감정을 받아들일 수 있다는 뜻입니다. 학습지를 풀지 않아도 앞으로 학교에서 읽게 될 글을 이해하고 받아들일 준비를 차곡차곡하는 것이죠.

그림책을 읽어주는 일이 직접적이고 명시적으로 어린이의 읽기나 학습에 도움이 될까 하는 의심이 들기도 합니다. 요즘처럼 열심히 읽어주었지만, 학교에 들어가자마자 어린이가 학습 만화와 유튜브로 갈아탈 때는 더욱 그렇지요. 하지만 수십 년에 걸쳐 연구자들이 보여준 결과는 이것입니다. 읽어주는 소리를 많이 들은 어린이가 스스로 잘 읽는 사람이 됩니다. 잘 읽고 이해하기는 모든 학습의 기본입니다.

미래의 독자를 만드는 길

로렌 차일드의 『난 토마토 절대 안 먹어』는 어린이가 참 좋아하는 그림책입니다. 오빠 찰리가 편식하는 동생 롤라의 버릇을 재치있게 고쳐주지요. 아이와 여러 번 읽은 책인데 EBS에서 애니메이션을 방영한 적이 있습니다. 집에 오자마자 아이가 급하게 "엄마, 오늘 이상한 일이 있었어!"라고 하더군요. 찰리와 롤라가 텔레비전에 나와서 신이 났는데 뭔가 개운치 않았나봐요. "롤라 목소리가 이상해"라고 하는 거예요. 성우의 목소리가 낯설었던 거지요.

　엄마가 읽어주는 롤라의 목소리가 진짜라고 믿던 어린이, 엄마가 읽어주는 책에 푹 빠진 어린이는 이야기의 재미, 그 이상의 것을 배웁니다. 정규교육을 받은 어른은 대략 20만 개 정도의 단어를 안다고 합니다. 그러나 일상에서 1,000개 안팎의 단어를 사용할 뿐입니다. 구어와 문어에서 사용하는 어휘는 이만큼의 차이가 있습니다. 잘 읽으려면 알고 이해하는 어휘가 풍부해야 합니다. 아직 스스로 책을 읽지 못하는 어린이는 읽어주는 소리를 통해 많은 어휘를 습득합니다. 이는 훗날 스스로 책을 읽을 때 독해 능력에 큰 영향을 미칩니다.

　읽어주는 소리를 들을 때 어린이는 말을 할 때는 사용하지 않는, 문법적으로 완성된 아름다운 문장을 만납니다. 『부엉이와 보름달』에서 소녀는 아빠를 따라 부엉이 구경을 나갑니다. 추웠지만 한마디도 불평하지 않아요. 대신 "부엉이 구경을 나가면 조용히 해야 되거든요. 자기 몸은 자기가 알아서 따뜻하게 해야 되거든요."라고 말합니다. 이런 문장을 들으며 아이는 주인공의 상황을 머릿 속에 그려보게 되지요. 공감과 추론능력이 커집니다.

　읽어주는 소리를 들으며 어린이는 책에만 등장하는 단어와 아름다운 문장을 만나고 이야기의 패턴을 익히며 서서히 읽는 몸을 만들어갑니다. 글자를 읽을 수 있다고, 초등학생이 되었다고 갑자기 잘 읽게 되는 것은 아닙니다. 독서는 저절로 이루어지지 않습니다. 부모와 교사와 어른이 충분히 즐겁게 읽어주는 그림책을 통해 미래의 독자가 만들어집니다. ⁑ 한미화

좋은 책은
나이를 먹지 않아요

　부모 노릇은 쉽지 않습니다. 저도 그랬습니다. 아이 손을 붙잡고 유치원에서 병원으로 시장으로 종종거리다 겨우 집에 왔을 때였습니다. 열쇠를 두고 나왔다는 걸 알고 어찌나 맥이 빠지던지 아파트 복도에 주저앉아 울었던 적이 있습니다. "자식은 부모에게 서운한 것만 기억나고, 부모는 자식에게 못 해준 것만 사무친다"라고 하던가요. 부모로 힘들었던 일이나 아이에게 잘해주지 못한 일이 떠오르면 마음이 무겁습니다. 하지만 제게는 언제나 즐거운 기억을 불러오는 비밀이 있습니다. 아이와 함께 읽은 그림책입니다. 책을 펼치면 따뜻한 마음이 듭니다. 그림책을 읽어주고 이야기를 나누고 즐거운 추억을 만들어가는 일은 어린이

뿐 아니라 부모에게도 훗날을 위한 저축입니다.

아이가 태어나자마자 가장 먼저 보여줄 수 있는 건 초점책입니다. 류재수 작가의 『하양 까망』(전 2권)을 추천합니다. 밝음과 어두움만을 구별할 수 있는 아기를 위한 흑백그림책입니다. 손으로 그린 그림이 아기의 시각과 색감을 적절하게 자극합니다. 하지만 초점책은 종류가 적습니다. 아무래도 처음 그림책을 읽어주는 시기는 옹알이를 시작할 무렵에서 첫돌 사이에 아기 그림책으로 시작하면 적당합니다. 이때 두터운 합지로 만든 보드북이 좋습니다. 아기에게 책은 장난감입니다. 공갈 젖꼭지를 빨고, 딸랑이를 입에 넣듯, 아기 그림책을 물고 빨고 찢습니다. 그래서 보드북이 유용합니다. 아기 그림책은 말 놀이, 인지 발달, 습관 등을 주제로 삼으며 단순한 구성을 지닙니다. 간단한 이야기가 담길 수도 있습니다.

조금 더 자라면 창작 그림책을 즐기게 됩니다. 스토리 그림책의 세계는 무궁무진합니다. 서양 그림책은 영국의 작가 랜돌프 칼데콧으로부터 시작됩니다. 칼데콧은 1878년에 『잭이 지은 집』와 『존 길핀의 이야기』를 펴냈는데, 이를 그림책의 시작으로 봅니다. 그림책의 역사가 150여 년 정도 된다는 뜻이죠. 한국의 그림책은 1988년 출간된 류재수 작가의 『백두산 이야기』를 시작으로 봅니다. 대략 30여 년이 넘었지요. 그 사이 한국의 작가들이 펴낸 그림책은 물론이고, 서양에서 출간된 작품들이 국내에 많이 출간되었습니다. 어린이에게 읽어주면 좋은 그림책은 무궁무진합니다.

　어린이를 위한 그림책을 고를 때 오래전에 출간되었느냐 혹은 새로 나온 책이냐는 중요하지는 않습니다. 도리어 시간이 흘러도 의미가 바래지 않는 그림책이 더 좋을 때가 많습니다. 그림책을 두고 '손안의 미술관'이라고 합니다. 그림책의 일러스트레이션은 독자를 위한 상업미술이지만 동시에 회화, 사진, 만화, 영화 등 이미지 예술의 장점을 고스란히 수렴한 예술입니다. 초기 그림책 작가 중에는 회화나 디자인을 전공했던 사람도 많습니다. 이들은 현대 미술사의 흐름을 그림책에 적극적으로 반영했습니다.『다섯 살 그림책』에서 '그림책을 고르는 게 어려워요'라는 꼭지로 이런 이야기를 다루기도 했습니다. 아름다움을 즐길 줄 아는 어린이로 키우고 싶을 때 가장 손쉬운 방법은 훌륭한 그림책을 자주 보여주는 일입니다. 되도록 애니메이션이 사용하는 현란한 색이나 조악한 캐릭터가 담긴 책을 지양하고 아름다운 그림책을 고르세요. 안목이란 어릴 때부터 보고 느낀 것의 총합이니까요.

　그림책이라는 장르의 가장 큰 특징은 글과 그림의 조화입니다. 칼데콧을 그림책의 시작으로 손꼽는 이유도 글과 그림의 상호작용을 보여주었기 때문입니다. 다시 보아도 언제나 즐거운 그림책은 글과 그림의 화학작용이 뛰어납니다. 멀리는『작은 집 이야기』의 버지니아 리 버튼,『괴물들이 사는 나라』의 모리스 샌닥, 『우리 할아버지』의 존 버닝햄, 『고양이 맥스의 비밀』의 프로벤슨 부부로부터 가깝게는 『아모스 할아버지가 아픈 날』의 필립과 에린 스테드 부부, 『이건 내 모자가 아니야』의 존 클라센 같은 작가가 이 묘미를 잘 살린 책을 펴냈습니다. 이런 그림책을 아끼며 여러 번 읽어주세요. 어른보다 어린이가 그림책의 비밀을 먼저 알아본답니다.

어린이의 세계를 담아야

어떤 장르든 성장하면 전문화되고 세분되며 독자적인 모습을 띱니다. 유럽에서 시작한 그림책은 2차 세계대전을 거치며 미국으로 넘어가고 다시 일본으로 갔다가 1990년대 중반 이후 한국에서도 꽃을 피웁니다. 압축 성장한 한국사회의 특징은 그림책에서도 이어집니다. 이수지와 백희나 작가가 세계적인 그림책 상을 수상했고, 성인 독자를 대상으로 한 그림책도 앞다퉈 선보이고 있으니까요.

누구를 위해 책을 펴낼 것인가는 전적으로 작가의 권리입니다. 그림책은 어린이를 위해서도 어른을 위해서도 만들어질 수 있습니다. 국내에서 작가주의 그림책이 속속 출간되며 색다르고 폭넓은 책을 만나게 된 것은 큰 즐거움입니다. 로이크 프루아사르, 모니카 바렌고, 클라우디아 팔마루치, 비올레타 로피스 등의 작가는 독자적인 세계를 그림책 안에 펼쳐 내지요. 덕분에 한 권의 철학책보다 더 많은 생각 거리를 던지는 속 깊은 그림책을 만나곤 합니다.

반면 어린이가 즐길 만한 그림책은 상대적으로 귀해진 느낌입니다. 볼로냐국제아동도서전 등에서 한국의 그림책 편집자를 만난 전문가들은 "요즘 한국의 그림책에는 어린이가 보이지 않는다"는 말을 자주 한다고 합니다. 어린이를 위한 그림책은 어린이의 세계가 담겨야 합니다. 어린이는 독자적인 발달과제를 지녔으니까요. 사실 어린이와 그림책은 불가분의 관계입니다. 문자 이전에 그림으로 말하는 어린이의 특징을 반영한 미디어가 그림책이니까요. 어린이에게는 푹신이의 꼬리를 치료하기 위해 모래언덕 마을에 갈 수 있는 기차표가 필요합니다. "나만의 친구"이자 "나만의 비밀"인 알도를 이해해주는 그림책이 절실하고요. 어린이에게 읽어줄 그림책을 고를 때는 먼저 어린이의 세계가 얼마나 잘 담겨있나를 살펴야 합니다. 경험적으로 어린이를 위한 훌륭한 그림책은 어른에게도 깊은 울림을 줍니다.『다섯 살 그림책』은 이점을 고려해 책을 추천했어요.

훌륭한 그림책은 언제 읽어도 좋아요

위대한 책은 나이를 먹지 않습니다. 1813년 발표된 제인 오스틴의『오만과 편견』이, 1856년 출간한 허먼 멜빌의『필경사 바틀비』가 지금도 독자에게 환영받습니다. 출간된 지 수십 년이 지났다고 무조건 낡은 책은 아닙니다. 고전 그림책은 대부분 어린이를 위해 만들어졌고, 책의 가치는 어린이에게 읽어주면 바로 느낄 수 있습니다. 『다섯 살 그림책』은 그래서 고전 그림책과 비교적 최근에 출간된 그림책을 균형 있게 소개하려고 애썼습니다. 언제 읽어도 재미있는 책은 부모와 어린이가 그림책의 세계로 들어가는 마법의 문이 될 수 있으니까요. 출간된 지 오래됐지만 『달님 안녕』이나 『사과가 쿵!』을 아기가 여전히 좋아하는 것처럼 말입니다.

어린이에게는 다양한 책이 필요합니다. 지금의 어려움을 비춰볼 거울 같은 책과 미지의 세계로 나가도록 돕는 나침반 같은 책이 모두 필요합니다. 하지만 성급하게 목적이 뚜렷한 책을 구하고 읽어주는데 급급해하지는 마세요. 유독 우리 그림책 중에는 학습을 전면에 내세우며 부모를 불안하도록 부추기는 경우가 왕왕 있습니다. 그림책 한 권 혹은 시리즈 한 질로 어린이의 모든 걸 바꾸는 기적은 일어나지 않습니다. 그림책을 읽어준 효과가 다음날 결과로 나타나지도 않습니다. 땅을 갈고 씨앗을 뿌리고 거름과 물을 주며 새싹을 길러내듯 시간을 들여 천천히 책을 읽어주세요. 그 효과는 비록 더디지만, 평생을 두고 이어집니다.

☆ 한미화

그림책,
이렇게 읽어주세요

좋은 그림책 한 권은 잘 지어진 집과 같아요. 우리는 글과 그림으로 이뤄진 본문을 본다고 생각하지만, 사실 그림책은 그보다 많은 것들르 이뤄져 있습니다. 제목과 표지가 있고, 장을 넘기면 면지가 있고, 때로는 속표지가 나온 후에야 비로소 본문에 들어가게 되지요. 나올 때도 마찬가지예요. 본문이 끝나고, 면지가 나오고, 책을 덮으면 뒤표지까지 독자의 시선이 머물게 됩니다.

그림책을 읽어줄 때는 찬찬히 들어갔다가 찬찬히 나오는 게 좋습니다. 제목을 먼저 읽어준 후, 표지 그림을 보며 "무슨 내용일까?" 간단하게 이야기를 나눠볼 수 있어요. 밤코 작가의 『모모모모모』를 읽는다면 제목의 뜻부터 궁금증을 자아낼 거예요. 표

지에 그려진 모자, 장화, 곡식을 보며 그 뜻을 짐작해볼 수 있겠
죠. 맞추면 의기양양해하고 틀리면 반전의 재미를 느낄 테니, 어
떤 답이든 괜찮다는 걸 아이가 경험하도록 해주세요.

면지는 보통 두꺼운 표지와 얇은 본문 종이를 연결하는 화면
으로 기능하지만, 많은 작가들이 이를 작품의 프롤로그와 에필
로그처럼 활용합니다. 『모모모모모』의 앞면지에는 초록색 선이,
뒷면지에는 황금색 선이 줄 맞춰 가득 그려져 있습니다. 본문을
읽는 시간 동안, 면지의 시공간에서는 모가 벼로 자라나는 것이
지요. 서현 작가의 『눈물바다』 앞면지에는 울고 있는 눈물방울
들이, 뒷면지에는 활짝 웃는 눈물방울들이 그려져 있습니다. 울
고 있던 어린이가 일련의 사건을 거쳐 마침내 웃음에 도달하는
서사 전체가 면지에 함축되어 있지요. 그러니 본문으로 바로 들
어가지 마시고, 표지와 면지도 함께 즐겨주세요.

감정을 살려 읽어주기

아기가 어릴 때는 패런티즈parentese 화법으로 말해주는 것이
좋다고 합니다. 음성 톤은 높게, 말 속도는 느리게, 발음은 조금
과장하여 말해주는 거죠. 언어 소리 구별 능력을 향상시켜주고
메시지가 보다 분명히 전달되기 때문에, 아기들의 언어 발달에
긍정적인 영향을 미칩니다. 어린아이를 키우는 엄마나 어린이집
교사의 말을 들어보면 패런티즈 화법이 무엇인지 금방 알 수 있
습니다.

"어거~ 이거 정말 신기하다~ 한번 만져볼까?"

"우와, △△이가 좋아하는 귤이네~ 엄마랑 같이 먹자~"

패런티즈 화법은 그림책 읽어주기에서도 유효합니다. 리듬감을 살리고, 의성어 의태어를 실감나게 표현하고, 단어의 뜻도 보다 섬세하게 전달할 수 있으니까요. 특히 만 3세 이하 어린이들에게는 목소리의 고저를 강조하고 표정과 간단한 동작도 활용하며 읽어주면, 이야기를 더 효과적으로 전달하며 아이의 주의를 끌 수 있습니다.

만 3세가 지나면 굳이 이렇게 읽어주지 않아도 됩니다. 길어진 글을 계속 구연동화처럼 읽어주면 오히려 이야기의 분위기를 해칠 수 있거든요. 조금 큰 아이들에게는 유치하게 느껴지기도 하고요. 이대 중요한 건 '감정 살려 읽어주기'입니다. 서사 부분은 일상에서 말하듯 담백하게 읽되, 대화체만큼은 등장인물의 감정을 살려 읽는 거예요.

그림책 『빨간 모자라니까요!』 속 어린이 화자는 화가 잔뜩 났습니다. 할아버지가 '빨간 모자' 이야기를 영 이상하게 읽어주거든요. 빨간 모자를 검은 모자로 바꾼다던지, 늑대 대신 기린이 등장한다던지. 아이는 일일이 할아버지의 말에 대꾸하다 점점 감정이 고조되지요. 처음에는 약간 짜증을 내더니, 막판에는 얼굴이 시뻘개지도록 성을 내요. 반면 할아버지는 능청스럽게 이야기를 전개하죠. 아이의 감정이 고조되는 과정과, 할아버지와 아이의 감정 대비가 드러나도록 읽어줘야 이 그림책의 참맛을 느낄 수 있습니다.

이수지 작가는 『만질 수 있는 생각』 출판 기념회 인터뷰에서, "책이 얼마나 즐거운 경험인지를 알게 된다면 매체에 잡아먹히지는 않을 거다. 그 즐거움을 알려주는 게 어른의 역할"이라고 말한 바 있습니다. 책의 즐거움을 전달하는 데 제일 중요한 것은 감정의 뉘앙스를 살려 읽는 겁니다. 등장인물이 어떤 상황에서 어떤 감정을 느끼고 있는지, 아이가 정확하게 느낄 수 있도록 도와주는 거지요. 너무 어렵게 생각하지 마세요. 유일한 원칙은 이거예요. 슬픈 대사는 슬픈 기분으로, 기쁜 대사는 기쁜 기분으로 읽어준다!

아이와 대화하며 읽기

그림책을 늘 정석대로 읽어줄 필요는 없습니다. 특히 영유아의 경우 처음부터 끝까지 이야기를 즐기기 어려워요. 아이가 좋아하는 몇 장면에만 머물러도 됩니다. 한 발 나아가, 그림책을 양육자와 자녀 간 대화의 매개로 활용해 보세요. 이 원칙은 말 못하는 어린 아기부터, 대화가 잘 통하는 어린이까지 모두 유효합니다.

예를 들어 만 1세 아이에게 『달님 안녕』을 읽어줄 때, 저는 글 그대로 읽어준 적이 거의 없습니다. "달님이 정말 동그랗네~ 우리 △△이 얼굴처럼 동그랗네~", "차 타고 아무리 빨리 달려도 달님이 쫓아와" 등 수시로 말을 걸며, 아이가 그림에 관심을 가지도록 독려했어요. 아직 대화가 되지는 않지요. 양육자가 하는 말을 다 알아듣지도 못하고요. 하지만 일상 환경에서 어른의 말을 더 많이 듣는 아기일수록 두뇌의 언어 담당 영역이 더 발달한다고 합니다.

아이에게 자주 다양한 소재로 말을 걸고 싶지만, 단둘이 있다 보면 할 말이 잘 떠오르지 않을 때도 많습니다. 그럴 때 그림책에 기대면 소재가 무궁무진 떠오르지요. 어린 시절 경험, 옛이야기, 주변 사람 이야기 등, 평소라면 떠올리지 못했을 말을 더 폭넓고 다양하게 건넬 수 있습니다. 『작은 토끼 마시멜로』를 읽어주다, 어릴 때 친구 집에서 키우던 토끼가 카펫까지 갉아먹던 이야기를 들려줬고요. 『내 사랑 뿌뿌』를 읽어주다, 좋아했던 분홍색 체크 무늬 여름 이불 이야기를 들려주기도 했답니다.

이때 그림책은 부모가 일방적으로 전달해주는 '정보'가 아닌, 부모와 아이를 연결해주는 '이야기의 원천'이 되어줍니다. 그림책 작가 에르베 튈레의 말처럼요.

"저는 부모님들이 책을 그저 악기라고 생각했으면 좋겠습니다. 아이와 대화하기 위해 꺼내든 악기일 뿐이라고요."

온전히 연결되는 읽기

보통 잠자리 의식으로 그림책을 많이 읽어주지만, 읽어주는 시간대가 꼭 정해져 있는 것은 아닙니다. 어린이집 가기 전, 유치원에 다녀와서 씻고 난 후, 저녁 식사 후 등 양육자와 아이가 온전히 집중할 수 있는 시간이라면 언제든 좋습니다. 중요한 건 양측 모두가 '기분 좋은 시간'을 찾는 거예요. '책 읽기=즐거움'이라는 감정이 쌓여야, 독서를 오래 이어나갈 수 있으니까요.

핸드폰 하면서, 라디오를 틀어놓고, 한 손으로 책상을 치우면서 읽어주지 마세요. 이 시간만큼은 아이와 나만 세상에 존재하는 것처럼 읽어주세요. 아이들은 그림책의 내용도 좋아하지만, 양육자가 자신에게 오롯이 집중해주는 시간을 좋아합니다. 읽어줄 때 집중력을 잃으면 두 페이지를 넘어간다거나 한 줄을 건너뛰는 등 금세 티가 납니다. 이 시간만큼은 아이와 이야기 집을 짓는 일에만 몰두해 주세요.

아이를 그림책 읽기에 참여시켜 보세요. 읽고 싶은 책을 아이가 골라오도록 합니다. 물론 부모가 읽혀주고 싶은 책을 번갈아 골라, 아이의 취향을 확장시켜줄 수 있습니다. 아이가 책을 손에 쥐고 책장을 넘길 수 있도록 해주세요. 독서의 주도권을 자기가 쥐고 있다는 생각에 뿌듯해합니다. 책 제목이나, 좋아하는 주인공의 대사는 아이에게 읽어달라고 부탁해 보세요.

무엇보다 아이와 살을 맞대고 읽어주세요. 무릎에 앉히고, 어깨동무를 한 채, 같이 엎드려서, 하나씩 옆구리에 끼고요. 먼 훗날 그림책 내용이나 작가 이름은 까먹을지라도 양육자의 향기, 온기, 진동은 아이의 살 속에 스며들 테니까요. 소설가 다니엘 페나크의 말처럼 그림책 읽어주는 시간은 "친밀감이라는 우리의 유일한 낙원으로 돌아가는 순간"일 테니까요.　　　　⁝⁝ **황유진**

그림책을 양육자가
먼저 즐겨보세요

그림책과 사랑에 빠지는 데는 두 번의 큰 계기가 있었습니다. 시작은 아직 부모가 되기 전, 그림책 원화전에서 본 희한한 그림 때문이었어요. 가로로 유난히 긴 종이, 펜화로 쓱쓱 그린 그림과 구불구불한 빨간 실, 그리고 텅 빈 여백. '그림을 이렇게 그려도 되나?' 궁금증이 들어 검색해본 책이 바로 다비드 칼리와 세르주 블로크가 함께 작업한 『나는 기다립니다』였습니다. 짧은 책 안에 한 사람의 인생과 희로애락이 압축되어 있어 깜짝 놀랐어요. '그림책이 꼭 아이를 위한 것만은 아니구나!' 알게 되었죠.

부모가 된 후 그간 모았던 그림책들을 아이에게 읽어주면서, 다시 한 번 그림책과 사랑에 빠졌습니다. 이제껏 그림책을 혼자 눈으로만 읽다가, 목소리를 내어 누군가와 함께 읽으니 정말 재미있는 거예요. 어릴 적 제 취미가 인형놀이였거든요. 혼자 공주, 기사, 비련의 여주인공 등등 목소리 톤과 굵기를 조정하며 일인다역으로 놀았었죠. 오래 잠들어 있던 그 어린이가, 그림책 읽어주는 목소리 덕분에 반짝 눈을 뜬 것이지요. 8살 유진이도 같이 행복하도록, 신나게 그림책을 골라 읽었습니다.

대부분 아이가 좋아하기 때문에, 혹은 아이를 잘 키우고 싶어서 그림책을 읽어줍니다. 하지만 오직 누군가를 위한다는 이유로, 좋아하지도 않는 일을 지속하기는 쉽지 않아요. 그래서 양육자가 먼저 그림책을 즐기게 된다면, 어린이와의 독서 시간은 질적으로 양적으로 크게 변하게 됩니다. 양육자가 그림책을 즐기게 되면, 어떤 점이 달라질까요?

책을 대하는 태도는 닮아가요

"엄마, 이 책 읽어줘!"

아이가 그림책을 들고 올 때 부모의 반응은 갈립니다. "휴… 알았어. 이거 한 권만이야." 하고 마지못해 응하는 부모와 "그래, 가져와!"라며 흔쾌히 읽어주는 부모가 있지요. 아이들은 책에 대한 부모의 반응을 쉽게 알아차립니다. '아빠가 싫어하는 걸 보니 책은 재미없는 거구나', '엄마가 웃으며 읽어주는 걸 보니 책은 재미있는 거구나.'

읽기 태도란 읽기에 대한 느낌 체계, 의지를 포함한 읽기 준비

도라고 정의할 수 있습니다. 읽기 태도가 형성되는 데는 정서적 요인(책에 대한 감정), 인지적 요인(책읽기에 대한 신념), 행동적 요인(과거의 읽기 행동)이 모두 영향을 미치는데요. 특히 "읽기에 대한 감정적 반응은 독자의 독서 의지를 결정하는 일차적 이유"라고 할 정도로 정서적 요인은 매우 중요합니다.

초등학생을 대상으로 한 연구에서, 부모의 읽기 태도와 학생의 읽기 태도 간에는 어떤 관계가 있는지를 살펴보았습니다. 특히 '우리 부모는 책을 좋아한다고 생각하는가?'와 '나는 책 읽기를 좋아하는가?' 사이의 상관관계를 연구했어요. 약 74.3%의 학생들이 부모의 읽기 태도와 같은 성향의 읽기 태도를 보였습니다. 즉, 책을 대하는 부모의 태도는 어린이가 책에 대한 긍정적, 부정적 감정을 형성하는 데 영향을 미칠 수 있다는 것이죠.

부모가 책을 읽어줄 때 작가 이름이나 그림책의 내용만 전해지는 게 아닙니다. 부모가 그림책을 대하는 태도까지 아이에게 전달이 됩니다. 그림책에 대한 부모의 긍정적 정서가 선행될 때, 어린이가 지속적인 독자가 될 가능성이 높아집니다. 그러니 아이보다 먼저, 혹은 아이와 함께 그림책 친구가 될 수 있다면 참 좋겠지요?

어린이를 너그럽게 받아들일 수 있어요

우리는 어린이의 자리에서 멀어져 가며 지금의 어른이 되었습니다. 공부를 하고, 일을 하고, 결혼을 하고 아이를 낳아 돌보고 있지요. 아이는 소중하고 사랑스러운 존재지만, 한편으로는 이해가 되지 않아요. 가끔은 외계인이 하늘에서 뚝 떨어진 것도 같기도 합니다. 분명 한 때는 우리도 어린이였을 텐데, 그 존재가 무엇을 좋아하고 어떤 생각을 하는지 까맣게 잊어버린 것만 같습니다.

"아이가 도저히 이해가 안 돼요."라며 걱정하는 분들께 저는 그림책을 권합니다. 그림책 속에는 구체적인 어린이가 있거든요. 무조건 내가 먼저 해봐야 직성이 풀리는 어린이가, 어둠이 무서워서 잠 못 드는 어린이가, 친구에게 다가가지 못하는 어린이가 생생한 외피와 내면으로 그려집니다. 어린이가 어떻게 발달하고 성숙하는지, 어떤 어려움을 겪는지, 무엇을 필요로 하는지가 담겨 있어요.

첫째는 어린 시절 애착 이불을 어디에나 들고 다니는 아이였습니다. '얘는 대체 왜 이럴까?' 싶었어요. 그런데 그림책 『내 사랑 뿌뿌』를 읽으며 우리 아이와 비슷한 뿌뿌를 만났습니다. 아이는 자기와 비슷한 캐릭터를 보고 무척 기뻐했지요. 그 순간, 벼락이라도 맞은 듯 제 애착 이불이 떠올랐습니다. 여름날 덮고 자던 분홍색 체크무늬 이불이요. 제 한여름밤을 지켜줬을 뿐만 아니라, 망토로, 마법 카펫으로, 인형 이불로 변신해주던 이불이었거든요.

그림책을 읽어주는 과정에서 부모는 어린이라는 존재에 대한 힌트를 얻을 수 있어요. 다양한 개성을 가진 어린이를 보며 우리 아이가 유별난 건 아니구나 안도감을 느끼기도 하고요.

그림책을 좋아하게 되면, 단순히 힌트를 얻는 게 아니라 그 시절의 나로 자연스레 돌아갑니다. 어린이였던 나의 모습을 떠올리면 아이의 행동이 하나도 이상하지 않습니다. 제가 분홍 이불을 떠올린 순간 애착 이불을 들고 다니는 첫째의 마음을 그대로 느끼게 된 것처럼요. 설명할 필요가 없어요. 머리로 이해하는 게 아니라 몸으로 받아들이게 되었거든요. 이것이 어린이의 발달 특성임을, 그리고 그런 어린이성을 간직한 채 잘 자라날 것이라는 사실도요.

그림책은 과거의 어린이 나와 현재의 어른이 나 사이의 다리를 놓아줍니다. 그 다리 덕분에 우리는 아이를 좀 더 너그럽게 받아들일 수 있답니다. 그림책을 좋아하게 되면 저절로 받게 되는 선물 같은 마음이에요.

어떻게 좋아하면 될까요?

학부모 연수에 가면 저는 그림책을 최대한 많이 읽어드립니다. 어른들은 문자로 세상을 인식한 세월이 길기 때문에, 자기도 모르게 글을 읽으려고 애씁니다. 그러면 "글 못 읽는 다섯 살 어린이가 되었다고 생각하고, 글을 듣고 그림을 보세요."라고 권하곤 합니다. 어디선가 피식피식 웃음이 새어나와요. '아이고' 탄식이 비집고 나오고, 때로는 훌쩍훌쩍 소리도 들려오지요.

그림책을 좋아하는 방법은 딱 한 가지예요. 마음을 활짝 여는 거죠. 아이들 책인데 유치하지 않나, 하는 생각을 버리고 느낌을 그대로 받아들이는 게 중요합니다. 그림책은 성인 책과 다르게, 즉각적이고 구체적인 감정을 불러일으키거든요. 짧고 함축적인 글, 글이 다 보여주지 못하는 부분까지 표현한 개성적인 그림은 인생의 중요한 진실을 단순하면서도 정확하게 담아냅니다.

소복이 작가의 그림책 『왜 우니?』를 어른들과 함께 읽은 적이 있습니다. 어른, 아이 남녀노소 동물들까지, 수많은 눈물의 이유를 모아둔 그림책이지요. 이 책을 읽으며 우리가 그간 경험했던 많은 울음을 나누었습니다. 그중에는 아무리 힘든 일을 겪어도, 눈물이 차올라도 바깥으로 내보여 울 줄을 몰랐다던 분이 있었어요. 처음 언니에게 털어놓으며 펑펑 울었던 날, 속이 시원해지며 새로운 공간이 생겼다고도 하셨지요. "저는 눈물이 많아요. 그래서 건강합니다."

다른 한 분은 눈물이 많아서 어릴 적부터 지적을 많이 받았다고 했습니다. 하지만 그 덕분에 울고 싶어 하는 사람들을 금방 알아보고 섬세하게 소통할 수 있는 사람이 되었대요. 누군가가 울 때 아주 많은 감정의 가능성을 짐작해보는 거지요. "눈물은 세상을 이해하는 촉촉한 창이에요."

느낌의 문만 활짝 열면, 그림책은 자신을 더 깊이 받아들일 수 있도록 돕습니다. 이 능력은 자신뿐 아니라 타인을, 세상을, 내 아이를 좀 더 깊이 받아들이도록 도와주고요. 그러니 잘 느끼는 사람이 된다는 건 얼마나 멋진 일인가요? 오늘 하루 아이 대신 나에게 그림책을 읽어주며, 어떤 그림책에 마음이 반응하는지 유심히 머물러보는 시간을 가져보세요.

‡ 황유진

2부

그림책과
처음 만나요

-

1~36개월

아기가 좋아하는
그림책의 비밀

　그림챡 중에는 오래도록 독자들에게 사랑받는 스테디셀러가 유독 많습니다. 2000년대 초반 일본으로 처음 출장을 갔다가 서점에 갔어요. 당시만 해도 일본 최고의 대형 서점이었던 기노쿠니야 그리고 어린이책 전문서점인 크레용하우스에 들렀지요. 서가에서 그림책을 살피다가 놀랐어요. 판권 면을 펼쳤는데 100쇄라고 적힌 거예요. 국내는 이제 막 그림책 시장이 열리기 시작했던 때였죠. 대체 그림책이 얼마나 팔리면 100쇄를 찍을 수 있을까 경이로웠습니다. 그 후 20여 년 동안 국내 그림책은 무섭게 성장했고, 일본 못지 않게 스테디셀러 그림책도 여럿 탄생했습니다.

어린이에게 책 선물하기는 제 오랜 취미인데요. 이때 단골로 고르는 책이 스테디셀러 그림책입니다. 선후배들이 출산하고 아기가 첫돌을 맞으면 '지금이야!' 하고 아기 그림책을 선물합니다. 경험상 첫돌 즈음부터 그림책을 즐길 수 있고, 이때 시작한 읽기가 평생 독서를 결정하니까요.

책을 더하고 빼며 세상에 단 하나밖에 없는 첫돌 그림책 세트를 선물하면 후일담을 듣기도 해요. 전집 그림책을 샀던 한 선배는 "아이가 내가 산 책보다 네가 보내준 책을 더 좋아한다"라고 말해주었고요. 얼마 전에는 출산에 맞춰 육아휴직에 들어가는 후배에게 오래 간직했던 아기 그림책을 모아서 보내주었지요. 어제 일 같은데 아기가 28개월이 되어 복직했다는 전화를 받았어요. 역시나 제가 고른 그림책을 아기가 좋아했는지를 물었지요. 그 이야기를 들려드릴게요.

—— 집중력이 짧은 아기를 위해

아기를 위한 그림책 선물 목록에서 빼놓지 않는 책이 있습니다. 『사과가 쿵!』입니다. 출간된 지 이미 30여 년이 흘렀지만 여전히 아기가 좋아합니다. 복직한 후배가 들려준 말이니 믿으셔도 됩니다. 한데 부모가 이 책을 보고 한결같이 하는 말이 있어요. "이 책을 읽고 또 읽어달라고 해요. 왜 이렇게 좋아할까요?"

다른 말로 하자면 부모가 보기에는 별 재미가 없다는 뜻이죠. 사실 아기 그림책은 어른에게 좀 심심합니다. 영유아를 위한 그림책에는 특별한 사건과 이야기가 없기 때문입니다. 당연히 어른에게는 민숭민숭합니다. 그래서 더 놀라울 겁니다. 매번 읽어줄 때마다 아기가 까르르 까르르 웃으며 좋아하니까요.『다섯 살 그림책』에서 아기들이 즐거워하고 재미있어하는 그림책을 소개하는 건 물론이고 왜 이런 책이 필요한지를 차근차근 말씀드릴 텐데요.『사과가 쿵!』은 영유아가 어떤 그림책을 좋아하는지를 가장 잘 보여줍니다.

어린이의 집중시간은 상당히 짧습니다. 연구자들은 두 살 어린이는 7분, 네 살 어린이가 10분 정도의 집중력을 발휘한다고 합니다. 초등 저학년이 되어도 15~20분 정도를 집중할 수 있을 뿐입니다. 그래서 중고등학교의 수업시간은 50분이지만, 초등학교는 40분인 거죠. 겨우 7분여를 집중하는 아가를 위한 책은 어때야 할까요. 아기 그림책이 단순해 보여도 잘 만들기 어려운 이유가 여기에 있습니다.

1~3세 아기들은 원인과 결과로 이어진 연속된 이야기를 아직 이해하지 못합니다. 때문에 영유아 그림책은 기승전결의 구조를 지니지 않아요. 단편적인 장면을 반복해서 보여주는 전개를 택합니다.『사과가 쿵!』도 비슷한 패턴이 반복해서 이어집니다. 하지만 아주 작은 변화가 일어나지요. 페이지를 넘길 때마다 덩치가 조금씩 큰 동물들이 등장하는 식으로요. 또 동물은 저마다의 방식으로 사과를 먹어요. 몸집이 작은 개미는 줄지어 야금야금, 몸집이 큰 동물은 냠냠냠 사과를 먹습니다. 이런 작은 차이를 만들어 아기의 시선을 잡아끕니다.

1996년 출간된 『사과가 쿵!』은 『누가 내 머리에 똥 쌌어』, 『달님 안녕』 같은 스테디셀러 그림책과 더불어 그림책 100만 부 시대를 연 책입니다. 이 작은 책들이 이토록 오래도록 사랑받는 두 번째 이유는 뭘까요.

혹시 '텔레비전에 내가 나왔으면 정말 좋겠네'로 시작하는 동요를 들어본 적이 있나요. 유튜브가 아니라 텔레비전이 가사에 등장했다는 것만으로 세월이 느껴지는데요. 한동안 어린이들이 노래에 맞춰 율동까지 곁들이던 인기 동요입니다. 『사과가 쿵!』 은 이 동요를 지은 정근 작가가 번역했습니다. 구태여 동요를 만든 작가에게 번역을 의뢰한 이유가 있겠죠. 아기 그림책의 글은 리듬감이 있어 노래 부르듯 읽어줄 수 있어야 하기 때문입니다.

『사과가 쿵!』을 소리 내서 읽어주다 보면 글 속에 담긴 의성어와 의태어가 귀에 착착 감깁니다. 저절로 리듬감이 생기죠. 그림책에 등장한 두더지는 "사각 사각 사각, 아 싱싱해."라며 사과를 먹어요. 다음으로 등장한 곰은 "날름 날름, 와사삭 와사삭" 하고 역시 소리내서 사과를 먹습니다. 이런 문장을 만나면 높낮이가 없이 단조로운 톤으로 읽어주는 게 더 어렵죠. 저절로 노래 부르듯 가락이 생깁니다.

아기가 좋아하는 그림책이 갖추어야 할 가장 큰 미덕은 언어의 리듬감입니다. 아기의 언어 능력이 성장하려면 먼저 소리 자극이 필요합니다. 노래처럼 운율이 있어야 아기의 귀에 쏙쏙 잘 들립니다. 아기들은 말을 하기 전에 먼저 한국어의 소리를 배우고 다음으로 단어로 옮겨갑니다. 아기에게 읽어주는 첫 그림책은 당연히 소리의 즐거움을 강조합니다. 그래서 영유아 그림책은 글이 짧고 운율이 맞춰져 있습니다. 별나게 의성어와 의태어를 많이 사용합니다. "야금야금, 쪽쪽쪽, 아삭아삭, 통통통" 하고 말이죠. 이런 소리가 담긴 그림책을 읽어주면 아기가 정말 좋아합니다.

먹는 건 즐거워

어린이가 좋아하는 그림책 중에 유별나게 먹는 이야기가 많습니다. 부모가 음식으로 자녀를 달랠 수 있다면, 자녀가 아직 어린이라는 뜻입니다. 성인이 되어도 먹는 즐거움이야 크지만, 어린 시절과 비교할 수 없죠. 아가에게 먹는다는 건 본능의 영역입니다. 1~3세 아기는 '잠을 잔다'와 '먹는다' 그리고 '똥과 오줌을 눈다'가 일상에서 매우 큰 비중을 차지하지요. 당연히 먹거리가 나오는 책은 그냥 즐겁습니다.

『사과가 쿵!』을 읽고 나면 사과가 먹고 싶어져요. 단단한 사과 과육을 "사각사각" 소리를 내며 먹을 때의 감각이 살아납니다. 비슷하게 빵 굽는 냄새만 맡아도 마음이 평온해지고, 밥 짓는 냄새에 엄마 생각이 날 때가 있지요. 음식은 그저 냄새와 소리만으로 우리를 행복하게 만들어요. 엄마가 되면 아기가 맛있게 먹는 소리만 들어도 배가 부르고요. 제 친정 엄마는 어릴 때 남동생이 배를 "아삭아삭" 먹는 소리가 그렇게 듣기 좋았다고 지금도 말하거든요.

독자들에게 많은 사랑을 받는 백희나 작가의 그림책에도 꼭 음식이 등장해요. 본문 안에 케이크나 빵 등이 약방의 감초처럼 나와요. 이지은 작가의 대표작이 된『팥빙수의 전설』은 옛이야기를 새롭게 쓰고 그린 그림책이자 팥빙수에 바치는 헌사 같은 책이지요. 안녕달 작가의『수박 수영장』은 또 어떻고요. 이 책을 읽고 주말농장에서 수박을 직접 길렀다는 독자를 만난 적도 있습니다.

『사과가 쿵!』을 통해 아가들이 처음 만나는 그림책이 갖춰야 할 미덕이자 아기가 좋아하는 그림책을 고르는 가장 기본적인 이야기를 했습니다. 이제부터 본격적으로 아기 그림책 이야기를 하나씩 차근차근 들려드릴게요. ‡‡ 한미화

사과가 쿵!

다다 히로시 글·그림, 정근 옮김, 보림

0~3세 아기가 좋아하는 그림책의 가장 큰 특징은 '소리'입니다. 부모가 그림책을 읽어줄 때 아기는 리듬감 있는 의성어나 의태어 같은 말소리에 민감하게 반응합니다. 오랫동안 사랑받은 아기 그림책들은 대개 운율과 리듬이 살아있지요. 다다 히로시의 『사과가 쿵!』은 아가들이 좋아할 만한 여러 요소를 갖추고 있어요. 그중에서도 먹는 소리의 즐거움이 가득합니다. 보드북으로도 만날 수 있어요.

아주아주 배고픈 애벌레

에릭 칼 글·그림, 김세실 옮김, 시공주니어

에릭 칼의 대표작이자, 전 세계의 아기를 홀린 책입니다. 배고픈 애벌레가 월요일부터 토요일까지 점점 더 많은 음식을 먹다가 배탈이 나고 일요일에 나뭇잎을 먹고 나비가 되는 이야기입니다. 얼핏 단순해 보이지만 그림책 속에 요일 이름, 수세기, 의성어와 의태어, 애벌레의 한 살이, 게다가 아기가 손을 넣어보고 싶은 구멍까지 정말 다채로운 요소가 담겨 있습니다.

냠냠 짭짭-여름에 먹는 과일

이태수 글·그림, 보리

'세밀화로 그린 보리 아기 그림책' 시리즈는 1994년 첫선을 보였지만 여전히 아기를 위한 첫 그림책이 지녀야 할 미덕이 담겨 있어요. 생쥐들은 "냠냠짭짭, 오물오물, 아삭아삭" 같은 소리를 내며 과일을 가져갑니다. 점점 더 큰 과일을 옮기며 이야기가 점층되지요. 과연 생쥐들은 성공할까요. 세밀화로 그린 과일 그림도, 단순한 이야기도 아기가 보기 적합합니다. 3권을 한 세트로 묶어 판매하며, 『냠냠 짭짭』은 세 번째 세트에 담겨 있습니다.

두드려 보아요!

안나 클라라 티돌름 글·그림, 사계절

아기 그림책의 고전 중에서 첫손에 꼽히는 책입니다. 책을 펼치면 푸른 나무 아래 작은 집이 나옵니다. 집에 누가 있을까 싶어 "똑똑" 하고 파란 문을 두드립니다. 다음 장을 넘기면 꼬마 미카엘이 북을 치고 있어요. 이어서 빨간 문, 노란 문, 하얀 문을 계속 "똑똑" 두드리는 구성입니다. 아기들은 "똑똑" 하고 반복되는 말과 문을 여는 전개를 즐거워합니다. 저도 아이가 어릴 때 마르고 닳도록 읽어준 책입니다.

배추쌈

이은경 글·그림, 보림

엄마 오리와 아기 오리가 배추 한 통을 쑥 뽑아 쌈을 싸 먹을 준비를 합니다. 그런데 배춧속에 누가 있네요. 달팽이, 애벌레, 개구리, 토끼까지 살고 있어요. 과연 엄마와 아기는 쌈을 싸 먹을 수 있을까요? 책을 읽고 나면 쌈밥이 먹고 싶어질 거예요. "쌈 채소를 깔고 고기와 밥을 올리고 쌈장을 콕 넣고 동그랗게 쌈을 싸서 한입 가득 와앙" 먹는 즐거움을 느껴보세요.

채소가 좋아

이린하애 글, 조은영 그림, 길벗어린이

생명력이 가득한 유화 그림이 매력적입니다. "뽑아 줘 뽑아 줘" 하는 글을 읽고 페이지를 넘기면 "뾰족뾰족 당근"이 등장해요. "따줘 따줘"라는 말 다음에는 "길쭉길쭉 오이"가 나와요. 채소의 특징을 암시하는 두 단어로 궁금증을 증폭시키며 이야기를 전개해요. "파릇파릇, 올망졸망" 같은 말도 즐겁고 채소의 이름도 익힐 수 있는 그림책입니다. 뒤표지에 실린 채소로 얼굴 만드는 놀이도 해보세요.

요구르트는 친구가 필요해

박지윤 글·그림, 보림

아기가 먹는 음식은 과일과 채소만은 아닙니다. 요구르트도 있어요. 음식은 함께 먹어야 더 맛있잖아요. 쿠키는 우유랑 먹어야 목이 메지 않아요. 이렇게 함께 먹으면 좋은 음식을 그림책은 친구라고 말해요. 요구르트는 과연 어떤 친구를 만나게 될까요? 이 책을 읽고 나면 요구르트와 딸기, 블루베리, 견과류 등을 섞어 먹으며 즐거운 이야기를 만들 수 있어요.

냠냠냠 쭉쭉쭉

문승연 글·그림, 길벗어린이

아기가 먹어봤음 직한 과일들, 예를 들어 딸기, 사과, 바나나 등이 가득 등장하는 그림책입니다. 먼저 과일을 그림으로 보여주고 "냠냠냠, 쭉쭉쭉, 삭삭삭"처럼 먹을 때 나는 즐거운 소리를 글로 담았습니다. 먹을거리와 먹는 소리를 연결하여 아기의 청각과 미각을 자극하는 그림책입니다. 아쉽게도 지금은 절판되어 도서관에서 만날 수 있습니다.

아기는 왜
까꿍 그림책을 좋아할까요?

　두 손바닥으로 얼굴을 가리고 "아빠 없다!" 혹은 "엄마 없다!"라고 말했다가 손을 치우고 "까꿍" 하는 놀이를 해본 적이 있나요? 까꿍 놀이를 아가들이 무척 좋아해요. 한데 부모는 이유를 알 수 없지요. 단지 손바닥으로 얼굴을 가렸을 뿐인데 아기는 "까르륵까르륵" 소리를 내며 즐거워해요. 이때 아기의 웃는 소리는 얼마나 듣기 좋은지요. 이 세상에서 가장 사랑스러운 소리가 있다면 바로 아기가 웃으며 부모를 반기는 소리지요. 아가가 좋아하니 부모는 웃는 얼굴이 보고 싶어서 이 간단한 놀이를 자꾸 반복합니다. 혹시 궁금하지 않으셨나요? 아기는 단순하게 반복되는 이 까꿍 놀이를 왜 이토록 좋아하는 걸까요?

오래전, 아기와 단둘이 집에 있을 때였어요. 제가 화장실에 잠시 다녀올라치면, 눈앞에서 사라지는 그 순간부터 아이가 울어댔어요. 숨이 넘어가도록 우는 아이를 향해 "울지마, 엄마 화장실에 있어! 금방 갈게!" 하고 말하곤 했죠. 그래도 아이의 울음은 멈추지 않았지요. 서둘러 볼일을 보고 나와 "엄마, 왔어. 화장실도 못 가게 하니!" 하고 괜스레 푸념을 했습니다. 다음부터는 화장실의 문을 열어 두고 볼일을 봐야 한다는 걸 알게 되었지요. 대체 왜 아기들은 엄마가 눈앞에 보이지 않으면 울어대는 걸까요.

여러 실험을 통해 이유가 밝혀졌어요. 먼저 생후 4개월 된 아기 앞에서 인형을 보여줬어요. 아기가 보는 앞에서 수건을 덮어 인형을 감춥니다. 수건을 치우면 바로 인형이 나타나니 놀랄 일이 아니지요. 하지만 아기는 인형이 사라졌다고 여기고 당황합니다. 아기는 눈에 보이지 않으면 존재하지 않는다고 생각하는 거죠. 인형 실험과 똑같이 엄마가 눈에 보이지 않으면 아기는 두려움에 빠집니다. 엄마가 자기를 두고 사라졌다고 생각하니 얼마나 애타게 엄마를 찾겠어요.

아기는 이 상태에 머물러 있지는 않습니다. 말 그대로 쑥쑥 자라요. 6개월 정도 된 아기에게 같은 실험을 하면 결과가 달라집니다. 엄마가 목소리를 들려주면 아기는 알아차리고 덜 불안해합니다. 8~9개월 된 아기 앞에서 인형을 수건에 감추어두는 실

힘을 다시 하면 전혀 다른 결과가 나옵니다. 이제 아기는 무슨 일이 일어났는지 알아차리고, 손으로 수건을 들춰내 인형을 찾아냅니다.

까꿍 놀이는 눈앞에 보이지 않으면 사라졌다고 생각하고, 다시 보이면 나타났다고 생각하는 아기들의 발달 특징을 반영했어요. 까꿍 놀이를 수없이 해도 아기가 언제나 즐거워하는 건 정말로 마법 같은 일이 계속 벌어지기 때문이에요. 아기 눈앞에서 순식간에 엄마가 '나타났다! 사라졌다!'를 반복한다고 상상해보세요. 데이비드 카퍼필드의 위대한 마술쇼가 따로 없지요.

아가를 위한 첫 그림책에서 빠지지 않고 등장하는 소재 중 하나가 까꿍 놀이입니다. 오랫동안 사랑받는 그림책 『달님 안녕』에도 까꿍 놀이가 들어 있어요. 본문 중에 달님이 구름에 가려 사라지는 장면이 나옵니다. 페이지를 넘기면 다시 달님이 나타나지요. 이때 달님 얼굴을 보고 아가들이 반가워해요. 일종의 까꿍 놀이인 거죠.

엄마, 나를 지켜봐 주세요

부모 노릇은 처음이라 허겁지겁 하루하루가 지나갈 때가 많아요. 하지만 아기들은 하루가 다르게 자라요. 혹시 아기가 까꿍 놀이를 좋아한다면 마음껏 놀아주세요. 얼마 전 기차를 탔는데 앞자리의 아기가 뒷자리의 저를 살짝 보더라고요. 아기가 얼굴을 숨겼다 다시 보여주길래 반사적으로 제가 "까꿍" 했어요. 물론

저도 아이가 어릴 때는 "까꿍"이 얼마나 소중한지도 몰랐지요. 게다가 까꿍 놀이는 단순한 놀이 이상입니다. 까꿍 놀이를 즐기기 시작하며 아기는 세상에 대한 신뢰를 만들어가니까요.

대략 돌 무렵이면 아기가 걷기 시작합니다. 작은 발걸음으로 아장아장 어찌나 빨리 걷는지요. 잠깐 엄마가 한눈 판 사이에 얼마나 멀리 가는지요. 양육자 곁을 벗어나 세상을 향해 힘차게 발걸음을 내딛던 아기는 곧 엄마나 아빠를 찾습니다. 뒤를 돌아보고 엄마나 아빠가 따라오는지 확인한 후에 다시 잽싸게 앞으로 걸어갑니다. 세상을 탐색하고 싶은 강한 호기심이 들지만, 지금까지 가보지 않은 세상이 불안한 거지요. 그때마다 엄마와 아빠 혹은 조부모가 곁에 있는지를 확인합니다. 또는 엄마와 아빠의 품으로 돌아왔다 다시 앞으로 나아갑니다.

이 시기에 양육자가 없으면 불안해하는 아기의 상태를 두고 '분리불안'이라고 합니다. 어디를 가든 엄마를 잡고 놔주지 않는다고 하여 '엄마 껌딱지'라고도 부르지요. 4세 이상의 어린이에게 적합한 『엄마 껌딱지』라는 그림책이 있습니다. 아예 엄마의 치마 속에 살 수 있다면 좋겠다 싶은 어린이의 마음을, 덮개를 여는 방식의 플랩북으로 표현하고 있지요.

아기는 양육자에게서 떨어졌다가 다시 돌아오는 과정을 수없이 반복합니다. 그러는 동안 서서히 엄마와 아빠가 보이지 않아도 곁에 있다는 걸 믿을 수 있게 됩니다. 아기의 마음이 단단해지면 부모를 조금은 덜 찾고 치맛자락을 붙잡고 매달리지도 않아요. 언제 어디서나 부모가 자신을 찾고 돌봐줄 거라는 이 단단한 믿음을 학자들은 '대상 영속성'이라고 말해요. 아기들이 좋아하는 까꿍 놀이에는 이토록 많은 이야기가 담겨 있답니다. 아기가 "까꿍!" 소리에 까르르 웃음을 터트린다면 지금 해야 할 일은 까꿍 놀이를 담은 그림책을 함께 진심으로 즐기는 거죠. **한미화**

달님 안녕

하야시 아키코 글·그림, 이영준 옮김, 한림출판사

돌이 지나고 보는 첫 그림책 중에서 아기가 정말 좋아하는 책입니다. 특히 엄마 얼굴처럼 정겨운 달님이 구름에 가려졌다가 다시 나타나는 장면을 반깁니다. 까꿍 놀이를 품고 있기 때문이죠. 아기는 달님을 본능적으로 좋아하는 것 같아요. 차를 타고 가다 달님이 보였다, 안 보였다 할 때가 있어요. 그때마다 아기가 달님을 찾는 모습을 종종 보거든요. 돌맞이 선물로 늘 챙기는 책입니다.

짠! 까꿍 놀이

기무라 유이치 글·그림, 최윤경 옮김, 웅진주니어

늑대와 염소의 우정을 담은 어린이책『폭풍우 치는 밤에』의 작가가 만든 아기 그림책입니다.『짠! 까꿍 놀이』를 포함해 이 시리즈는 0~3세 아기가 좋아하는 놀이와 습관을 소재로 삼아요. 아기를 둔 부모에게 무척 유용한 시리즈예요. 일본에서 1천만 부가 넘게 팔린 아기책의 고전입니다. 접힌 부분을 펼치면 그 속에 감춰진 내용이 나오는 플랩북이라 까꿍 놀이를 즐기기에도 좋아요.

아치야, 까꿍!

기요노 사치코 글·그림, 고향옥 옮김, 비룡소

1980년대에 출간된 '개구쟁이 아치' 시리즈 중 한 권입니다. 고양이 아치의 일상이 소재입니다. 다양한 연관상품이 나올 만큼 큰 인기를 얻은 책입니다. 출간된 지 40년이 지나 그림이 촌스럽다 싶지만 여전히 아기들에게 흥미로운 내용을 담고 있습니다. 이 책은 "곰, 곰/ 없다 없다/ 곰/ 없다 없다" 하는 식으로 리듬을 살린 글로 전개되는데, 가락을 살려 읽는 게 포인트입니다.

뭐하니?

유문조 글, 최민오 그림, 길벗어린이

유선전화와 카세트 테이프가 본문에 등장할 만큼 오래 전 출간 된 아기 그림책입니다. 하지만 뒷모습에서 앞모습으로 넘어가는 구성은 여전히 흥미롭습니다. 그림책을 펼치면 뒤돌아 앉은 동물이 보입니다. "뭐하니?"라고 묻고 책장을 넘기면 앞모습이 나와요. 일종의 까꿍 놀이입니다. 동물들이 차례로 등장해 사물 인지를 돕는 것도 장점입니다.

누구게?

최정선 글, 이혜리 그림, 보림

아가들은 자기 눈을 가리면 숨었다고 생각하지요. 그림책 속 동물들도 그래요. 나뭇잎으로 눈을 가리고 "알아맞혀 봐. 누구게?" 하고 묻습니다. 공룡, 사자, 고양이가 차례로 등장하며 맞춰 보라고 해요. 점점 더 어떤 동물인지 알아맞히기 어렵지만, 마지막 장면은 단박에 알 수 있어요. 아가들이 가장 좋아하는 사람이니까요. 단순하지만 힘 있는 드로잉이 매력적인 이혜리 작가의 그림도 훌륭해요.『또 누구게?』도 있어요.

누구일까요?

엘레나 셀레나 글·그림, 박선주 옮김, 보림

영유아를 위한 책에서 까꿍 놀이를 소재로 할 경우 형식과 내용이 한정되니 뻔한 구성이 되기 쉬워요. 까꿍 놀이를 담은 이 책은 덮개를 여는 플랩북 형식을 취하고 있어요. 하지만 한층 세심하게 디자인한 덮개를 보여 줍니다. 동물은 저마다 특징이 있어요. 어떤 동물은 날개가 있고, 다른 동물은 다리가 많고, 또 꼬리가 복슬복슬하고, 코가 긴 동물도 있어요. 이런 생김새를 섬세한 플랩으로 표현했어요.

누가 숨었나?

수수 글, 장선환 그림, 천개의바람

아이가 동물들과 술래잡기 놀이를 합니다. 눈을 가리고 "꼭꼭 숨어라!" 하고 말해요. 동물들이 숨고 나서 주변을 살피죠. 꽃과 나무와 풀에 숨은 동물과 곤충을 하나씩 찾을 때마다 아기는 "까꿍! 찾았다!"라고 말합니다. 술래잡기와 까꿍 놀이를 결합했어요.『선로원』이나『갯벌 전쟁』같은 그림책으로 깊은 인상을 남긴 장선환 작가의 아기 그림책입니다.

아기가 말을 하기
시작했어요

 아가가 처음 "어오옴" 하고 엄마를 부른 순간을 기억하나요? 기적 같은 일이죠. 한데 아가는 어떻게 "어오옴"이라고 말하게 되는 걸까요. 실은 우연에 가까워요. 옹알이하다가 "어오옴"이라고 했더니 너무 좋아하는 사람을 보게 된 거죠. 이때 울면 기저귀를 갈아 주고, 이유식을 주고 곁에서 모든 걸 해결해주는 사람이 "어오옴"이라는 걸 눈치챕니다. 눈앞의 대상과 말이 같은 의미라는 사실을 인지하며, 아가는 "엄마"라는 말을 배우게 됩니다. 이렇게 아기는 언어를 배우는 길로 접어들어요.

 어느 문화권이나 아기의 옹알이는 비슷해요. 자음과 모음을 가장 간단하게 결합해서 낼 수 있는 소리가 옹알이가 되니까요. 입술을 부딪쳐 벌릴 때 나오는 흔한 소리가 "바바바바" 혹은 "마마마"입니다. 아가가 가장 쉽게 낼 수 있는 'ㅁ'과 'ㅂ'이 들어간 마마나 바바 같은 말이 엄마와 아빠를 뜻하게 된 거죠. 이 사실을 알고 나면 많은 언어권에서 엄마와 아빠를 뜻하는 유아어가 비슷한 이유가 이해되실 거예요.

━━━ 아기가 집 안 물건을 만지려 든다면

옹알이가 부쩍 늘 즈음, 아기는 움직이고 소리 나는 것에 관심을 보입니다. 혼자 앉고 기어 다니며 집 안 여기저기에 손을 뻗습니다. 서랍도 열려고 하고 아무 물건이나 꺼내려 합니다. 그때마다 양육자는 아이와 힘껏 실랑이를 해요. 혹시라도 아이 손에 위험한 물건이 닿으면 큰일이니까요. 물건을 높은 곳으로 치우거나 서랍이나 상자를 열지 못하도록 막아요. 부모를 힘들게 하지만 아기가 집안의 물건에 관심을 보이는 건 성장하고 있다는 징표입니다. 언어 발달 직전 단계에 이런 행동을 해요. 그러니 아기가 주변의 물건에 관심을 보일 때 자연스럽게 이름을 알려 주면 좋습니다.

김효은 작가의 『내가 있어요』는 아코디언 북으로 만든 아기 그림책인데요. 꼬리에 꼬리를 물고 아기 주변의 사물이 이어져요. 아기가 궁금해하는 이 세상을 "할아버지 옆에 고양이야. 고양이 옆에 개미야" 하는 식으로 설명합니다. 『내가 있어요』처럼 일상에서 아기 주변의 동물과 사물을 연결해 말해주세요. 엄마가 아가와 함께 물건을 만지고 이름을 말하는 상호작용은 언어 발달에 큰 도움이 됩니다. 이런 책들이 언어 발달과 연결되는 이유가 있습니다.

아기를 위한 그림책 중에 '사물인지 그림책'이라는 장르가 있습니다. 간단하게 말해서 동식물이나 사물의 그림이나 사진을 보여 주며 이름을 알려 주는 그림책입니다. 마치 그림이 있는 단어장과 비슷하지요. 간단한 이야기를 곁들여 손, 발, 눈 같은 몸의 각 부분을 보여 주고 이름을 알려 주고, 다양한 동물을 보여 주며 이름을 말하는 식이지요. 이 단순한 그림책이 아기에게 필요한 이유가 있습니다.

세상의 모든 것에는 이름이 있지요. 나무에 달린 여러 가지 열매 중에 익으면 빨갛고 육질이 단단하고 동그란 어떤 것을 '사과'라고 불러요. 또 분홍색을 띠며 부드러운 과육을 지닌 걸 '복숭아'라고 해요. 인간의 말은 약속입니다. 그러니 아기는 /사과/라는 소리와 '사과'라는 실물을 연결하는 작업을 하며 말을 배워야 해요. 이 과정을 거치면 아가는 /사과/라는 말을 들으면 머릿속에서 자동으로 '사과'의 모습을 그릴 수 있습니다. 이런 과정을 통해 아기는 소리와 의미를 연결할 수 있어요. 언어와 인지 발달이 동시에 일어납니다. 이를 돕는 책이 이미지와 단어를 일대일로 보여 주는 사물인지 그림책입니다.

아기 그림책에는 특히 동물이 많이 나옵니다. 동물이 나오는 그림책을 아가와 함께 보며 "강아지는 멍멍, 고양이는 야옹, 호랑이는 어흥, 염소는 매에" 하고 동물의 이름과 소리를 함께 말해 주면 좋습니다. 동물과 소리가 짝지어지니 아기가 좋아하고 이 과정을 통해 아가가 이해할 수 있는 단어가 늘어갑니다.

　그림책으로 동물을 만나다가 어느 따뜻한 봄날 아가의 손을 잡고 동물원에 나들이를 가 보세요. 저 역시 아이와 처음 동물원에 갔던 날을 기억합니다. 세상을 다 가진 듯 아이가 너무 좋아했기 때문이지요. 그동안 그림책 속에서 만났던 동물을 진짜로 보는 거니까요. 얼마나 신기하고 재미있겠어요. 이렇게 책과 경험을 연결할 때 어린이의 어휘는 부쩍부쩍 늘어요. 언제나 언어는 맥락 안에서 배워야 이해와 습득이 쉽답니다.

아기의 언어 발달을 반영한 그림책

　24개월 무렵이면 아기가 할 수 있는 말이 무섭게 늘어납니다. 아기가 말만 해도 돌보는 일이 훨씬 수월해집니다. 아가가 "뽀뽀," "냠냠," "신발" 같은 가장 간단한 단어 몇 개를 말하기 시작하면 의사소통이 가능해지니까요. 심지어 단어 두 개를 이어 말할 수 있다면 대화를 주고받을 수 있어요. 아이는 두 단어를 사용해 고집을 부리기도 하죠. 아빠가 양말을 신겨 주는데 아기가 "엄마 양말!"이라고 했다면 이건 분명히 싫다는 뜻이에요. 지금은 아빠 말고 엄마가 양말을 신겨 주면 좋겠다는 의사 표현입니다. 좋아하는 걸 더 먹고 싶을 때도 아기는 "주스 더" 같은 표현으로 자기 의사를 충분히 밝힐 수 있답니다.

　1~3세 아기 그림책의 문장은 이렇게 단어를 모아 문장으로 말

하는 어린이의 언어 발달을 반영합니다. 하야시 아키코의 그림 책 『손이 나왔네』나 『달님 안녕』처럼 두 단어를 결합하는 방식 이죠. 실제로 2~3세 무렵의 아이는 "내 거야", "내 차례야"처럼 말할 수 있고 이런 말들이 그림책에 담겨요.

1~3세 아기를 위한 그림책을 소개하며 이 시기의 특징을 설명 하는 이유가 있습니다. 발달의 특징을 이해하면 책을 고르는 기 준이 생기니까요. 물론 그림책을 언어 발달 혹은 인지 발달을 위 한 수단으로만 접근할 필요는 없어요. 아이와 부모 모두 금방 재 미가 없어지니까요. 다만 아이의 발달 수준에 맞는 좋은 책들을 반복해서 읽어주면, 아이의 어휘력과 언어 발달을 적극적으로 도울 수 있어요. 나아가 부모와 아이에게 행복한 시간을 만들어 갈 수 있습니다.

세계적인 그림책 작가 존 버닝햄이나 앤서니 브라운의 책이 아무리 좋다 해도 1~3세 아이에게는 아직 이릅니다. 아직 스토 리 그림책을 즐길 만큼 충분히 자라지 않았기 때문이지요. 물론 도서관이나 서점에서 연령에 맞지 않는 책을 꺼내와 무조건 읽 어달라고 하는 경우가 있지요. 이럴 때는 그림을 중심으로 보여 주거나, 조금 더 자랐을 때 다시 읽어주는 편이 좋아요.   ⁑ 한미화

손이 나왔네

하야시 아키코 글·그림, 이영준 옮김, 한림출판사

아가는 24개월 무렵이면 손, 발, 입 같은 자기 몸의 이름을 알게 됩니다. 이 무렵 아기의 인지 발달을 잘 담아낸 그림책입니다. 그림책 속 아가는 혼자 옷을 입으려고 애쓰고 있어요. 이 과정에서 "손이 나왔네"처럼 자기 몸의 이름을 알려 줍니다. 마침내 다 해냈을 때 아기의 기뻐하는 모습도 사랑스러워요.

유모차 나들이

미셸 게 글·그림, 최윤정 옮김, 비룡소

단순하고 반복적으로 동물들이 등장하는 이야기예요. 면지부터 이야기가 시작됩니다. 엄마와 아기가 나들이를 왔어요. 유모차에서 잠들었던 아기는 나비 때문에 깼어요. 아기는 자기 유모차에 나비를 태워주려 해요. 하지만 개구리가 나타나자 나비는 날아가요. 이런 식으로 천적이 나타나면 동물들이 모두 도망가요. 하지만 결국 동물들은 아기를 도와준답니다. 읽고 나면 미소가 지어지는 책입니다.

누가 숨겼지?

고미 타로 글·그림, 김난주 옮김, 비룡소

고미 타로는 아기 그림책이라는 제한된 조건 안에서 흥미로운 책을 여럿 출간했습니다. 이 책도 사물인지 그림책인데, 형식을 비틀어 유머를 넣었어요. 동물의 생김새에서 착안한 숨은 그림책 찾기로 시선을 잡아끌어요. 그림책을 보면 닭의 볏은 장갑과 비슷하고, 악어의 이빨은 칫솔과 닮았고 너구리의 꼬리는 줄무늬 양말 같다는 걸 느낄 수 있어요. 『누가 먹었지?』도 비슷한 구성입니다.

누구 바지야?

스티나 비르센 글·그림, 기영인 옮김, 문학과지성사

스웨덴 작가 스티나 비르센이 친구인 곰, 토끼, 새의 일상을 시리즈에 담았어요. 생김새가 다른 세 친구는 각자의 바지, 구두, 모자를 입느라 소동을 벌여요. "누구 바지야?" 같은 문장이 반복될 수 밖에 없어요. 결국 셋은 웃옷을 잊은 채 밖으로 나가죠. 작가는 "추우면 다시 들어오겠죠"라고 말할 뿐 쫓아가지 않아요. 북유럽 작가다운 가치관이 신선해요. 절판되어 도서관에서 만날 수 있어요.

눈.코.입
백주희 글·그림, 보림

아기는 맨 처음 자기 몸을 인지하고 눈, 코, 입, 손, 발 등 몸의 이름을 하나씩 익혀 가요. 『눈.코.입』은 몸을 인지하며 동시에 놀이처럼 즐길 수 있는 책입니다. 먼저 눈을 가르치며 "눈눈눈, 눈눈눈" 하다가 페이지를 넘기면 갑자기 "코"라고 말해요. 그럼 그림책 속 동물이 코를 가리키죠. 읽어주며 아기도 똑같이 자기 몸을 가리키면 재미있을 거예요. 눈에서 코로, 입으로, 귀로 넘어가던 놀이는 배꼽에서 끝납니다. 다 함께 배꼽 인사!

아기가 아장아장
권사우 글·그림, 길벗어린이

목에 수건을 두르고 아장아장 걷는 아기가 파란 신발을 신고 있어요. 밖에 나가고 싶은가 봐요. 아기는 밖에서 만나는 모든 게 신기해요. 아기가 "아장아장" 걷다가 "발발발" 기어가는 개미를 만나요. 그냥 지나칠 수 없어요. "개미야 안녕?" 인사를 하지요. 이렇게 아기가 차례차례 인사를 하다 누구를 만날까요? 권사우 작가의 부드럽고 정겨운 그림으로 만나 보세요.

방긋, 안녕!
가애 글·그림, 창비

강아지, 구름, 알밤, 나무, 별님 등 세상 모든 것들이 아기를 보고 반갑게 인사를 합니다. "아가야 안녕?" 작은 새싹에서 시작한 인사는 세상을 한 바퀴 돌고 다시 돌아올 때까지 이어집니다. 아기가 세상과 눈 맞추고 인사를 하는 그림책입니다. 아기에게 인사를 하는 동식물을 통해 자연스럽게 사물의 이름을 알고 익힐 수 있습니다. 아가의 이름을 넣어서 읽어주면 더 좋겠지요.

기차 와요?
기쿠치 치키 글·그림, 김보나 옮김, 천개의바람

기린과 코끼리와 하마와 사자와 어린이가 서 있습니다. 동물과 어린이는 두리번거리며 "와요? 와요?" 하고 물어요. 뭘 기다리는 걸까요? 기차입니다. "왔다" 하며 두 손을 들고 좋아하고, 떠나면 "안녕" 하고 손을 흔들어요. 다시 "와요? 또 와요?" 하고 묻습니다. 보드북으로 된 작은 판형이며, "와요? 와요?", "왔다", "안녕"이라는 세 단어가 반복됩니다. 하지만 어린이의 기대감과 즐거움이 충분히 느껴집니다. 유독 탈것을 좋아하는 아가들이 좋아할 그림책입니다.

아이들은 왜
쉽사리 잠들지 못할까요?

부모가 되어 가장 힘들었던 일 중 하나는 부족한 잠이었습니다. 저는 잠이 많은 사람입니다. 한 번 잠들면 좀처럼 깨지 못하고, 아침잠도 많아서 학창시절 내내 힘들었지요. 심지어 슬플 때마다 잠을 자는 걸로 스트레스를 해소할 정도였습니다. 한데 엄마가 되니 당장 잠이 부족해졌어요. 갓난쟁이는 밤새 여러 번 깼고, 조금 더 커서도 잠투정이 심했지요. 어디 저뿐이겠어요. 세상 모든 부모가 마찬가지겠죠. 밤마다 실랑이하며 "대체 왜 아이들은 빨리 잠들지 않는 걸까?" 하고 한탄을 했어요.

이 문제는 어느 날 갑자기 해결되었습니다. 세월이 약이라더니 사춘기로 접어들자 아이는 언제 그랬냐는 듯 잠이 많아졌습니다.

무서운 꿈을 꾸면 베개를 들고 엄마를 찾아오던 어린 시절은 금방 사라지는 것이었습니다. 도리어 학습량은 많아지는데 잠이 쏟아져 난감해집니다. 아침마다 자녀가 학교에 늦지 않도록 깨우는 게 일이 됩니다. 잠을 안 자도 걱정, 너무 많이 자도 걱정입니다. 혹시 아이의 잠투정이 심해서 힘들다면 좀 느긋해질 필요가 있습니다. 시간이 흐르면 해결될 테니까요. 무엇보다 잠투정은 아직 어려 부모의 손길이 필요하다는 뜻이에요.

잘자, 내일 또 놀자

어두운 밤은 모든 생명에게 위험한 시간입니다. 어두운 밤에 어린 것이 홀로 남겨졌다면 생명이 위험할 수 있어요. 밤의 시간에 모든 아기는 부모 곁에서 안전하게 보호받기를 원합니다. 어른들이야 이 밤이 지나면 곧 아침이 온다는 걸 알아요. 꾸역꾸역 회사에 출근해야 하고, 해야 할 일이 기다리죠. 때로 내일을 걱정하느라 잠이 안 올 때도 있어요. 아침이 더디 오길 바란 적도 많아요. 하지만 아이는 아침이 다시 찾아온다는 걸 믿을 수 없어요. 어떻게든 "이 밤의 끝을 잡고" 놀고 또 놀고 싶어요. 이 밤이 지구에서 보내는 마지막이라고 상상해보세요. 내일 지구가 멸망하는데 쉽사리 잠들 수 있는 사람은 없지요. 잠자기 싫은 어린이의 마음도 이와 비슷하지 않을까 싶어요.

잠들기 싫은 마음과 대처 법을 유쾌하게 풀어낸 패트릭 맥도넬의 『고마워요, 잘 자요』라는 그림책이 있습니다. 메기라는 소녀가 인형을 재우는 이야기입니다. 제가 가장 주목한 대목은 메기가 인형을 재우며 '하루 동안 즐거웠던 일이 무엇이었어?' 하고 묻는 장면입니다. 언뜻 의미 없어 보이는 대목이기도 해요. 하지만 저는 이 장면을 읽다가 무릎을 쳤어요. 잠투정이 심했던 아이를 재우며 저는 늘 두 가지 말을 했어요. "내일 아침에 맛있는 거 먹자."와 "내일 또 놀자"였습니다. 여러 번 반복했지만 아이는 그때마다 처음 듣는다는 듯 편안하게 눈을 감고 잠을 받아들였지요. 잠들기 힘들어한다면 즐거운 내일이 기다리고 있다는 사실을 일러 주세요.

잠자리 의식을 연습해요

좋은 어린이책은 그 자체로 훌륭한 교육서입니다. 훌륭한 잠자리 그림책을 읽으면 아이가 잠들 때까지 부모가 어떻게 이끌어야 하는지를 배우게 됩니다. 우선 잠이 드는 일도 연습이 필요합니다. 우리 집의 잠자리 의식을 만들고 아이와 함께 반복적으로 실행하며 서서히 습관으로 자리 잡도록 노력해야 합니다. 부모가 밤늦게까지 깨어있으면 아이도 덩달아 늦게 잡니다. 아이를 놀게 놔두었다가 부모가 갑자기 늦었다며 다짜고짜 자라고 할 때가 있어요. 잠드는 일이 전쟁이 될 뿐입니다. 아이는 피곤한 어른처럼 머리를 베개에 대자마자 바로 잠들지 않으니까요. 아이는 잠들려고 누웠다가도 거실에서 엄마와 아빠가 이야기를 나누는 소리가 들리면 잠들 수 없어요. 아빠가 늦게 들어오는 소리에 자려던 아이가 벌떡 일어나는 일은 흔하죠. 나만 빼고 밖에서 재미있는 일이 벌어지고 있다면 잠들 수 없지요.

유아교육 전문가인 엘라자베스 팬틀리는 잠잘 준비에 넉넉한 시간을 할애하라고 권합니다. 아이가 잠옷을 입고, 이를 닦고, 소변을 보고, 침대에 누워 부모가 읽어주는 그림책을 듣고, 잠시 이야기를 나누고, 잠자리 뽀뽀를 하고 불을 끄고 잠들기까지의 전과정이 잠자리 의식입니다. 여기에 걸리는 시간은 보통 1시간 이상입니다. 물론 상황에 따라 잠자리 의식에 필요한 과정을 더하거나 빼며 우리 집의 의식을 만들어야겠지요. 목욕시간이나 인형을 재우는 과정이 더해질 수 있어요. 어쨌거나 잠자리 의식을 하나씩 밟아 가며 어린이는 잠을 준비하고 받아들이는 겁니다.

잠자리에서 읽어주는 그림책

잠자리 의식에서 빼놓을 수 없는 게 책 읽어주기입니다. 잠자리만큼 아이에게 책을 읽어주기 좋을 때가 없지요. 꾸준한 잠자리 독서는 책을 좋아하는 어린이로 이끄는 지름길입니다. 간혹 잠자리에서 아이가 원하는 대로 많은 책을 읽어주느라 힘들다는 부모가 있습니다. 잠자리 독서는 책 읽기보다 어린이가 제시간에 잠이 드는 게 우선입니다. 잠자리에서 아이에게 몇 권의 그림책을 읽어줄 것인가를 정하고 이를 우리 집의 원칙으로 지켜 나가세요. 보통 2~3권 정도면 적당합니다.

잠자리에서 어떤 책을 읽어줄까도 고민입니다. '베드타임 스토리'라는 장르가 따로 있을 정도입니다. 잠자리 그림책을 궁금해하는 분들에게 『잘 자요, 달님』을 권합니다. 잠자리 그림책이 갖춰야 할 요소를 고루 갖춘 고전입니다. 처음 만났을 때 저는 적잖이 당혹스러웠어요. 그림책의 명성에 비해 지루했으니까요. 하지만 당연한 일이지요. 잠자리 그림책의 목적은 잔잔하고 반복적인 언어와 리듬으로 어린이를 잠들게 하는 거니까요.

잠이 잘 오는 순간이 있어요. 적당하게 흔들리는 차 안에서, 같은 톤으로 50분을 이어가는 지루한 수업시간에 잠이 몰려와요. 잠자리 그림책도 비슷해요. 자장가와 비슷한 역할을 하는 겁니다. 그림책 속 토끼 할머니는 자장가를 부르듯 낮고 잔잔한 목소리로 초록 방의 모든 것을 재워요. 잠잘 생각이 별로 없던 아기 토끼마저도 체념하듯 잠이 듭니다.

아이가 자라며 잠자리에서 읽어주는 그림책은 달라져요. 전형성을 벗어나 융통성을 발휘해도 좋아요. 아이를 흥분시키거나 자극적인 소재를 다룬 책만 아니라면 어떤 책을 읽어줘도 좋습니다.

✣ 한미화

잘 자요, 달님

마거릿 와이즈 브라운 글, 클레멘트 허드 그림, 이연선 옮김, 시공주니어

그림책을 펼치면 초록 방이 보입니다. 초록 방에 낮 동안 토끼와 함께
지낸 재미난 것들이 가득해요. 아기 토끼는 잠옷을 입었지만 더 놀고
싶어요. 할머니는 아랑곳하지 않고 '쉿' 하고 속삭여요. 이 소리를 신호
로 할머니는 모든 것에게 인사를 합니다. "잘 자요, 초록 방", "잘 자요, 달님", "잘 자요, 작은 곰
들" 하고 말이에요. 단조롭고 반복적인 이 말이 아기 토끼를 잠으로 이끌어요. 그림책 전체가 아
이에게 잠을 불러오는 주문과도 같습니다.

달님은 밤에 무얼 할까요?

안 에르보 글·그림, 이상희 옮김, 베틀북

달을 의인화한 책입니다. 달님은 낮에 잠을 자고, 밤에 깨어납니다. 밤에 일
어난 달님은 은하수 가득 많은 별을 그려요. 넓은 들과 숲으로 가서 자욱이
깔린 안개를 걷어 내지요. 그 사이 달님의 얼굴은 초승달이었다가 점점 둥
근달로 변해가요. 밤의 이야기답게 짙고 푸른 다소 어두운 색감과 절제되고
단순한 일러스트레이션이 특징입니다. 짧은 호흡의 시 같은 문장이 아이에게 풍부한 감성과 상
상력을 키워줍니다. 1999 볼로냐 국제아동도서전 라가치상 수상작.

누렁이랑 야옹이

피터 매카티 글·그림, 정주혜 옮김, 담푸스

성격이 다른 누렁이와 야옹이가 하루를 보내고 잠자리에 드는 모습을 보여
줘요. 누렁이는 집 밖에서 친구와 뛰어노는 것을 좋아하고, 야옹이는 집에
남아 혼자 노는 걸 좋아해요. 누렁이는 아저씨가 잡은 물고기가 먹고 싶고
야옹이는 식탁 위에 놓인 샌드위치가 먹고 싶어요. 하지만 저녁이 되면 둘
은 밥을 먹고 정답게 인사를 나누고 잠자리에 듭니다. 밤은 누구나 잠이 드는 시간이에요. 부드러운
색감도 차분하게 잠이 들도록 도와요. 2003 칼데콧 영예상 수상작.

잘 자라, 고릴라

페기 라스만 글·그림, 비룡소

밤이 찾아오자 사육사 아저씨가 동물들에게 차례로 "잘 자라"라고
말합니다. 장난꾸러기 고릴라는 잠이 드는 대신 엉뚱한 일을 벌입
니다. 아기 고릴라의 장난을 보고 있자면 기필코 엄마와 아빠 품에
서 잠들려는 아이가 떠오릅니다. 한밤중의 재미난 소동을 그려낸
그림책입니다. 잠자리 그림책 중에 가장 유쾌합니다. 작가는 『버클과 글로리아』로 1995년 칼데콧
메달을 수상했어요.

집으로 가는 길

미야코시 아키코 글·그림, 권남희 옮김, 비룡소

엄마의 품에 안겨 집으로 돌아가는 길, 아이는 하루를 정리하는 사람들을 봅니다. 집으로 돌아와 침대에 누운 아이는 길에서 만난 사람들의 밤을 상상하고 편안하게 잠이 듭니다. 노란빛을 사용한 그림이 아름답고, 밤의 풍경이 따스하게 그려집니다. 지치고 힘든 하루를 보듬어 주고 감싸 안아주는 잠자리 그림책입니다. 2016 볼로냐 국제아동도서전 스페셜멘션 수상작.

달빛 산책

레이첼 콜 글, 블랑카 고메즈 그림, 문혜진 옮김, 다산기획

엄마랑 아이가 밤에 산책하러 나가요. 아이들은 달님을 좋아하지요. 하지만 도시에서 달을 보는 건 쉽지 않아요. 밝은 네온사인과 건물에 가려지기 십상이지요. 달이 어디에 있나 찾는 동안 아이는 달에 관해 궁금한 걸 엄마에게 물어요. 마침내 둥실 떠오른 보름달을 만나는 순간, 아이의 함성이 들리는 듯합니다. 아이는 밤새 보름달이 자신을 지켜줄 거라 믿으며 잠자리에 듭니다. 2018 에즈라 잭 키츠 상 수상작.

존 클라센의 아기 그림책(전3권)

존 클라센 글·그림, 서남희 옮김, 주니어RHK

그림책에서 금기였던 복수와 서스펜스를 보여준 존 클라센의 아기 그림책입니다. 단순한 표현과 감정을 말하는 눈동자 등 작가의 스타일이 여전합니다. 숲, 농장, 섬이라는 공간에 해가 떠서 질 때까지 한 세계가 만들어지는 과정을 아가의 눈높이에서 펼쳐냅니다. 특히 "이건 너의 해님이야.", "이건 너의 야자나무야" 같은 표현은 세계와 어린이를 이어줍니다. 아기의 세상이 만들어지면 어둠이 찾아옵니다. 내일을 기다리며 아기도 섬도 숲도 농장도 잠이 듭니다.

네 박자 자장가

이보나 흐미엘레프스카 글·그림, 이지원 옮김, 논장

국내에도 널리 알려진 이보나 흐미엘레프스카의 그림책입니다. 『네 박자 자장가』는 흥미롭게도 방이 잠잘 준비를 합니다. 방 안의 모든 것, 책상다리도, 작은 차의 바퀴도 잠이 듭니다. 방안의 사물이 잠이 들 때마다 하나, 둘, 셋, 넷 숫자를 세고 마치 주문을 걸듯 고요한 세계가 펼쳐집니다. 부드러운 색감과 여백을 활용한 서정적인 그림도 잠자리 그림책에 잘 어울립니다.

아이를 부드럽게
만져주고 안아주세요

C.S 루이스의 '나니아 나라 이야기' 시리즈는 어린이책의 고전으로 손꼽힙니다. 전 7권으로 된 시리즈 중에 영국에서 제일 먼저 출간된 『사자와 마녀와 옷장』은 이렇게 시작합니다. "옛날에 피터, 수잔, 에드먼드, 루시라는 네 아이가 있었다." 동화는 이 네 아이 중 막내인 루시가 우연히 옷장을 통해 나니아 나라에 가며 만난 판타지의 세계를 보여줍니다.

아이들은 원래부터 옷장이 있는 디고리 교수의 집에 살았던 게 아니에요. 동화에서는 전쟁 때 공습을 피해 기차역으로부터 멀리 떨어진 교수의 집으로 보내진 것이라고 말하는데, 실제로 있었던 일이랍니다. 1939년 나치 공습으로 2차 세계대전이 발발하자 영국 정부는 대도시에 사는 어린이들의 안전을 위해 시골로 보내는 대대적인 작전을 펼칩니다. 일명 '피리 부는 사나이' 작전이에요. 정말로 옛이야기 같은 일이 벌어졌던 겁니다. 이 작전으로 영국에서 무려 150만 명의 어린이들이 부모와 떨어져 먼 곳으로 보내졌습니다. C.S 루이스는 당시 낯선 곳에 온 어린이를 모티브로 삼아 판타지를 펼쳐냈어요. 한데 이 일을 학문적으로 연구한 사람도 있어요.

아기는 어떻게 해야 잘 자라나요?

애착 이론의 선구자로 알려진 영국의 정신과 의사이자 정신분석가 존 볼비입니다. 그는 전쟁으로 대피하게 된 어린이들과 역시 전쟁 때문에 고아원에 맡겨진 아이들의 발달을 연구했습니다. 어린 나이에 부모와 떨어질 수밖에 없었던 '분리'가 어린이에게 어떤 영향을 미쳤는지를 살폈어요.

어떻게 하면 어린이가 건강하게 자랄 수 있는 걸까요. 안전하게 잠들 집이 있고, 적절한 음식을 공급하고, 청결한 환경에서 자란다면 모든 어린이는 마땅히 건강하게 잘 자라야 하지 않을까요. 하지만 현실은 그렇지 않았습니다. 전쟁 때문에 부모와 갑자기 헤어진 어린이에게 심리적 고통이 생겼고 어른이 된 후에도 많은 영향을 미쳤습니다. 의도가 아무리 좋다고 해도 영유아가 갑작스럽게 양육자와 헤어진다면 심각한 정신적 트라우마가 남을 수 있다는 사실이 밝혀졌어요. 2차 대전 당시 벌어진 일을 통해 존 볼비는 애착 이론을 연구했고 이후 큰 영향력을 미치게 됩니다.

비슷한 시기 위스콘신대학의 심리학자 해리 할로도 유명한 원숭이 실험을 했어요. 붉은털원숭이의 새끼가 태어난 직후 어미로부터 떨어뜨려 놓고 두 가지 가짜 엄마를 보여주는 실험입니다. 첫 번째 가짜 엄마는 철사를 얼기설기 엮어 만들었는데 우유병을 들고 있었어요. 두 번째 엄마도 역시 철사로 만들었지만 부드러운 헝겊에 덮여 있었습니다. 대신 우유병은 없었어요. 새끼원숭이들은 배가 고프니 철사 엄마에게 가서 우유를 먹었어요. 하지만 대부분 시간은 포근한 헝겊 엄마에게 매달려 있었답니다. 이 실험으로 엄마가 새끼에게 제공하는 것이 단지 젖만은 아니라는 사실이 입증되었어요.

존 볼비와 해리 할로 이전, 1940년대를 대표하는 육아 방식은 행동주의였습니다. 아이가 울 때마다 달려가면 버릇이 나빠진다고 생각했고 엄격하게 훈육해야 한다고 여겼습니다. 이에 대한 반동으로 벤저민 스포크 박사는 극단적으로 모든 걸 허용하는 육아법을 들고나와 크게 유행하기도 했어요. 하지만 아이가 하고 싶은 데로 모든 걸 허용하는 스포크 박사의 육아법이 옳지 않다는 사실 또한 얼마 지나지 않아 밝혀졌습니다.

가장 좋은 육아는 적절한 한계 안에서 정서적으로 안전하게 키우는 방식입니다. 존 볼비와 해리 할로 덕분에 부모의 돌봄이란 단지 아이를 제때 먹이고 기저귀를 갈아주는 일이 전부가 아니라는 사실이 정설로 자리 잡았습니다. 특히 아기와 눈을 맞추고 안아주는 정서적인 돌봄은 어린이에게 큰 영향을 미칩니다.

아기는 태어나 만 24개월 이내에 주 양육자와 강한 정서적 유대감을 형성합니다. 이 유대감을 보통 '애착'이라고 불러요. '애착 인형' 같은 말 덕분에 낯설지 않을 텐데요. 그런데도 애착이란 말을 이해하기 쉽지 않아요. 애착은 사랑해서(愛) 떨어지지 않는 마음(着)입니다. 혼자 살아갈 수 없는 어리고 약한 아기에게 주 양육자는 너무나 중요한 존재입니다. 그뿐만 아니라 주 양육자와 아기 사이에 맺어지는 유대감은 평생 큰 영향을 미치지요. 사람과 세상을 바라보는 기본적인 믿음을 만드니까요.

애착 형성에서 가장 중요한 건 정서적인 교감입니다. 앞서 해리 할로의 실험에서 보았듯 아기는 우유를 주고 기저귀를 갈아주는 사람보다 더 많이 놀아주고 더 많이 감정 교류를 한 사람에게 강한 애착을 보입니다.

애착의 핵심은 "아기가 도움이 필요할 때 주 양육자가 달려와주고 내 편이 되어줄 거라는 믿음과 기대"입니다. 애착이 잘 형성된 아이는 세상을 살만한 곳으로, 나를 환대할 거라는 믿음을 갖습니다. 정서적으로 민감한 반응과 따뜻한 목소리와 포옹 같은 접촉은 건강한 애착을 만드는 방법입니다.

애착 이론을 알게 되면 인간이란 단지 밥만으로는 살아갈 수 없는 존재라는 사실을 절감하게 됩니다. 그렇다고 24시간 내내 아이와 애착을 유지해야 한다는 강박을 가질 필요는 없어요. 애착 이론은 엄마의 역할을 지나치게 강조할 위험이 크지만 그럴 필요는 없다는 연구 결과도 많이 나와 있어요. 다만 아이에게 집중하는 시간을 확보하고 그때 아기의 손과 발을 부드럽게 만져주고 많이 안아주세요. 정서적으로 건강한 어린이로 자라는 길입니다.

영유아를 위한 그림책에는 어린이와 양육자 사이의 신체적인 접촉을 보여주고 이끄는 그림책이 많아요. 아기들에게 접촉이 필요하기 때문이죠. 이런 그림책을 다 읽어준 후에는 그림책에서 하듯 아가의 몸을 많이 만져주고 안아주세요. 정서적으로 안정감 있는 어린이를 키우는 최고의 방법이랍니다. ⁑ 한미화

또, 또, 또 해주세요

베라 B. 윌리엄스 글·그림, 노경실 옮김, 열린어린이

이야기는 단순하지만, 아이의 여러 감각을 자극하는 책이에요. 아빠가 "우리 아기 배꼽 좀 보세요!" 하고 손짓하면 아기는 자기 배꼽을 인지합니다. 아빠가 배꼽에 뽀뽀하면 아기는 까르륵 웃으며 간지러워해요. 청각과 촉각이 더해집니다. 그럼 아기는 "또, 또, 또 해주세요!"를 반복합니다. 언어 자극까지 추가돼요. 영유아를 위한 그림책이 지녀야 할 덕목이 모두 담긴 책입니다. 무엇보다 아기를 사랑하는 가족의 마음이 오롯이 담겨 있습니다.

안아 줘!

제즈 앨버로우 글·그림, 웅진주니어

원서에서는 "Hug"라는 한 단어만 나옵니다. 글자 없는 그림책에 가깝지요. 번역본은 "안았네", "안아 줘"처럼 그림에 맞게 뉘앙스의 차이를 살렸어요. 아기 원숭이가 혼자 숲속을 걸어요. 그러다 엄마 코끼리가 아기 코끼리를 안아주고, 엄마 기린이 아기 기린을 쓰다듬는 모습을 보게 됩니다. 결국 아기 원숭이는 "안아 줘!" 하고 울어요. 자기만 엄마가 없으니 서럽죠. 그림책을 읽고 나면 아기를 꼭 안아주고 싶어지는 책입니다.

안아 줘 안아 줘

조 신타 글·그림, 이선아 옮김, 보림

조 신타 같은 대가가 아기 그림책을 지었다는 사실도 놀랍지만, 대담한 상상력과 원색을 즐겨 사용하는 독창적 스타일이 고스란히 담겼다는 점도 감상 포인트입니다. 아기가 부모에게 안아달라고 하는 설정을 넘어 작가는 이 세상 작은 것들이 큰 것과 함께 있는 모습을 안아주는 일로 여겨요. 커다란 빵에 붙어있는 작은 빵도 어쩌면 안아주는 모습은 아닐까요? 그래요. 아기는 부모의 품에 안겨 쑥쑥 자란답니다. 빵도, 신발도, 아이스크림도 꼬옥 안아주세요.

깔깔 간지럼 놀이

기무라 유이치 글·그림, 웅진주니어

다슬이가 동물 친구들을 간지럼 태웁니다. 플랩을 펼치면 동물 친구들이 간지러워 죽겠는 표정을 보여줘요. 그림책을 읽으며 아이의 몸을 만져주고 살짝 간지럼도 태워주세요. 정서적 친밀감이란 이렇듯 간지럼을 태우는 몸 놀이를 통해 만들어집니다. 검은 선으로 마무리한 만화풍의 단순한 그림이 아기가 보기에 맞춤합니다.

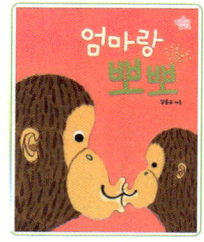

엄마랑 뽀뽀

김동수 글·그림, 보림

양육자와 아기가 서로 친밀감을 느끼는 대표적인 몸짓이 뽀뽀와 포옹입니다. 『안아 줘!』가 포옹을 소재로 삼았다면, 『엄마랑 뽀뽀』는 뽀뽀를 소재로 삼았어요. 여러 동물이 엄마와 뽀뽀를 하고 있습니다. 아기의 성격은 제각각 달라요. 누구는 순둥이고 누구는 개구쟁이입니다. 하지만 모두 모두 엄마랑 뽀뽀할 때가 제일 행복해요. 그림책을 다 읽으면 엄마랑 뽀뽀!!

쪽쪽

김시영 글·그림, 고인돌

아빠와 엄마가 아가가 너무 예뻐서 "쪽쪽 쪽쪽" 뽀뽀를 해줘요. 코에도 쪽쪽, 뺨에도 쪽쪽 뽀뽀를 해요. 아기의 말랑말랑한 엉덩이에 "냠냠 냠냠" 소리를 내며 뽀뽀를 합니다. 아빠와 엄마가 아가의 온몸을 만져주고 뽀뽀를 해주는 모습이 이어집니다. 아기뿐 아니라 가족이 서로 몸을 비비며 만져 주고 안아주는 그림을 보면 행복한 기분이 전해집니다. 김시영 작가는 이중섭 화가의 그림에서 모티브를 얻어서 그림책을 만들었다고 해요.

안아 줄게

김복태 글, 김상아 그림, 보림

아기에게도 많은 일이 일어납니다. 동생이 미울 때도 있고요. 손이나 발가락을 다쳐 아플 수도 있어요. 친구가 때리면 슬프고 주사를 맞으면 아파서 엉엉 울어요. 이 작은 아기 그림책은 이처럼 속상하고 슬픈 일이 일어난 순간, 곁에 있는 어른들이 아기를 따뜻하게 안아주는 이야기를 담았어요. 왼쪽에는 아기가 처한 상황을, 오른쪽에는 부드러운 배경 색 안에서 엄마가, 아빠가, 할머니와 할아버지가 그리고 삼촌이나 형이 아기를 안아주는 모습을 보여줘요. 많이 안아주세요!

스스로 칫솔질이
하고 싶어지는 그림책

　아이가 처음 서서 걸었을 때, 엄마 혹은 아빠라고 불러줬을 때, 첫 문장을 내뱉었을 때, 부모가 느끼는 기쁨의 크기는 말로 표현하기 어렵습니다. 아이가 자라면서 기쁨의 종류가 조금 달라지지요. 반장이 되었을 때, 어려운 레벨테스트를 통과했을 때, 대회에 나가 상을 탈 때, 목표 이상의 성적을 냈을 때. 아이의 성취에 가슴 뿌듯해지는 커다란 순간들이 있습니다.

　그런데 제가 두 아이를 키우며 가장 기뻤던 순간은 사실 이런 순간이었습니다. 혼자 가방을 싸서 학교에 갈 때, 먹기 전 수저를 놓고 다 먹고 나면 그릇을 치울 때, 함께 빨래를 갤 때, 수업 전 책상을 깨끗하게 치워놨을 때, 둘이 팬케이크를 구워 아침상을 차려줬을 때. 고마운 마음에 벅차오르는 동시에 '어디 가서도 이제 살아남을 수 있겠구나' 하는 흐뭇한 생각이 듭니다.

소아청소년정신과 전문의 오은영 박사가 "양육의 최종 목표는 독립과 자립"이라고 했지요. 아이들이 자라 어떤 대학에 갈지 어떤 직업을 가질지 얼마나 돈을 벌지 지금은 알 수 없습니다. 다만 스스로를 돌볼 줄 아는 사람에 한 발자국씩 가까워지는 것이 대견합니다. 새삼 사랑과 믿음이 차오릅니다.

━━━ 자립은 생활습관을 기르는 일부터

독립과 자립은 어릴 적 자조 기술을 익히는 것부터 시작해요. 식사하기, 대소변 처리하기, 옷 입고 벗기, 개인위생 관리 등 일상생활에 필요한 일들을 스스로 해낼 수 있어야 하지요. 이는 "단순한 개별적인 활동이 아니라 운동성, 감각, 인지, 언어, 사회성 등 여러 기능들의 통합을 요하는 기술"입니다. 홀로 이런 일들을 해낼 수 있어야 '나는 일상을 잘 꾸려갈 수 있는 사람이야'라는 긍정적 자아 인식이 생깁니다. 이는 어린이가 향후 원활한 대인 관계를 맺고 사회활동을 하는 기반이 됩니다.

이런 기술은 하루아침에 생기지 않습니다. 어릴 때부터 사소한 행동들을 반복적으로 배워 생활습관으로 들이면서 차근차근 쌓아나가는 거예요. 똑바로 앉아 밥을 혼자 먹는 행위만 해도, 여러 단계를 거쳐야만 합니다. 보통 돌 전후에 아기는 손으로 음식을 먹으려고 합니다. 만 2세가 되면 미숙하나마 숟가락으로 밥을 먹고, 빨대 컵 대신 컵으로 물을 마실 수 있게 되지요.

그 외 영역에서도 자조 기술은 시기에 맞게 점진적으로 발달합니다. 만 2세에 배변훈련을 시작할 수 있고, 만 3세가 되면 보통 대소변을 가립니다. 18개월 전후 양말 벗기 등을 시작으로, 만 2세에는 모자나 양말 같은 단순한 의복을 입으려고 시도하고, 만 3세가 되면 간단한 옷을 입고 벗을 수 있게 됩니다. 단추나 지퍼를 능숙하게 다루는 데는 시간이 좀 더 걸립니다.

스스로 일상생활을 해나갈 수 있도록 올바른 습관을 들이려면, 반복된 경험과 스스로 해볼 기회가 필요합니다. 해보고 실패하고, 또 해보고 실패하면서 결국 작은 성공의 경험을 쌓아야 해요. 성공에 이르기까지 '가르친다 → 기다린다'의 단계가 무한 반복되지요.

부모로서는 답답한 시간입니다. 밥을 먹여주면 식사 시간도 짧고 식탁도 깨끗하거든요. 그런데 혼자 먹으라고 하면 그야말로 난장판입니다. 둘째가 돌 즈음 손으로 삶은 소면을 집어 먹으며 온몸에 묻혀 놓아서, 식사 시간마다 씻겨야 했어요. 옷도 입혀주면 빨리 끝나고 위아래 짝도 잘 맞을 텐데, 옷 입기를 기다려주다 어린이집에 늦기 일쑤였죠. 계절에 안 맞는 옷은 예사고, 양말은 늘 짝짝이였답니다. 얼마나 신중하게 고르던지요!

즐거운 마음이 아이를 움직여요

생활습관은 일상에서 단계별로 기르는 것이지 그림책을 본다고 '해결'될 일은 아닙니다. 다만 습관이 자리 잡기까지 그림책의 도움을 받을 수는 있습니다. 좋아하는 그림책에서 등장인물이 칫솔질하는 장면이 나온다면, "△△이도 치카하니까 우리도 치카할까?"라며 아이를 설득하기 쉬워집니다.

생활습관 들이기를 목적으로 만들어진 그림책만 찾아서 볼 필요는 없습니다. 자칫하면 어린이에게 그림책은 재미가 없고, 양육자 잔소리를 닮아 이래라저래라 하는 것이라는 인식을 심어줄 수 있으니까요. 어떤 행동을 하지 않았을 때 무시무시한 일이 벌어진다고 협박하는 책보다는, 아이의 마음을 잘 이해하면서도 재미있게 등장인물의 행동을 따라할 수 있는 책이 좋습니다. 소아정신과 전문의 서천석의 말처럼 "아이들이 스스로 발견하고 느끼도록 주인 자리를 아이에게 내주는 책과 어른이 주인이 되어 아이들에게 이런저런 것을 받아들이라고 가르치는 책"은 분명 다르니까요.

아이들이 어릴 때, 양치하러 가기 전 고미 타로의 『해골 아저씨』를 종종 읽었습니다. 잠자리에 든 해골 아저씨가 분명 뭔가 잊어버린 것 같은 느낌에 벌떡 일어납니다. 집을 온통 뒤져보고 다른 사람에게 물어도 보고 백화점도 가보며 온통 헤매고 다녔지만, 뭘 잊었는지 기억이 나지 않아요. 한참의 시간이 지난 후에야 아하, 깨닫지요. 이를 안 닦았다는 것을!

해골 아저씨조차도 잠자기 전에는 이를 닦는다며, 낄낄낄 웃으며 아이들과 화장실로 향했습니다. 귀찮아서 미적거리는 마음 하나 없이 산뜻하게요. 이처럼 생활습관 관련 그림책을 읽을 때는 '나도 하고 싶다'라는 기분이 남도록 하는 것이 중요합니다. 마지막에 남는 유쾌한 감정이야말로 아이를 움직일 수 있는 동력이니까요.

‡ 황유진

싹싹싹

하야시 아키코 글·그림, 이영준 옮김, 한림출판사

숟가락질이 서툰 아이가 혼자 먹다 보니 자꾸 이유식을 흘립니다. 인형들이 흘린 수프는 아기가 손수건으로 싹싹싹 닦아주고, 이유식이 잔뜩 묻은 아기 입은 엄마가 싹싹싹 닦아주지요. 모방 행동을 통해 스스로 깨끗이 먹는 법을 배울 수 있는 책입니다. 아기의 신체와 표정이 사실적으로 그려져 생활감을 더해줍니다.

난 토마토 절대 안 먹어

로렌 차일드 글·그림, 조은수 옮김, 국민서관

부모는 늘 아이의 편식을 걱정하지요. 가리는 음식이 많은 까다로운 동생 롤라, 롤라가 싫어하는 음식도 먹게 만드는 이야기꾼 오빠 찰리가 이 책의 주인공입니다. 찰리의 기발한 상상력과 동생을 다루는 교묘한 육아기술에, 어린이는 즐거워지고 부모는 한 수 배우고 싶어집니다. 콜라주 기법의 독창적인 그림체로 사랑받는 로렌 차일드의 작품으로, 2000년 케이트 그린어웨이 상을 받았습니다.

누구나 먹는다!

줄리아 쿠오 글·그림, 이은파 옮김, 고래뱃속

동물들이 어떤 먹이를 먹나 알려주는 정보 그림책이자, 먹는 시간의 즐거움을 일러주는 생활 그림책입니다. 토끼는 당근을, 곰은 벌꿀을, 다람쥐는 도토리를 먹을 때, 어린이는 무얼 먹을까요? 앞서 등장한 모든 재료가 우리의 먹거리가 됩니다. 짧은 문장에 의성어와 의태어를 적절히 활용하여 먹는 즐거움을 생동감 있게 나타냅니다.

치카치카 하나 둘

최정선 글, 윤봉선 그림, 보림

주인공 아이와 강아지가 신나게 달려가 시작하려는 일, 과연 뭘까요? 칫솔에 치약을 쭉 짜고 칫솔질 시작! 무서운 충치 세균도, 이 닦으라는 엄마 아빠의 잔소리도 없습니다. 아이를 따라 양치질에 합류한 어른들의 경쾌한 치카치카 소리만 들려오지요. 온 가족이 나란히 서서 노래처럼 부르며 양치질하기에 꼭 어울릴 책입니다. "앞니 송곳니 어금니 윗니 아랫니 덧니 사랑니" 흥얼거리는 사이 치아 이름까지 배울 수 있겠네요.

비둘기는 목욕이 필요해요!

모 윌렘스 글·그림, 장선영 옮김, 살림어린이

하라면 하기 싫고, 또 하지 말라면 하고 싶은 아이들의 심리를 탁월하게 표현해낸 그림책입니다. 목욕하기 싫어 온갖 핑계를 대는 비둘기와, 찬찬히 설득하는 어른의 목소리가 유쾌한 대비를 빚어냅니다. 절대 목욕하지 않겠다던 비둘기가 욕조에 들어가서는 나오지 않으려고 눈을 반짝이는 장면에서, 즐거운 목욕 놀이가 시작됩니다.

한 그릇

변정원 글·그림, 보림

갓 지은 밥들이 콩나물, 애호박, 버섯, 달걀, 소고기 등에게 비빔밥 잔치를 위한 초대장을 보냅니다. 이 많은 음식 재료들은 어디에서 출발해 우리 밥상까지 오게 되었을까요? 요리와 식사의 즐거움을 살려낸 아기자기한 이야기입니다. 2019년 출간되었던 동명의 책이 영유아를 위한 보드북으로 출간되면서, 글과 그림 모두 보다 간결하고 전달력 있게 수정되었습니다.

주세요 주세요

신혜영 글, 최미란 그림, 천개의바람

책에 등장하는 아기 펭귄, 코끼리, 토끼, 원숭이, 곰은 "주세요 주세요"라는 말을 반복합니다. 그 속에는 "맘마 주세요", "물 주세요", "뽀뽀해 주세요"의 뜻이 담겨 있지요. 책을 읽은 아이도 원하는 것이 있을 때 떼를 쓰거나 울거나 한 단어로 요구하는 대신, "주세요 주세요"라고 말할 수 있도록 도와주는 발랄하고 사랑스러운 책입니다.

이파라파냐무냐무

이지은 글·그림, 사계절

양치질을 시키려고 만들어진 책은 아니지만 읽고 나면 기분 좋게 양치질하러 갈 수 있는 책의 대명사. 귀여운 마시멜롱과 무섭게 생긴 털숭숭이 사이 긴장감을 따라가다 보면, '이파라파냐무냐무'의 본뜻을 깨닫고 한바탕 크게 웃게 될 것입니다. 2021 볼로냐 라가치상 코믹-유아 그림책 부문 대상.

아기가 무조건 좋아하는
똥 그림책

양육자들이 잊지 못하는 순간은 저마다 다르겠죠. 하지만 어느 정도는 공통적인 순간은 있지 않나 싶어요. 예컨대 아이가 '많이 컸구나' 싶을 때 뿌듯합니다. 아이가 자라며 이런 감격을 하나씩 만나게 되는데, 부모로서 가장 보람된 순간이죠. 영유아기에는 처음 두 발을 딛고 걸었을 때, 엄마를 불렀을 때 혹은 대변을 가렸을 때 감격스러웠어요. 아이가 조금 더 자라 초등학교 입학통지서를 받았을 때 뭉클했다는 부모도 많아요. 부모의 감격은 아이가 성장하고 독립하는 과정과 맞물려 있는 거지요.

영유아기에 가장 중요한 일인 말하기와 대변 가리기는 모두 두 돌 무렵부터 가능합니다. 아기가 말을 할 수 있다면 의사소통이 가능하고, 대소변을 가리면 기저귀를 뗄 수 있다는 뜻이지요. 영유아에게는 결코 작은 일이 아닙니다. 세상으로 나아갈 수 있는 도약이죠.

대변 가리기 훈련을 시작했다면 이 책!

어린이들이 정말 좋아하는 책 중에 '똥'을 소재로 삼은 그림책들이 있어요. 이 분야의 스테디셀러라면 『누가 내 머리에 똥 쌌어?』를 첫손에 꼽을 수 있어요. 1993년 국내에 처음 소개되었으니 벌써 30년 넘게 사랑받고 있어요. 저 역시 아이에게 이 그림책을 마르고 닳도록 읽어주었어요. 나중에 볼프 에를브루흐의 다른 그림책을 접하고 나서야 이 작가가 얼마나 대단한지 알고 놀랐지요.

오랜만에 이 책을 다시 찾아보니 제본이 헐거워져 낱장이 떨어져 나가 다시 붙였더군요. 그만큼 자주 보았다는 뜻이죠. 어린이가 성장하면 필요가 없어진 그림책을 이웃에게 선물하거나 중고로 팔곤 하지요. 집은 좁고 공간은 한정적이니 어쩔 수 없어요. 하지만 저는 어린이가 정말로 좋아했던 그림책은 추려서 꼭 보관하라는 말을 즐겨합니다. 아이가 다 자란 후에도 부모는 그림책을 통해 과거로 여행할 수 있어요. 나중에 성인이 된 자녀도 그림책으로 추억을 소환할 수 있습니다. 고이 보관했다가 손주에게 읽어줘도 즐겁지 않을까요.

『누가 내 머리에 똥 쌌어?』를 아가에게 보여줄 수 있는 적기는 언제일까요? 두 돌 무렵입니다. 대변 가리기 훈련을 시작할 때죠. 두 돌이라고 했지만 대략 그럴 뿐입니다. 아이의 발달에 조바심을 낼 필요는 없습니다. 아이마다 조금씩 다르기 마련입니다. 같은 이유로 대변 가리기를 지나치게 일찍 서두를 필요도 없어요. 아기가 스스로 괄약근 조절을 할 수 있어야 대변 가리는 훈련을 할 수 있어요. '응가' 하고 싶은 충동이 느껴질 때 아기가 마려운 느낌을 참고 변기까지 갈 수 있어야 해요. 이때가 되면 자연스럽게 대변 가리기가 가능해집니다. 두 돌 무렵이면 양육자는 예쁜 어린이용 변기를 마련하고 잔뜩 기대합니다. 아기가 보내는 '응가' 신호를 양육자가 알아차리면 부랴부랴 작은 의자에 앉히고 "끄으응"소리를 같이 내며 성공을 고대합니다. 하지만 이 일은 단번에 이뤄지지 않아요. 아기가 응가를 조절하고 지연할 수 있어야 하는데 번번이 실패하죠. 아기가 변기까지 가지도 못하고 기저귀에 응가를 할 때가 많아요. 신호가 왔나 싶어 서둘러 아가를 변기에 앉혔다가 똥이 나오지 않는 때도 있고요. 이런 실패를 거듭하다 어느 날 성공합니다. 엄마는 활짝 웃으며 아가를 칭찬하고 아빠에게 변기 속 아가의 똥을 보여주며 기뻐하지요.

자지러지게 즐기는 똥과 오줌 책

이때 아기가 정확히 똥이 무엇인지 혹은 왜 의자에 앉아야 하는지를 모두 이해하지는 못해요. 그러니 다음번에도 똑같이 성공한다는 보장도 없어요. 그저 실패와 성공을 반복합니다. 하지만 분명히 알게 되는 사실이 있어요. 의자에 앉아서 '응가' 하기에 성공하면 엄마가 기뻐한다는 사실입니다.

　아기가 똥이 마려울 때 보이는 특유의 표정과 행동이 있습니다. 이때 양육자는 먼저 말로 표현해야 합니다. "응가 하고 싶구나!" 하고 말이지요. 아기가 뭔가 조짐을 느꼈을 때 양육자에게 말로 혹은 몸짓으로 의사를 전달하는 법을 배우도록 말이지요. 배변에서 맨 처음 중요한 건 아기가 '응가'가 나올 것 같은 몸의 느낌을 익히는 일입니다. 양육자가 일방적으로 변기에 앉힌다고 배변이 가능한 건 아니니까요. 신호를 느끼고 표현하고 난 후에 응가 할 때 약간의 힘을 주어야 합니다. 그때 엄마가 "응가!"라는 말을 하며 아기를 돕지요.

　이 무렵 배변훈련에 도움이 되는 그림책을 함께 보면 좋습니다. 실제로『누가 내 머리에 똥 쌌어?』를 읽어주며 배변 가리기에 성공했다는 부모의 경험담이 많습니다. '똥을 눈다'라는 행위를 책을 통해 인식하는 데 도움이 되니까요.

　아기가 배변 가리기에 성공한 이후에도 똥이 등장하는 그림책은 필요해요. 어린이가 '똥'이 등장하는 그림책을 좋아하니까요. 아기는 변기에 똥을 누면 엄마가 기뻐하지만 정작 똥을 치울 때 얼굴을 찌푸리고 괴물을 다루듯 싫어한다는 사실을 알지요. 부모에게 '똥'이 일종의 금기로 작용한다는 걸 인식하는 겁니다. 배변 가리기에 성공한 이후에도 어린이는 한동안 똥을 소재로 삼은 그림책을 즐깁니다. 일종의 해방구입니다.

　배변훈련기에는 '똥을 눈다'라는 행위에 맞춘 단순한 리듬의 책을 보여주세요. 조금 더 자라 초등 저학년 무렵까지는 똥을 소재로 삼은 그림책을 읽어주시면 됩니다. 초등 저학년이 좋아하는 동화 중에 『똥볶이 할멈』이 있어요. 학교 앞 떡볶이집 할머니가 어린이들을 괴롭히는 어른에게 벌을 줍니다. 그 벌이 무엇이냐 하면 평생 똥 맛 나는 떡볶이를 먹게 되는 겁니다. 어린이는 '똥' 맛이 나는 떡볶이라는 설정만으로도 자지러집니다. 똥을 소재로 삼은 책은 어린이를 즐거운 독서로 유인하는 도구이기도 합니다.

제가 편의상 계속 배변훈련이라는 단어를 썼지만, 훈련이라고 생각할 필요는 없어요. 처음에 아기가 배변 가리기에 실패하는 건 당연해요. 적당한 때가 되면 문제없이 성공하지요. 도리어 부모의 조바심이 그 시기를 더 늦출 뿐입니다. ⁑ **한미화**

누가 내 머리에 똥 쌌어?

베르너 홀츠바르트 글, 볼프 에를브루흐 그림, 사계절

똥 한 자루가 두더지 머리에 철퍼덕 떨어지자 "누가 내 머리에
똥 쌌어?"라고 소리치며 시작됩니다. 두더지는 범인을 찾으러
비둘기, 말, 토끼, 염소, 소, 돼지를 찾지요. 작가는 몸집이 작은
두더지와 비율을 맞춰 동물의 모습을 콜라주로 표현했어요. 배
경을 생략한 단순한 그림이지만 화가 난 두더지의 자세, 이에 맞서는 동물들의 표정이 생생합니
다. "네가 내 머리에 똥 쌌지?"라고 반복되는 말과 동물마다 다른 똥 그리고 똥 싸는 소리도 즐거
워요.

응가하자, 끙끙

최민오 글·그림, 보림

염소, 강아지, 하마, 병아리 등이 차례로 변기에 앉아 "끙끙" 힘을 주
고, 다음 페이지를 넘기면 "야호, 나왔다" 하고 '응가'에 성공한 모습
을 보여줍니다. 마지막 페이지는 물론 아기 차례죠. 모든 동물이 아
기를 응원하고, 아이가 성공하자 기뻐합니다. 이 모습을 보며 아기는
'변기에 앉아 똥을 누는 건 좋은 일이구나'라는 긍정적인 감정을 느
낄 수 있습니다.

똥벼락

김회경 글, 조혜란 그림, 사계절

'똥과 도깨비'라는 소재를 담은 옛이야기 그림책입니다. 돌쇠 아버지는
30년 동안 김부자 밑에서 일한 값으로 돌밭을 받아요. 밭을 기름지게
만들려고 온갖 똥을 모으지요. 주렁주렁 곡식이 열려 기쁜 것도 잠시
돌쇠 아버지는 김부자에게 밭을 빼앗길 처지에 놓여요. 도깨비가 욕심
을 부린 김부자에게로 세상의 모든 똥을 보내는 장면은 통쾌합니다. 굵
직한 똥자루똥, 질퍽질퍽 물찌똥, 된똥, 진똥, 산똥, 선똥, 피똥, 알똥, 배
내똥 등 종류도 많아요. 3세 이후부터 읽어주면 좋은 대표적인 똥 그림책입니다.

아기똥

조영지 글·그림, 길벗어린이

아가의 똥은 당연히 아가가 먹은 걸 보여주지요. 양육자들은 부러 아기
의 건강상태를 확인하려고 똥이 어떤지를 살피잖아요. 아가가 귤 먹은
날에는 아기의 똥에서 귤이 보이고, 배추를 먹은 날에는 배추의 흔적을
살필 수 있지요. 작가는 이걸 두고 "귤 먹은 날에는 귤꽃이 핀다", "배추
먹은 날에는 배추가 자란"다고 말해요. 자연의 순환과 아가가 건강하게 자라길 바라는 엄마의 마
음까지 담아낸 그림책입니다.

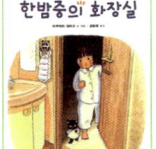

한밤중의 화장실

마루야마 아야코 글·그림, 강방화 옮김, 한림출판사

하야시 아키코를 떠올리게 하는 부드러운 연필 선과 따뜻한 색감을 지닌
책입니다. 방울이가 한밤중에 오줌이 마려워 깼어요. 하지만 동생이 울고
아빠는 출장을 가서 혼자 화장실에 가야 해요. 어두운 복도를 지나 화장실
문을 여니 염소가 휴지를 먹고 있어요. 차례대로 동물이 나타나 도와주는
사이 화장실을 사용하는 기본적인 예절을 배울 수 있는 책입니다.

쏴아아

재희 글·그림, 킨더랜드

세상에서 가장 참기 힘든 일 중 하나가 오줌 참기입니다. 아가들이 생
각지도 못한 장소에서 오줌을 누겠다고 해서 난감했던 적이 있지요?
오줌을 참고 있을 때는 물이 떨어지는 소리만 들려도 오줌이 나올 것
같아요. 그런 마음을 담은 그림책입니다. 어린이가 참고 참고 참다가
'쏴아아아~' 하는 장면에서 웃음이 납니다. 물을 상징하는 파란색과 어
린이의 노란 얼굴이 오줌을 참아야 하는 전체 상황을 잘 보여줍니다.

대단한 오줌싸개 대장

로버트 먼치 글, 마이클 마르첸코 그림, 김은영 옮김, 다산기획

『종이 봉지 공주』의 작가인 이야기꾼 로버트 먼치가 글을 썼어요. 외출
전, 미리 오줌을 누면 좋겠는데 어린이는 꼭 "지금은 아니야"라고 말해
요. 그리고 나중에 차 안이나 극장에서 꼭 "쉬 마려" 합니다. 이런 해프
닝을 유머러스하게 담았어요. 웃으며 그림책을 읽고 나면 나가기 전에
오줌을 누는 일이 조금은 쉬워질 거예요.

아빠,
그림책 읽어주세요!

『용을 찾아서』로 한국인 최초로 칼데콧 상을 받은 차호윤 작가와 북토크를 한 적이 있습니다. 작가는 미국에서 태어나 복수국적을 지닌 한국인입니다. 초등 고학년에서 중학 시절, 잠시 한국에서 학교에 다닌 적이 있지만 성인이 될 때까지 대부분을 미국에서 보냈지요. 하지만 차호윤 작가는 한국어로 인터뷰와 북토크를 하고 글을 쓰는 게 가능했습니다. 당연한 사실임에도 저는 좀 놀랐어요. 제가 차 작가에게 비결을 물었습니다. 어떤 대답을 했는지 짐작이 가시나요?

어린 시절, 미국에서 부모님이 한국 그림책을 많이 읽어주셨다고 합니다. 지금도 어린 시절 읽었던 『숨 쉬는 항아리』 같은 그림책이 또렷하게 생각난다고 했어요. 마침 서울에서 진행된 북토크 현장에 차호윤 작가의 아버지와 어머니가 참석하신 터라 "왜 그렇게 열심히 그림책을 읽어주셨나요?" 하고 다시 물었지요. 어머니는 "한국말을 못하면 딸이라도 서로 대화를 할 수가 없잖아요. 그러면 안 되지!" 하는 생각에 힘써 그림책을 읽어주었다고 합니다.

이 말끝에 차 작가는 빼먹으면 안 된다는 듯, "아빠도 그림책을 읽어주셨어요. 특히 굵고 낮은 저음이 필요하면 그림책을 들고 아빠에게 달려갔어요!"라고 말하더군요. 엄마뿐 아니라 아빠가 읽어 준 책이 자양분이 되었던 거지요. 덕분에 차호윤 작가는 자신이 한국인이라는 걸 잊지 않고 호랑이가 등장하는 그림책으로 데뷔했어요. 또 용이 등장하는 그림책으로 칼데콧 상을 수상했습니다.

──

어린이는 아빠를 보고 자라요

어린이에게 책을 읽어주는 일은 대개 엄마의 몫입니다. 물론 서서히 책 읽어주는 아빠가 늘고 있어요. 휴일 도서관의 그림책 열람실에 가면 아빠가 아이에게 책 읽어주는 모습을 자주 볼 수 있어요. 부모를 위한 강의에도 아빠의 참석률이 높아졌고요.

대전 버찌책방은 아내가 책방을 해요. 남편인 돌고래 님은 직장인이지요. 그런데 남편이 자녀에게 책을 읽어줍니다. 조예은 책방지기는 "책 읽어주기는 남편 담당"이라고 자랑스럽게 말하더군요. 자녀가 어릴 때 그림책을 읽어주기 시작해서 초등학생이 된 지금까지 동화를 읽어준다고 합니다. 벌써 10년이 넘은 거죠. 돌고래 님은 어린이에게 그림책을 읽어주며 자신에게 일어난 변화를 독립출판물로 펴내기도 했습니다.

직장 생활을 하는 아빠는 아이와 보낼 수 있는 시간이 적어요. 아빠와 아이가 따로 둘만 이야기를 나누는 시간은 더더욱 드물고요. 하지만 아이는 기다려주지 않지요. 훌쩍 커버린 아이와 아빠는 생각보다 접점이 없지요. 돌고래 님은 자녀에게 그림책을 읽어주며 최소한의 대화를 나누고 서로를 이해할 수 있는 시간을 확보했던 거지요.

전문가들은 한결같이 아빠가 양육에 참여하는 것이 바람직하다고 합니다. 영국에서 진행한 '밀레니엄 코호트 연구'는 아빠가 자녀와 놀아주는 횟수가 많을수록 자녀의 문제행동을 낮출 수 있다고 보고해요. 양육 참여가 줄어들수록 자녀의 불안, 우울, 사회적 위축 같은 증상이 증가할 수 있다고 합니다. 비슷한 연구인 '에이번 부모 자녀 종단 연구' 역시 아빠가 양육에 참여한 어린이는 십 대 초반 일어날 수 있는 과잉 행동, 비행 행동, 또래 문제가 적다는 관찰 결과를 내놓았습니다.

이런 연구를 들먹이지 않더라도 당연히 우리는 부모로부터 가장 기본적인 것을 배웁니다. 자신에 대한 가치 평가, 세상이 환대해줄 거라는 긍정적인 마음, 평생 사람들과 관계를 맺는 법까지 많은 영향을 받지요. 아빠는 어린이의 길잡이가 될 수밖에요. 예컨대 가부장적인 아빠의 모습을 보고 자란 어린이는 비슷한 아빠가 되기 쉽습니다. 집안일에 적극적으로 참여하고 아내와 평등한 관계를 맺으며 새로운 시대를 살아갈 남성의 모습을 보여주는 일은 오늘의 아빠가 반드시 해야 할 일입니다.

어린이에게 아빠는 세상에서 가장 대단하고 멋진 사람입니다. 십 대로 접어들기 전까지 어린이는 뭐든 아빠를 따라 하고 싶어하죠. 특히 남자 어린이는 의식하지 않아도 아빠를 보며 남성성을 배우게 됩니다. 아빠가 책을 읽어주는 소리를 들으며 자란 어린이라면 더 하겠지요.

아기 때부터 아빠가 읽어주세요.

지금 부모세대가 어린 시절, 책 읽어주는 부모는 드물었을 거예요. 더구나 아빠가 책 읽어주는 소리를 듣기는 정말 어려웠겠지요. 우리는 자신이 알지 못하고, 배우지 못한 것을 남에게 베풀기 어렵습니다. 만약 부모가 책 읽어주는 소리를 듣고 자랐다면 누가 시키지 않아도 내 아이에게 자연스럽게 책을 읽어줄 거예요. 그런 경험이 없으니 아이에게 책을 읽어주기가 낯설고 쑥스러울 수 있습니다. 하지만 아기 때부터 책 읽어주기에 아빠가 동참해야 합니다. 아기가 엄마가 읽어주는 소리에 익숙해지면 아빠에게 읽어달라고 부탁하지 않아요. 아빠가 읽어준다고 해도 금방 엄마에게 달려가지요. 엄마에게 "아빠는 책을 재미없게 읽어줘!"라고 고자질하듯 말하면서요.

우선 0~3세 아기가 볼 만한 책을 아빠가 사주세요. 어떤 책을 사면 좋을지 모른다고 걱정하지 마세요. 이 책에서 많은 책을 소개하고 있으니까요. 아마 처음 아기 그림책을 사서 들춰보고는 "무슨 책이 이래?" 할 거예요. 어른이 보기에 아기 그림책은 좀 이상해 보이니까요. 막상 그 책을 아기에게 읽어주면 놀랄 거예요. 아기가 너무너무 좋아해서요. 아빠가 아기에게 그림책을 읽어주면 좋다는 글이 왜 2부에 있는지 아시겠죠. 아기 때부터 아빠가 읽어주기 시작하면 초등 저학년까지 이어갈 수 있답니다. 이보다 아이와 유대를 쌓아가는 더 좋은 방법은 없지요.

더구나 아빠가 등장하는 그림책이 많아요. 어떤 그림책을 골라야 할지 모르겠다면 이런 책부터 읽어주세요. 특히 엄마가 읽어줄 떠와 아빠가 읽어줄 때 그림책의 맛은 전혀 달라집니다. 그림책에는 늑대와 곰과 공룡 같은 엄청나게 무시무시하고 커다란 동물이 등장해요. 이런 책들은 아빠의 굵고 강한 저음으로 읽어주었을 때 정말 실감 나게 무섭고 재미납니다. 앞서 차호윤 작가의 말처럼 어떤 그림책은 특히 아빠가 읽어주면 재미있다는 사실을 아이에게 보여주세요. 이 책의 앞부분에 있는 그림책 읽어주는 방법도 참고하고요.

이제부터 소개해드리는 아빠 책은 두 가지 기준으로 나누었어요. 아가 때는 읽고 나서 아빠와 몸 놀이 할 수 있는 책을 골랐고, 3~5세 무렵에는 아빠의 낮고 굵은 목소리가 필요한 책들을 골라 소개했어요.

아 참, 꼭 말씀드리고 싶은 게 있어요. 책을 읽어주던 아빠의 목소리는 어린이에게 영원히 남아요. 먼 훗날 아기가 자라서 어른이 되었을 때, 어릴 때 읽었던 그림책을 펼치기만 해도 사랑하는 아빠의 목소리를 들을 수 있는 기적이 일어난답니다. ‡ 한미화

간질간질

최재숙 글, 한병호 그림, 보림

'간질간질'이라는 말 때문에 이 책을 읽고 어떤 놀이를 할지 바로 연상이 될 겁니다. '간질간질'이란 제목을 단 그림책이 여럿 있는데 그만큼 어린이가 좋아한다는 뜻이죠. 헬린 옥슨버리가 지은 『간질간질』, 서현 작가의 『간질간질』입니다. 한병호 작가와 헬린 옥슨버리의 책을 먼저 읽어주고 3세 이후 서현 작가의 책을 읽어주면 좋겠어요.

아빠한테 찰딱

최정선 글, 한병호 그림, 보림

어린이는 아빠를 보면 몸으로 놀고 싶어해요. 신이 나니까요. 아가들이 아빠를 보면 껑충 뛰어 품에 안겨요. 그런 마음을 동물을 통해 표현해요. 예를 들어 토끼는 "폴짝폴짝" 뛰어 "아빠한테 찰딱" 안기는 식입니다. 동물과 곤충들의 생태와 움직임을 의태어로 표현하고 있는 것도 장점이에요. 모습은 달라도 모두 아빠에게 찰딱 안기는 건 똑같아요. 절판되어 도서관에서 만날 수 있어요.

뒹굴뒹굴 짝짝

백연희 글, 주경호 그림, 길벗어린이

여러 가지 몸 놀이가 한 권에 담겼어요. 오른쪽 페이지의 아가와 왼쪽 페이지의 동물이 같은 동작을 합니다. "두 팔을 올려서 만세" 하면 아가도 고양이도 함께 "만세" 합니다. 아기가 할 수 있는 몸동작만으로 구성되어 단순하지만 쉽게 따라 할 수 있어요. 아빠와 아기가 함께 그림책을 따라 몸 놀이를 해보세요.

아빠, 해 봐!

지미 팰런 글, 미겔 오르도네스 그림, 엄혜숙 옮김, 길벗어린이

아가는 언제나 "엄마"를 처음 말하고서야 "아빠"라고 말하죠. 아이가 첫 단어를 말할 무렵 있을 법한 아빠의 간절한 바람을 유머러스하게 담았어요. 황소가 송아지에게 "아빠"라고 말하라며 인상을 쓰지만 송아지는 "음매"라고 해요. 양, 오리, 고양이, 강아지 등도 마찬가지예요. 그런데 아가는 언제 아빠라고 말할까요? 그림책을 신나게 읽어주면 금방 "아빠"라고 할 거예요.

고 녀석 맛있겠다

미야니시 타츠야 글·그림, 백승인 옮김, 달리

일본에서 누적 200만 부를 넘긴 시리즈입니다. 육식 공룡 티라노사우루스와 초식 공룡의 만남이 소재예요. 당연히 아빠의 목소리가 필요한 책이에요. 한데 이 책을 읽어주다 눈물을 흘릴지 몰라요. 그저 사납기만 했던 티라노사우루스가 아빠의 마음을 알아가는 과정을 담고 있으니까요. 시리즈의 일부가 애니메이션으로 나와 OTT 서비스를 통해 볼 수 있어요. 영상과 그림책을 함께 즐겨도 좋아요. 3~5세 추천 그림책.

거미 아난시

제럴드 맥더멋 글·그림, 윤인웅 옮김, 열린어린이

『태양으로 날아간 화살』의 작가 제럴드 맥더멋의 데뷔작입니다. 아프리카 가나의 아산티 부족의 옛이야기입니다. 아빠 거미에게 각기 다른 재능이 있는 여섯 아들이 있습니다. 거미의 몸에 능력이 그려져 있어요. 설명하지 않아도 어린이는 기호의 의미를 척척 알아맞힙니다. 원색을 사용한 대담하고 기하학적인 그림이 멋져요. 1973 칼데콧 영예상 수상작. 3~5세 추천 그림책.

제가 잡아먹어도 될까요?

조프루아 드 페나르 글·그림, 이정주 옮김, 베틀북

늑대는 자기보다 약한 동물을 잡아먹지요. 한데 늑대 루카스는 달라요. 언제나 "제가 잡아먹어도 될까요?"라고 묻지요. 뜻하지 않은 공손한 늑대 캐릭터가 재미를 자아냅니다. 무엇보다 늑대를 통해 힘, 외모, 폭력만이 강한 게 아니라는 걸 느낄 수 있어요. 약자를 지킬 줄 알아야 진정으로 강한 사람입니다. 옛이야기 속에서 늑대와 만난 캐릭터들을 책 속에 등장시킨 점도 흥미로워요. 3~5세 추천 그림책.

건전지 아빠

전승배·강인숙 글·그림, 창비

동명의 스톱 모션 애니메이션이 그림책으로 태어났어요. 책 속에 있는 QR코드 혹은 '건전지 아빠'라고 검색하면 맛보기 애니메이션을 볼 수 있어요. 펠트 양모로 만든 아빠 건전지와 어린이 건전지의 모습이 귀여워요. AA 건전지는 아빠이고, AAA 건전지는 아이들입니다. 보이지 않는 곳에서 열심히 일하는 건전지 아빠의 모습이 뭉클한 그림책입니다. 3~5세 추천 그림책.

3부

그림책과
즐겨요

-

36개월~4세

왜 그림책에는
반복되는 말이 많을까요?

　아기가 말을 하면 양육자와 소통이 가능해질 뿐 아니라 충동을 조절하게 됩니다. 엄마의 "안 돼!"라는 말과 "금지"라는 뜻을 머릿속으로 연결할 수 있으니까요. 비슷하게 "빠이빠이"는 이별을 뜻하고, "잘자"는 눈을 감고 잠자는 일이라는 걸 알면 받아들이게 됩니다. 우리 말에 '말귀를 알아듣는다'는 표현이 있는데요. '말의 내용'과 '말의 구절'을 알아듣고 의미를 이해하면 행동을 조절할 수 있고 점점 똑똑해지지요.

　노벨상을 받은 한강 작가는 소설 『희랍어 시간』에서 인간의 언어란 "어ㅇ, 우우하는 분절되지 않은 음성으로만 소통하던 인간이 처음 몇 개의 단어들을 만들어낸 뒤 일어난 고도의 정신적 능력"이라고 하죠(물론 언어의 한계는 존재하고, 소설은 이를 추적합니다).
어린이가 처음 보는 그림책이야말로 "고도의 정신적 능력"인 언
어가 성장하도록 돕는 최고의 수단입니다.

충분히 들어야 잘 말한다

　말을 한다는 것, 즉 언어 능력의 발달은 고차원적인 인지 능력
과 지능의 발달을 의미합니다. 어마어마한 일입니다. 한데 말 이
전에 듣기가 필요해요. 아기의 언어 발달 과정을 살피면 말소리
의 가장 작은 단위인 음소를 구별하는 일부터 시작해요. 엄마와
아빠가 하는 말을 들으며 아기는 점차 소리의 차이를 구별하게
되어요. '뽀뽀'와 '꼬꼬'는 비슷한 구조지만 자음 'ㅃ'과 'ㄲ'이
다르죠. 음소에 작은 차이가 있다면 당연히 다른 말이고 뜻이 달
라져요. 말소리를 구분할 수 있어야 단어를 배우고 언어를 사용
할 수 있겠죠. 후쿠인칸 출판사의 대표였던 마츠이 다다시는 『어
린이 그림책의 세계』에서 "귀로 듣는 언어"의 중요성을 반복해
서 강조합니다. 그만큼 문자 언어를 익히기 전에 아기가 충분히
많이 듣는 일이 중요하다는 뜻입니다. 아기는 양육자와 상호작
용을 하면서 듣고 이해할 수 있는 단어가 늘어납니다. 이해하는
단어가 많으면 당연히 말할 수 있는 단어도 많아집니다.
　어린이가 언어를 배우는 과정에서 말소리를 작은 단위로 나누
어 들을 수 있게 되는데요. 이를 음운 인식이라고 합니다. 어린이
가 자음과 모음을 잘 구분해서 듣는 일은 읽기 발달에도 영향을

미칩니다. 그림책에서 의성어와 의태어를 적극적으로 사용하는데요. "아삭아삭" 혹은 "사각사각" 같은 말소리는 음운을 인식하는 데 도움을 줍니다.

오래전 일이지만 아이에게 불러준 자장가의 리듬과 가사를 지금도 기억해요. "자장자장 우리 아가 잘도 잔다. 꼬꼬 닭아 울지 마라. 우리 아가 잘도 잔다. 멍멍개야 짖지 마라. 우리 아기 잘도 잔다." 이런 가사입니다. 저는 음치라 노래와는 거리가 먼 사람이에요. 이런 제가 지금도 노래를 기억하는 건 얼핏 단조롭게 느껴지는 4박자의 운율과 반복 때문일 거예요. '자장자장'처럼 단어를 반복하면 저절로 리듬이 생겨요. 노래와 비슷해지죠. 반복과 리듬감은 힘이 세요. 「작은 별」, 「곰 세 마리」, 「둥글게 둥글게」, 「송아지」 같은 노래를 흥얼거려보세요. 단순한 리듬과 반복되는 패턴을 지니고 있습니다. 어린이도 동요를 반복해서 들으면 곧 따라 불러요. 가사의 정확한 뜻을 알기 때문이 아니라 "소리의 배열을 기억하고", 리듬감 있는 반복을 즐기기 때문입니다.

가락이 있는 문장을 후렴처럼 반복해요

어린이의 발달에서 소리 자극은 언어 발달에 결정적인 역할을 합니다. 아기가 "단어나 음절로 언어를 배우기보다 언어의 강세와 높낮이를 통해 언어를 인식한다"는 연구 결과는 여럿 나와 있습니다. 말보다 노래를 통해 언어를 배우는 게 도움이 된다는 뜻이죠. 취학 전 어린이를 대상으로 한 그림책일수록 소리 자극이 즐겁습니다. 영어 그림책이나 마더구스는 아예 각운을 맞추고 반복해서 가락을 만들죠. 『Chicka Chicka Boom Boom』은 알파벳 그림책이고 문장도 길어요. 하지만 "치카치카 붐붐 Chicka Chicka Boom Boom"이라는 뜻 없는 소리를 랩처럼 반복합니다. 이 소리가 즐겁고 흥겨워 따라 하게 됩니다. 에릭 칼의 『갈색 곰아, 갈색 곰아, 무엇을 보고 있니? Brown Bear, Brown Bear, What Do You See?』도 마찬가지입니다. 단어가 반복되며 리듬이 생겨요.

세 살이 지나면 어린이가 즐기는 그림책의 결이 달라집니다. 드디어 어린이가 원인과 결과를 이해할 수 있으니까요. 이제 주인공이 위험에 빠졌다가 무사히 돌아오는 이야기를 즐기게 됩니다. 바야흐로 그림책의 황금기가 시작됩니다. 그럼에도 어린이를 위한 그림책에서 리드미컬한 문장의 반복은 멈추지 않아요. 예컨대 옛이야기 그림책에서 동일한 구조가 반복될 때마다 같은 문장이 되풀이 되지요. 반복되는 문장을 통해 어린이는 이야기의 구조를 내면화하기 쉬우니까요.

헬린 옥슨버리의 『곰 사냥을 떠나자』는 한 가족이 곰 잡으러 갔다가 돌아오는 이야기입니다. 가족이 풀밭으로, 강으로, 숲으로 갈 때마다 "곰 잡으러 간단다"라는 말에 이어 "어라! ~이잖아!" 하는 말이 반복됩니다. 일정한 문장과 패턴이 돌림노래처럼 반복되는 거죠. 신나게 그림책을 읽어주는 소리를 들은 어린이는 반복되는 말을 따라 하며 문장을 배웁니다.

저는 이제 소리 내어 그림책을 읽어줄 일이 없어요. 혼자 그림책을 읽다 보면 좀 심심하다는 생각이 들어요. 그림책을 묵독으로 읽으면 재미가 덜하거든요. 그림책은 읽어주는 책입니다. 같은 책이라도 양육자가 어떻게 읽어주느냐에 따라 재미가 있을 수도, 없을 수도 있어요. 그림책의 묘미이죠. ‡‡ **한미화**

나랑 같이 놀자
마리 홀 엣츠 글·그림, 양은영 옮김, 시공주니어

오빠들이 놀아주지 않자 어린이는 홀로 들판으로 갑니다. 메뚜기, 개구리, 거북이, 다람쥐, 어치, 토끼, 뱀을 만날 때마다 이 말을 반복해요. "나랑 같이 놀자." 하지만 모두 도망칠 뿐 놀아주지 않아요. 그래서 아무런 소리도 내지 않고 가만히 앉아있기로 해요. 그랬더니 동물과 곤충들이 하나둘 모이고 사슴이 다가와 뺨을 핥기도 해요. 어린이가 혼자 갇혀있던 노란 원은 친구들이 모이자 차츰 넓어집니다. 모두 함께 놀아야 행복하죠.

곰 사냥을 떠나자
마이클 로젠 글, 헬린 옥슨버리 그림, 공경희 옮김, 시공주니어

가족이 곰을 잡으러 떠나는 모험담이에요. "곰 잡으러 간단다", "우린 하나도 안 무서워." 같은 말이 반복됩니다. 풀밭, 차가운 강물, 진흙탕과 숲을 가로지를 때마다 "사각 서걱", "덤벙 텀벙" 같은 의성어와 의태어가 반복되어요. 언제 곰을 잡나 싶지만, 마지막에 이르러 엄청난 속도로 이야기가 압축됩니다. 곰에게 잡히지 않으려고 빠른 속도로 읽다 보면 간이 조마조마해져요. 전체 구성이 지닌 리듬감과 반복되는 말까지 더해진 즐거운 책입니다.

야, 우리 기차에서 내려!
존 버닝햄 글·그림, 박상희 옮김, 비룡소

존 버닝햄의 스타일을 잘 보여주는 그림책입니다. 흑백 드로잉과 채색 그림을 교차하며 판타지를 직조해냅니다. 기차 놀이를 하던 소년이 잠이 들어요. 꿈속에서 강아지와 함께 증기기차를 몰지요. 한데 동물들이 하나둘 기차에 태워달라고 해요. 그때마다 소년과 강아지는 "야, 우리 기차에서 내려!"라는 말을 반복해요. 동물들이 더는 살기 어려워진 지구 환경을 빗대어 들려줘요.

그건 내 조끼야
나카에 요시오 글, 우에노 노리코 그림, 박상희 옮김, 비룡소

아기 생쥐에게 멋진 조끼가 생겼어요. 엄마가 떠주었죠. 아기 생쥐는 조끼를 자랑하러 나갑니다. 그러자 친구들이 한 번씩 입어보겠다고 해요. 이때마다 "정말 멋진 조끼다! 나도 한번 입어보자."라는 말이 반복되어요. 작은 동물부터 시작해 큰 동물이 차례대로 등장해 조끼를 입어봅니다. 그리고 "조금 끼나!"라는 말을 하지요. 반복되는 말과 생쥐의 옷을 입은 동물의 어색한 모습에 웃음이 납니다.

민들레는 민들레

김장성 글, 오현경 그림, 이야기꽃

민들레의 한살이를 담았어요. 민들레가 싹이 나고 잎이 나고 꽃이 피고, 씨가 맺히고, 바람에 날리는 과정을 보여주는 논픽션 그림책입니다. "민들레는 민들레"라는 문장이 반복되며, 운율을 살린 글 덕분에 마치 노래처럼 읽을 수 있어요. 아무런 관심을 받지 않아도 씩씩하게 자라는 민들레의 모습이 큰 울림을 줍니다. 2015 볼로냐 라가치상 수상작.

모모모모모

밤코 글·그림, 향

벼를 심어 수확하는 과정을 언어 유희로 보여주는 그림책이에요. 논농사의 핵심이 되는 단어들 즉 모, 내기, 벼, 짚, 쌀 같은 한 단어 글자가 그림책 속에 이미지로 사용되고 있어요. 여기서 재미가 생겨나요. 한 단어의 글자로 이야기를 이끌지만 일 년 농사짓기의 험난한 과정과 밥의 고마움까지 담아냅니다. 그림처럼 사용된 글자의 모양을 살피며 소리 내서 읽어주세요.

모두 다 꽃이야

류형선 글, 이명애 그림, 풀빛

국악 동요를 그림책으로 만들었어요. '모두 다 꽃이야'라고 검색하면 동요를 들을 수 있어요. 하지만 이명애 작가는 글과 다른 그림의 고유한 이야기를 보여줘요. 많건 작건, 살건 죽건 우리가 모두 소중한 꽃이라는 사실을 말해요. 그림책을 읽어주고 어린이와 함께 노래도 불러 보세요. 어린이에게 물려줄 수 있는 건 돈이나 명예가 아니거든요. "나는 꽃"이라 자존하는 마음과 내가 꽃인 것처럼 "모두 다 꽃"으로 여기고 배려하는 마음이지요.

우리 아이는
그림책에 흥미가 없어요

MBTI 유행 덕분에 내향성과 외향성에 대해 많이 들어보았을 겁니다. 분석심리학의 창시자인 칼 융은 인간의 심리 유형을 내향형과 외향형으로 나누어 설명했어요. 이 틀을 확장한 것이 마이어브릭스 성격검사(MBTI)입니다. 편의상 나누었지만 무를 썰듯이 깔끔하게 사람을 두 분류로 나눌 수 있는 건 아닙니다. 간혹 테스트를 할 때마다 다른 결과가 나오기도 해요. 스스로 중요한 역할을 한다고 느낄 때는 외향형으로, 슬럼프에 빠지면 내향형으로 나오는 식이죠. 한 사람을 내향형과 외향형으로 딱 부러지게 규정하기보다는 상황에 따라 변동성이 있다는 걸 이해하면 좋습니다.

어린이는 성장해요. 종종 어릴 때는 장난꾸러기였다고 말하는 조용한 사람을 만납니다. 좀처럼 사람과 어울리지 않고 혼자 책을 읽고 영상을 보는 걸 즐기는 후배가 있어요. 그가 어릴 때 엄청난 개구쟁이였다고 해서 믿을 수 없었지요. 알고 보니 사춘기를 겪으며 내향적인 성격으로 바뀌었더군요. 반대로 어릴 때는 내향적이었지만 성인이 되고 사회생활을 하며 외향성을 습득하기도 하고요. 그러니 나와 상대가 어떤 기질을 지녔고, 지금은 어떤 상태인지를 이해하는 수단으로 여기면 되겠죠.

어린이는 저마다 달라요

부모는 대개 자녀가 책을 즐기는 어린이로 자라기를 바라요. 그런 소망을 담아 그림책을 읽어줍니다. 그런데 정작 어린이가 그림책에 흥미를 보이지 않는 경우가 있어요. "우리 아이는 책을 읽어줘도 별로 관심을 보이지 않아요." 혹은 "책을 읽어줄 때 아이가 책장을 마구 넘겨버려요", "아이가 그림만 대충 보고 집중하지 않아요" 하고 하소연을 합니다. 양육자가 책을 읽어줄 때 어린이가 딴청을 피운다면 걱정스럽지요. 이때 제일 먼저 어떤 책을 읽어주었는가를 살펴주세요. 혹시 욕심이 앞서서 아이의 수준에 비해 글이 많거나 어려운 책을 읽어준 건 아닐까요.

아이가 집중하지 못한다면 양육자가 융통성을 발휘해도 좋습니다. 예를 들어 한 권의 그림책을 꼭 끝까지 읽어줘야 하는 건 아닙니다. 또 그림책에 담긴 글을 한자도 빼놓지 않고 읽어줘야 하는 것도 아닙니다. 어린이의 반응이나 상황에 따라 간추려 읽어도 됩니다. 혹은 한 권을 끝까지 안 읽어도 무방해요. 사실 어른도 책을 읽다가 어려우면 다음에 읽어야지 하고 미루지요. 필요한 부분만 발췌해서 읽기도 하고요. 좀 어렵다면 시간이 흐른 후에 다시 읽어주세요. 책에 대해 지나치게 엄숙한 마음을 갖지 않아도 됩니다. 경험상 부모가 정성껏 읽어주면 어린이는 대개 즐거워합니다.

내향형인가요, 외향형인가요

칼 융이 인간을 내향형과 외향형으로 구분했던 기준은 외부 자극에 대한 반응입니다. 내향성을 지닌 사람들은 높은 자극을 원하지 않습니다. 내향적인 성인은 친구와 와인 한 잔을 마시는 정도가 가장 마음이 편해요. 사람들과 어울릴 때보다 혼자 책을 읽고 있는 시간이 더 좋고요. 외향적인 사람은 달라요. 강력한 자극을 선호합니다. 여유 시간이 생기면 스키를 타거나 음악의 볼륨을 높여 듣는 걸 좋아해요. 특히 다른 사람들과 말하는 걸 좋아하고, 갈등이 생겨도 두려워하지 않습니다.

제가 그동안 만나본 사람들을 떠올려보면, 이런 추론이 가능해요. 일반화는 무리라는 걸 알지만 내향형인 사람이 책 읽기를 즐겨요. 현실에서 직접 사람을 만나 사귀고 사랑하고 싸우는 일은 힘들고 어렵죠. 이런 강한 자극보다 책을 읽으며 간접경험을 하는 게 더 안전하잖아요. 밖에 나가기보다 안에서 책을 읽는 편이 더 편하죠. 이와 비슷하게 강렬한 자극을 좋아하고 활동적이며 몸을 움직이는 것을 좋아하는 사람에게 읽기는 재미가 덜 해요. 가만히 앉아서 책을 읽는 일은 자극의 정도가 낮으니까요.

어린이는 저마다 타고난 기질이 다릅니다. 낯선 환경에 놓이면 조심스러워하고 친구의 장난감을 함부로 만지지 않는 어린이도 있습니다. 이런 어린이는 다른 사람의 기분을 살피죠. 여럿이 왁자지껄하게 놀기보다 양육자와 일대일로 상호작용하는 것을 좋아해요. 반면에 몸이 재빠른 어린이도 있어요. 언제나 바쁘게 움직여 짐짓 부산스럽고 산만해 보이죠. 야단을 쳐도 별로 개의치 않아요. 혼을 내도 그 순간뿐이지 언제 그랬냐는 듯 또 하고 싶은 대로 행동해요.

어린이가 활동적이라면

활동적인 어린이는 가만히 앉아서 그림책을 보여주는 걸 별로 달가워하지 않아요. 어린이가 책을 싫어한다고 단정하지 말고 우선 어린이의 기질을 살펴주세요. 만약 엄마는 내향적이지만 어린이는 외향적이라고 가정해봐요. 당연히 엄마가 좋아하는 책과 어린이가 좋아하는 책이 다르겠죠. 엄마는 문학성이 높고 서정적인 그림책을 읽어주고 싶겠지만 외향적인 어린이라면 그런 책을 가만히 듣는 게 지루할 수도 있어요. 이럴 때는 어린이가 깔깔거리며 웃을 수 있는 유머러스한 책이 제격입니다. 어린이의 호기심을 자극하는 책을 먼저 골라 읽기의 재미를 맛보게 해주세요. 손으로 만지고 놀 수 있는 플랩북이나 토이북을 더 좋아할 수도 있어요. 책을 읽어줄 때도 옆에 앉아 가만히 집중해서 듣기를 원하지 마세요. 차라리 옛이야기를 들려주듯 아이와 눈을 맞추며 이야기를 들려주는 편이 나아요.

이런 말을 하면 엄마가 놀랄지 모르지만요. 그림책을 읽어주는 동안 아이가 좋아하는 장난감을 옆에 두는 방법도 있어요. 어린이가 두 가지를 동시에 할 수 있도록 허용해주세요. 어린이가 장난감을 가지고 놀면서 엄마가 그림책을 읽어주는 소리를 들을 수 있도록 하는 겁니다. 양육자는 대체로 어린이가 책에 집중하지 않으면 걱정해요. 하지만 어린아이가 집중할 수 있는 시간은 상당히 짧습니다.

외향형의 특징 중 하나가 멀티태스킹입니다. 엄마가 읽어줄 때 산만하게 여기저기 왔다 갔다 해서 속상할 수 있어요. 하지만 어린이가 부산해 보여도 놀면서 동시에 엄마가 읽어주는 소리를 듣고 있다는 사실을 기억해주세요. 잘 듣지 않는다고 실망하지 말고 오늘 읽어주기로 한 책은 끝까지 읽어주세요. 어린이는 딴짓하고 있다가도 엄마가 읽어주는 책에 관심이 생기면 다가와 물어보거나 집중합니다. 기질이 다른 어린이는 책의 세계로 다가가는 법도 다릅니다.

— 계속 다른 그림책을 꺼내와요

그림책을 읽기 시작했는데 어린이가 다 듣지도 않고 다른 그림책을 꺼내와서 읽어달라고 하는 경우가 종종 있습니다. 거듭해서 이런 행동을 하면 좀 당황스럽지요. 역시나 "우리 아이는 책을 좋아하지 않는다"는 생각이 들고 실망스럽습니다.

어린이가 이런 행동을 한 이유가 있을 거예요. 하지만 어린이는 자기 행동의 이유를 논리적으로 말하는 게 불가능해요. 대신 양육자가 어린이를 관찰하면 짐작할 수 있어요. 우선 그림책이 재미없어서 그랬을 수 있어요. 어린이의 수준보다 높거나 좋아하는 분야가 아니라 흥미가 덜했을 수 있어요. 또는 양육자가 피곤했거나 걱정거리가 있어서 책에 집중하지 못한 채 읽어주었을 수도 있어요. 어린이는 부모의 감정을 금방 읽어냅니다. 같은 책이라도 부모가 심드렁하게 읽어주면 재미없다고 하죠.

이 시기에 어린이가 읽는 그림책은 학습의 도구가 아니에요. 집중해서 듣고 읽고 나서 뭔가를 배우는 교육적 목적으로만 존재하지 않아요. 그림책 자체가 중요한 것이 아니라 양육자와 어린이가 그림책을 매개로 관계를 맺는 일이 더 중요합니다. 양육자가 읽어주는 소리를 듣고, 이야기의 세계를 즐기는 일이 최우선입니다.

॥ 한미화

모자 사세요!

에스퍼 슬로보드키나 글·그림, 박향주 옮김, 시공주니어

옛날옛날 모자 장수가 신기한 방법으로 모자를 팔았어요. 먼저 체크무늬 모자를 쓰고 그 위에 회색 모자 네 개, 갈색 모자 네 개, 초록 모자 네개, 마지막으로 빨간 모자 네 개를 쓰고 다니며 모자를 팔았어요. 하루는 나무 아래서 잠시 눈을 붙였다 깨어보니 모자가 모두 사라졌어요. 나무 위 원숭이가 모자를 쓰고 돌려주지는 않아요. 자, 이제 어떻게 할까요? 어린이들이 재미있어 하는 그림책입니다.

숲속 괴물 그루팔로

줄리아 도널드슨 글, 악셀 셰플러 그림, 노은정 옮김, 비룡소

영국 어린이들이 무척 사랑하는 '그루팔로'가 주인공입니다. 꾀 많은 생쥐가 괴물 그루팔로를 상상해서 만들어내고, 심지어 그루팔로를 들먹이며 자신을 잡아먹으려는 동물을 골려줍니다. 이야기의 패턴이 반복되기 때문에 어린이가 다음에 어떤 일이 벌어질지를 말해볼 수 있어요. 특히 무시무시한 동물을 골려먹는 존재가 어린이처럼 작고 힘이 없는 생쥐라는 점이 재미납니다.

안 돼, 데이비드!

데이비드 섀넌 글·그림, 김경희 옮김, 주니어김영사

엄마들이 두려워하는 책입니다. 그림책 속 데이비드가 엄청 말썽을 부리거든요. 어린이가 따라 할까 봐 겁내지요. 하지만 책이란 현실에서 못 하는 일을 대리 체험하는 순기능이 있어요. 어린이는 천하의 개구쟁이를 보며 동질감과 해방감을 느낄 뿐이에요.

모두 깜짝

쪼오 신따 글·그림, 엄혜숙 옮김, 창비

쪼오 신따는 천진난만한 어린이처럼 생각하며, 말도 안 되는 난센스의 세계를 그림책에 담아내요. '이게 무슨 말이지' 싶지만, 의미를 따지지 않고 즐기면 웃음이 나요. 원숭이가 코끼리 엉덩이에 눈과 귀를 그려요. 부러 장난을 쳤지요. 한데 코끼리의 꼬리가 길다란 코처럼 보이니 엉덩이가 코끼리 얼굴 같아 보여요. 동물들이 차례로 다가와 코끼리 엉덩이 얼굴을 보고 놀라 도망갑니다. 하지만 코끼리는 영문을 알 수 없지요. 별색을 사용한 화려한 색감도 볼거리예요.

오싹오싹 크레용!

에런 레이놀즈 글, 피터 브라운 그림, 홍연미 옮김, 토토북

토끼 재스퍼는 공부가 어려웠어요. 우연히 보라색 크레용을 줍고 나서 모든 게 달라졌어요. 크레용으로 쓰면 정답이 술술, 산수도 척척 풀 수 있어요. 좋은 건 잠시뿐, 크레용이 재스퍼를 놓아주지 않아요. 상자에 넣고 자물쇠를 잠가도 크레용은 다시 돌아와요. 그야말로 오싹오싹합니다. 평생 크레용의 노예로 살지, 힘들어도 재스퍼로 살지 결정해야 해요. 『오싹오싹 당근』과 『오싹오싹 팬티』도 있어요.

곰돌이 팬티

투페라 투페라 글·그림, 김미대 옮김, 북극곰

곰돌이가 팬티를 잃어버렸어요. 다행히 생쥐가 팬티 찾는 걸 도와줍니다. 타공 기법을 이용해 만든 구멍으로 다양한 색깔과 무늬를 지닌 팬티를 살짝만 보여주며, "누구의 팬티일까요?" 하는 말을 반복해요. 팬티에 그려진 무늬가 주인을 알려주는 힌트입니다. 마지막까지 긴장을 놓칠 수 없는 책입니다. 같은 작가의 『판다 목욕탕』 역시 생각지 못한 결말을 보여줘요. 어린이를 기발한 상상과 반전으로 이끄는 그림책입니다.

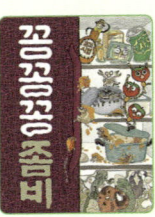

꿍꿍꿍 좀비

윤정주 글·그림, 책읽는곰

냉장고 안에 좀비가 출몰하자 자두 삼형제가 도망을 다니는 이야기입니다. 냉장고 안에 좀비라뇨? 야채칸에서 시들다 못해 검게 변한 채소나, 구석에서 곰팡이가 핀 반찬은 좀비와 다른 바 없지요. 만화풍으로 의인화한 냉장고 속 식재료 하며, 좀비를 피하는 모험담이 흥미진진합니다. 『꿍꿍꿍』의 후속편입니다.

머피의 하루

앨리스 프로벤슨 글·그림, 정원정·박서영 옮김, 열린어린이

프로벤슨 부부는 칼데콧 메달리스트이자 전설적인 그림책 작가입니다. 부부가 농장에서 살며 키운 동물은 그림책의 주인공이 되곤 했는데요. 고양이의 이야기는 『고양이 맥스의 비밀』로, 강아지의 이야기는 『머피의 하루』로 탄생했어요. 하루 종일 장난을 치느라 분주하고, 병원에 가기 싫어하는 머피는 꼭 어린이를 닮았네요.

같은 책을 무한 반복해서
읽어달래요

    중학생 첫째의 책장에는 두 돌 무렵부터 읽던 '바바파파' 시리즈 일부가 아직 남아 있습니다. 몸을 자유자재로 변화시키는 바바파파와 바바마마, 그리고 아이들이 빚어내는 이야기가 생동감 넘치게 펼쳐집니다. 가끔 침대에 엎드려 『바바파파』를 읽고 있는 아이를 보면 신기합니다. 청소년 소설을 읽는 아이에게, 두세 살 때 읽던 그림책은 어떤 의미일까 궁금해지거든요. 물어봤지만 정확히 대답은 못하더라고요. "좀 유치하긴 한데… 가끔 보면 재밌어"라는 짤막한 대답이 돌아올 뿐이었습니다.

    두 돌 무렵 재활용장에서 들고 왔던 '바바파파' 시리즈 6권에 푹 빠진 첫째는 세 돌 선물로 50권짜리 클래식 전집을 사달라고 졸랐습니다. 책 상자가 도착하자마자 달려들더니, 네 돌이 될 때까지 『바바파파』만 계속 들고 왔습니다. 입에서 '단내가 난다'는 게 무슨 말인지 알 것 같았어요. 아이는 매번 웃으며 읽어달라는데, 제가 지겨워서 도망가고 싶을 지경이었습니다.

언니만큼은 아니지만 둘째도 좋아하는 작가의 책을 쌓아놓고 읽어달라고 졸랐습니다. 둘째가 특히나 좋아했고 지금도 좋아하는 작가는 안녕달입니다. 『할머니의 여름 휴가』, 『메리』, 『쓰레기통 요정』 같은 그림책 뿐 아니라, 『안녕』처럼 두꺼운 그래픽노블도 여러 번 읽어주었습니다. 아무리 짧은 그림책이라고 해도 전작을 쌓아놓고 읽어주다 보면 입이 마릅니다. 그렇게 많이 읽어주어도 아이는 다시 같은 작가의 책을 들고 찾아오곤 했습니다. 하나도 지겹지 않다는 표정으로요.

<h2>반복해 읽으며 느끼는 안정감</h2>

"아이가 계속 같은 책만 가지고 와요. 괜찮을까요?"

그림책 반복 읽기는 부모님들의 단골 질문 중 하나입니다. 편식이 나쁜 것처럼 편독도 나쁜 것이 아니냐는 것이지요. 부모 입장에서는 아이에게 책을 골고루 읽히고 싶습니다. 다양한 작가, 다양한 주제의 책을 경험하게 하고 싶지요. 큰맘 먹고 전집을 들였는데 몇 권만 반복적으로 읽는 경우에는, 남은 책들이 아깝기도 합니다.

그러나 반복적 그림책 읽기의 효과는 연구로 입증된 바 있습니다. 아동문해교육 연구자 모로는 만 3, 4세 유아가 교사와 일대일로 같은 그림책을 읽어줄 때의 반응을 살피는 실험을 했습니다. 반복적으로 읽은 어린이들이 그림책의 내용을 더 잘 이해할 수 있으며, 등장인물에 대한 관심이 높아집니다. 또 어휘, 이야기의 구조, 그림책의 요소에 대해 자발적 질문을 더 많이 합니다. 국내에서도 어린이들이 그림책을 반복적으로 읽으면서 등장인물의 행동과 감정을 예측하고 추론하며, 주인공 외의 등장인물과 사물을 발견하는 힘이 커진다는 연구 결과가 있습니다.

저는 좀 더 경험적인 측면에서 반복적 그림책 읽기의 효과를 말씀드리고 싶어요. 아이들이 똑같은 책을 계속 가져오는 이유에는 '안정감'과 '즐거움'이라는 두 측면이 있다고 생각합니다. 반복은 다음에 어떤 일이 벌어질지를 예측할 수 있게 하여, 불안을 낮추고 심리적인 안정을 찾게 합니다. 좋아하는 사람의 목소리로 좋아하는 이야기를 반복해 들을 때, 어린이는 편안한 상태로 즐거움을 온전히 경험할 수 있지요.

이때 경험한 안정감은 스트레스 상황을 타개할 실질적인 힘이 되어주기도 합니다. 특히 학교에 입학하고 읽기 독립을 해나가는 시기에 큰 도움이 됩니다. 네 돌 이후 첫째는 다른 책들로 훌쩍 건너갔으나, 7세 후반 혼자 읽기를 시도할 때는 다시 『바바파파』를 꺼내들었습니다. 7세면 완전한 읽기 독립을 하기에는 보통 부담스러운 시기입니다. 반복해서 외운 그림책은 내용을 이해해야 하는 추가적인 부담이 없기 때문에, 혼자 읽기의 부담감을 한껏 덜어 줍니다.

어린이들에게는 이야기 자체에 포함된 안정감을 반복해서 느끼고 싶은 욕구도 있습니다. 첫째는 앤서니 브라운의『숲 속으로』, 둘째는 같은 작가의『숨바꼭질』을 무척이나 좋아했습니다. 두 이야기 모두 주인공이 숲속으로 들어가고 불안이 한껏 고조되는 형식을 취합니다.『숲 속으로』에서는 빨간 모자의 늑대가 튀어나올 것 같은 불안감이,『숨바꼭질』에서는 괴물이 나오거나 동생을 찾지 못할 것 같다는 불안감이 커지지요. 그러다 전자는 사랑하는 할머니와 아빠를 만나고, 후자는 동생과 강아지를 찾으면서 이야기가 끝을 맺습니다.

고무줄이 팽팽해지다가 한순간 툭 끊어지듯, 긴장감이 높아지다가 탁 풀어지며 행복감과 평온함이 몰려옵니다. 괴물이 등장할 것만 같은 무시무시한 순간에도, 사랑하는 사람이 곁에 있습니다. 지금 내 곁에 사랑하는 부모가 있는 것처럼요. 아이들은 결말을 다 알면서도 이 안정감을 되풀이하여 경험하고 싶어합니다. 미간에 점차 진한 주름이 잡히다가 일순간 풀어지며 환하게 번지는 아이들의 미소는, 오래도록 제 마음속에 남아 있습니다.

아직도 발견할 게 남았어요

반복 그림책 읽기에 즐거움이 있다고 하면 읽어주는 어른 입장에서는 의아해집니다. 그렇게 수없이 봤는데 재미있을 리가 있나? 그러나 그림책에는 언제나 '발견될 재미'가 기다리고 있습니다.

이지은 작가의 『이파라파냐무냐무』를 예로 들어볼까요. '이파라파냐무냐무'라는 희한한 문장이 대체 무슨 뜻인지는, 그림책을 한번만 읽어보면 알 수 있습니다. 그럼에도 불구하고 아이들은 이 책을 또 가지고 옵니다. 마시멜롱들이 무얼 하며 사는지 자세히 보고, 저마다 다른 마시멜롱들의 표정과 행동을 살핍니다. 대사를 따라 읽어보며 킥킥거리고, 작은 의성어 의태어까지 찾아 음미합니다. 그러자면 한번 두 번이 아니라, 스무 번도 책을 다 즐기기에 모자랍니다.

가끔은 부모가 새로운 자극을 주는 것도 좋습니다. 앞면지와 뒷면지의 달라진 점을 알려준다든지, 숨겨져 있는 캐릭터가 있다고 알려준다든지요. 다 알려줄 필요도 없어요. "앞이랑 뒤에 캐릭터가 달라졌네?" 하고 툭 던져 주기만 해도 됩니다. 아이는 작은 힌트만 가지고도 씩씩하게 새로운 즐거움을 찾아 나설 테니까요.

편안하면서도 즐겁다는 감정이 얼마나 소중한지 생각해봅니다. 편안하기만 하고 재미가 없으면 금세 질립니다. 반면 즐겁기만 하고 편안하지가 않으면 불안하여 오래 만날 수가 없어요. 사람에게만 해당되는 말이 아닙니다. 콘텐츠와 미디어도 그렇습니다. 들으면 편안하면서도 여전히 마음이 뛰는 음악, 줄거리를 다 알지만 여전히 웃음이 터지는 영화. 우리 어른들에게도 그런 안전기지가 다 있지 않나요?

어린이들에게는 안정감을 느낄 침대가 필요합니다. 또한 즐겁게 뛰어놀 트램펄린도 필요합니다. 되풀이하여 읽는 그림책은 어린이들에게 침대이자 트램펄린이 되어줍니다. 충분한 즐거움을 느끼고 나면 아이들은 스스로 다른 곳으로 옮겨 갑니다. 언제까지고 한 곳에 머물러 있는 아이는 없어요. 그러니 너무 걱정하지 않아도 됩니다. 아이가 편안하고 즐거운 기분을 충분히 즐기도록 기다려주세요.

ㅑ **황유진**

오디오북을
들려줘도 될까요?

    아이들에게 한글책을 열심히 읽어준 것 대비, 영어 그림책이나 영어 동화책은 적극적으로 읽어주지 못했습니다. 한동안 둘째가 아무 때나 들을 수 있게 영어 그림책을 낭독해 녹음해두었어요. 그런데도 아이는 매번 제가 와서 읽어주기를 바랐습니다. 다른 사람 목소리도 아니고 제 목소리로 된 음원을, 손가락만 움직이면 바로 켤 수 있는데 말이에요.

    아이가 책을 들고 찾아오면 '나도 좀 쉬고 싶은데…' 하는 생각이 들 때가 있습니다. 녹음본이 있다고 밀어내보기도 했습니다. 그러나 아이가 원한 건 그림책이나 동화책 그 자체가 아니었어요. 엄마와 딱 달라붙어 이야기 속에서 뒹구는 안온하고 즐거운 느낌을 원한 것이지요. 글과 그림과 엄마를 한꺼번에 느끼며 상상의 세계로 빠져드는 순간.

엄마 목소리로 녹음된 그림책이라고 해도, 그 따뜻하고 편안한 순간을 음원이 대신해줄 수는 없었던 모양입니다.

▬▬▬ 양육자의 목소리로 직접 읽어주세요

"그림책을 읽어주는 대신 오디오북을 들려줘도 될까요?"라는 질문을 종종 받습니다. 일단 영유아에게는 양육자가 목소리를 직접 들려주는 것이 제일 좋습니다. 중요한 건 그림책보다도 목소리라고 생각합니다. 그림책을 읽어주는 대신 옛이야기를 들려주거나 이야기를 지어서 들려주어도 좋습니다. 아이나 양육자의 어린 시절 일화를 듣는 것도 재미있어합니다. 어떤 방식의 이야기든, 양육자와 직접 마주하며 정서 교감을 나누고 있다는 사실이 중요합니다.

양육자의 목소리로 이야기 들려주기는 두 가지 측면에서 상호 교감을 돕습니다.

첫째, 이 시간 동안 양육자와 어린이는 서로 살을 맞대고 밀착되어 있습니다. 그림책 읽어줄 때의 자세를 떠올려보세요. 아이를 무릎에 앉히거나, 팔베개를 해주거나, 함께 엎드리거나, 어깨동무를 하는 등 몸과 몸을 맞대고 있습니다. 맞닿은 피부 사이로 살결과 온기와 진동을 직접적으로 느끼며 양육자와 아이는 말 그대로 '뜨겁게' 교감합니다.

둘째, 주어진 이야기 너머로 대화를 확장할 수 있습니다. 그림책의 그림을 보며 글과 다른 점을 묻거나, 앞과 달라진 그림을 찾아내어 이유를 나눌 수 있습니다. 옛이야기를 듣다가 이해가 안 되는 부분은 바로 질문할 수 있고, 양육자가 지어낸 이야기에 아이가 상상을 덧붙여 이야기 방향을 전환할 수도 있습니다. 읽어주기는 아이와 함께 이야기를 창조해나가는 시간이 됩니다.

오디오북을 어떻게 활용하면 좋을까

그렇다고 오디오북은 무조건 안 된다는 것은 아니에요. 오디오북을 활용하면 무궁무진한 콘텐츠를 만날 수 있습니다. 저는 전래동화를 들려주다 가물가물 기억나지 않을 때 오디오북의 도움을 받곤 했습니다. 또 장거리를 이동할 때나 잠자리에 들 때, 양육자가 급하게 집안일을 해야 할 때 등 그림책을 읽어주는 것이 어려운 상황에서 충분히 오디오북을 활용할 수 있습니다.

오디오북의 장점도 있습니다. 오디오북을 통해 영유아는 새로운 단어를 습득하고 완전한 문법과 문장 구조에 익숙해집니다. 또렷한 발성과 빼어난 연기력이 뒷받침되므로, 영유아가 내용을 정확하게 이해하는 데 도움이 됩니다. 어린이가 귀로만 이야기를 듣고 따라가야 하기 때문에 청각 집중력과 기억력이 높아지고, 상상력을 발휘하는 데도 도움을 줍니다. 적절히 활용하면 충분한 장점이 있는 매체입니다.

실제 시장에서도 키즈 오디오북에 대한 관심이 높습니다. 특히 코로나 이후 높아진 영상 의존도를 걱정하는 분위기에 맞춰 오디오북의 인기가 높아지고 있어요. 전자책 플랫폼이나 음원 스트리밍 플랫폼에서 동화책 오디오북 서비스 제공 범위가 확대되고 있습니다. 교육 출판 기업들의 월정액 오디오 플랫폼, 오디오 콘텐츠 전용 스피커 등도 대거 등장했지요.

다만 오디오북이 양육자와 함께 하는 독서를 대체해서는 안된다고 강조하고 싶습니다. 다시 말하지만 양육자와 그림책을 읽는 시간은 상호 교감의 시간입니다. 함께 읽을 때 책에 있는 내용보다 더 많은 것을 보고 듣고 나눌 수 있습니다. 아이들은 책 안에서 펼쳐지는 이야기 뿐 아니라, 책 밖에서 이뤄지는 대화를 듣고 성장합니다.

또 오디오북 의존도가 너무 높아지다 보면 어린이가 직접 책을 읽어야 하는 시기에 어려움을 겪을 수 있습니다. 글과 그림을 살피지 않고 이야기를 듣는 행위에만 익숙하다 보니, 활자를 읽으려고 노력하지 않으려 하죠. 여러모로 오디오북에만 의존하기보다는 직접 읽어주는 편이 더 바람직합니다.

태아에게서 맨 처음 발달하는 감각기관이 귀입니다. 또 사람이 죽을 때 가장 늦게 기능을 상실하는 기관도 귀라고 합니다. 그러니 사람은 좋은 것을 많이 들으며 자라야 합니다. 성우들의 목소리로 완벽하게 다듬어진 오디오북 콘텐츠도 좋지요. 하지만 아이들에게 가장 필요한 것은 아이들이 가장 좋아하는 양육자의 다정하고 편안한 목소리가 아닐까요. 그림책을 핑계 삼아 양육자의 목소리에 둥실둥실 실려갈 수 있는 시간, 그것이야말로 아이들이 진짜로 원하는 일입니다.

⇅ 황유진

인공지능 시대인데
옛이야기 그림책이 필요한가요?

　10여 년 전 어린이책 번역 수업을 들을 때, 아프리카 민담집 번역 과제를 받은 적이 있었습니다. 선생님께서 제 번역문의 한 부분을 문제점으로 지적하셨어요. 남편이 아내를 때려죽인 부분을 그대로 번역했다는 거예요. 현대적인 관점에서 수용되기 어려운 이야기들은 그대로 번역하기보다는 순화하거나 다르게 재화할 필요가 있다는 말씀이었습니다.

　그러고 보니 어릴 적부터 듣고 자란 옛이야기 속에는 봉건적, 성차별적 내용들이 상당히 많았습니다. 부모를 위해 목숨을 버리는 것이 효로 칭송되고(『효녀 심청』), 딸이라는 이유로 부모에게 버림받고(『바리데기』), 여성은 늘 수동적으로 남성의 구조를 기다리는(『잠자는 숲속의 공주』) 등, 지금으로서는 거부감을 느낄만한 내용이 많이 들어 있습니다.

현실이라고 받아들이기 어려운 폭력적이고 잔혹한 장면도 등장합니다. 떡을 안 준다고 엄마를 잡아먹는 호랑이나, 누이로 변신하여 가족을 잡아먹는 여우 이야기는 겁 많은 아이들에게는 그야말로 공포의 대상입니다. 저도 어릴 때 덴마크 옛이야기 『빨간 구두』를 읽고, 잘린 발목이 춤추며 숲으로 사라지는 이미지를 떨쳐버리는 데 한참의 시간이 걸렸습니다.

옛이야기를 통해 배우는 것들

그럼에도 불구하고 어린이들에게 옛이야기를 읽어줘야 하느냐고 묻는다면, 저는 "읽어주는 편이 좋다"고 답합니다. 콘텐츠가 쏟아지는 시대에 들려주고 보여줄 이야기가 수없이 많지만, 그렇다고 옛이야기를 아예 읽어주지 않기에는 망설여집니다. 『신데렐라』, 『백설 공주』, 『콩쥐팥쥐』, 『흥부와 놀부』 같은 이야기들은 모두가 아는 기본 상식과도 같으니까요. 봉건적, 폭력적, 성차별적 요소들 때문에 패러디되는 경우도 많은데, 이 역시 원전을 알지 못하면 반쪽짜리 이야기가 되고 맙니다.

옛이야기는 여러 지점에서 어린이들에게 여전히 유효하다고 여겨집니다. 『옛이야기의 매력』의 저자 브루노 베텔하임은, 양육 과정에서 가장 중요한 것으로 "어린이가 자기 삶의 의미를 발견하도록 도와주는 것"을 꼽습니다. 어린이 문학은 어린이의 내면 문제를 중시하고 어린이의 자신감을 북돋아 줘야 한다는 것이지요. 옛이야기는 오랜 기간 구전되며 가장 원초적이면서도 핵심적인 갈등과 해결을 다뤄왔습니다. 옛이야기 속 주인공들은 삶의 역경을 겪지만, 때론 도움을 받고 때론 성장하며 행복한 삶의 길에 이릅니다. 이런 이야기를 거듭해 들으며, 어린이들은 안도감을 갖고 자기 삶의 의미를 긍정하게 된다고 베텔하임은 말합니다.

우리나라 옛이야기를 수집하고 엮는 데 힘쓴 서정오 작가 역시 옛이야기의 정서적 측면을 강조합니다. 경쟁 사회에 무한 노출되어 힘들어하는 어린이들에게, 옛이야기는 회복과 위로를 선사합니다. "우리나라 옛이야기는 약자이지만 선한 주인공이 결국 행복에 이른다는 주제가 많다. 경쟁과 이기심을 강요받는 아이들에게 옛이야기는 꼭 필요하다." 어린이들은 다소 뻔하다고도 느껴지는 권선징악의 구도를 반복해 접하며, 어둠 끝에 빛이 온다는 믿음을 품고 성장합니다.

옛이야기 그림책을 고른다면

다만 옛이야기를 꼭 그림책으로 읽혀야 하는 것은 아닙니다. 옛이야기는 본디 입에서 입으로 전해지는 구전문학의 특성을 갖습니다. 그렇기 때문에 그림 없이 이야기를 들려주는 것도 괜찮습니다. 특히 겁 많은 아이들은 으스스한 분위기, 무서운 캐릭터 등을 그림으로 생생하게 재현한 그림책을 두려워하기도 합니다.

저희 집에서도 겁 많은 첫째 때문에 『깔깔 옛이야기』, 『박박 바가지』, 『그림 형제 민담집』 등 그림 없는 옛이야기 선집에서 하루 한두 편씩을 골라 읽어준 날이 더 많았습니다.

옛이야기를 그림책으로 읽힌다면 글과 그림 모두를 유심히 살펴 고를 필요가 있습니다. 그래서 전집보다는 단권 구매를 추천합니다. 옛이야기는 구전되다 보니 판본도 다양하고, 같은 이야기라도 작가에 따라 다르게 재화되는데요. 원전의 흐름에 충실한 글이어야 합니다. 또한 이야기를 들려주는 것처럼 말맛이 살아있는 글이 좋습니다. 리듬이 살아있고, 의성어 의태어 등을 적절히 사용하고, 문어체보다 구어체를 사용한 글을 추천합니다.

옛이야기 그림책의 즐거움 중 하나는, 같은 이야기로 만들어진 여러 그림책을 비교하며 읽을 수 있다는 점입니다. 이런 경험을 통해 어린이가 좋은 그림을 고르는 눈을 기를 수도 있지요. 너무 사실적으로 그려지거나 과장되어 공포감을 일으키는 그림, 캐릭터를 심하게 단순화한 그림, 당시의 생활상을 잘 구현하지 못한 그림은 제외하는 것이 좋습니다.　　　　　　ⅱ **황유진**

마고할미

정근 글, 조선경 그림, 보림

거대한 여신 마고할미 신화를 통해 우리나라 땅이 어떻게 생겨났는지를 보여줍니다. 가까운 사람이 들려주는 듯한 다정한 입말체가 인상적입니다. 천지가 생겨나는 웅장한 풍경을 표현하기 위해, 가로로 길게 펼치고 세로로 높이 펼치며 읽도록 구성되었습니다.

방귀쟁이 며느리

신세정 글·그림, 사계절

방귀를 소재로 한 이야기는 예나 지금이나 변함없이 사랑받습니다. 방귀쟁이 며느리가 방귀 때문에 시가에서 쫓겨났다가 방귀 덕분에 집안을 일으키는 서사부터 통쾌한데요. 구수한 사투리를 활용하여 입말이 살아 있는 글이 무척이나 재미있습니다. 옛 화가들의 그림을 패러디한 장면이나, 곱고 화사한 색감의 역동적인 그림이 글의 유쾌함을 생생하게 살려줍니다.

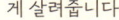

삼신할미

서정오 글, 이강 그림, 봄봄

아이를 점지해주는 삼신할미의 존재는 누구나 알지만, 그 신화를 정확히 아는 사람은 드뭅니다. 주인공이 역경을 겪는 서사의 재미가 빼어나면서도 육아의 중요성과 생명의 소중함을 생각해보도록 하는 그림책입니다. 우리 문화를 잘 살린 클래식한 그림 덕분에 옛이야기의 분위기가 효과적으로 전달됩니다.

콩중이 팥중이

이주혜 글, 홍선주 그림, 시공주니어

우리나라 대표 옛이야기 『콩쥐 팥쥐』의 원형에 가까운 판본으로 엮은 그림책입니다. 대부분의 그림책에서 원님과 콩중이가 결혼하며 끝나는 반면, 결혼 이후에도 이어진 새엄마와 팥중이의 괴롭힘과 이를 극복하는 콩중이의 서사를 볼 수 있습니다. 절제된 전통적 색감과 판화의 명확하고 생기 있는 선이 이야기에 입체감을 더해줍니다.

김수한무 거북이와 두루미 삼천갑자 동방삭

소중애 글, 이승현 그림, 비룡소

자식이 오래 살았으면 하는 마음을 담아 지어준 긴 이름 때문에 벌어지는 요절복통 옛이야기입니다. 세상에서 가장 긴 이름을 빠르게 읽다 보면 숨이 차지만, 내재된 운율이 살아나면서 절로 흥이 오릅니다. 그림 속에 들어간 말풍선들이 대사를 풍부하게 만들어주며, 커피로 바탕색을 칠해 그린 인물 그림은 인물의 개성을 생생하게 살려냅니다.

깜박깜박 도깨비

권문희 글·그림, 사계절

처음 보는 도깨비가 돈 서 푼을 꿔달랍니다. 다음 날 도깨비가 와서 돈을 갚은 것까지는 좋았는데, 돈 갚은 걸 깜박하고 다음 날, 그 다음 날도 계속 와서 돈을 갚습니다. 반복되어 안정감 있는 이야기 구조, 도깨비와 아이가 실랑이하는 속도감 있는 대사, 선한 어린이와 사랑스러운 도깨비 캐릭터가 쉬이 독자를 사로잡는 작품입니다.

그늘을 산 총각

이수지 글·그림, 비룡소

땅과 나무가 자기 것이니 그늘도 자기 것이라고 우기는 부자 영감과, 부자 영감을 재치 있게 골탕 먹이는 총각의 이야기입니다. 입말을 실감나게 살린 데다, 대화체로 이뤄진 글이 현장감 넘칩니다. 초록색과 보라색의 대비되는 색감, 구체적인 묘사를 생략한 인물 등이 옛이야기의 현대적 해석을 보여줍니다. 병풍 형식으로 만들어져 시간의 흐름에 따른 그림자의 변화를 효과적으로 표현하고 있습니다.

연이와 버들 도령

백희나 글·그림, 스토리보울

한겨울 폭설이라는 시련에도 꺾이지 않고 봄을 향해 나아가는 연이의 여정을 보여주는 그림책입니다. 계모를 '나이든 여인'으로, 버들 도령을 연이와 꼭 닮은 소년으로 재해석한 작가의 세계관이 완고한 옛이야기에 기분 좋은 균열을 만들어 줍니다. 닥종이 인물의 섬세한 표정과 몸짓, 설산을 활용한 무대 배경 등 다른 그림책에서 볼 수 없는 백희나 작가만의 독창적인 작품 세계를 만나볼 수 있습니다.

그림책을 고르는 게
어려워요

어린이 독서에도 흐름이 있어요. 한때 무조건 일찍 한글을 깨치고 어린이가 혼자서 빨리 책을 읽도록 지도하는 조기교육이 대세였던 적이 있어요. 독서 영재가 될수록 좋은 성적을 거둔다는 논리였죠. 이런 교육 방식이 지닌 한계가 드러나며 요즘은 '적기에 한글을 배우고 즐겁고 재미있게 읽기'를 강조하는 분위기입니다. 그러자 이번에는 또 다른 고민이 생겼습니다. 계속해서 '즐겁고 재미있는 책'을 읽어주지 않으면, 어린이가 책을 싫어하게 되지 않을까 하고 두려워하는 거죠. 그렇다고 부모가 시중에 나와 있는 모든 어린이책을 읽어볼 수도 없어요. 이래저래 책 고르기는 고민입니다.

　서점에서 파는 그림책은 종류가 많아서 선택하기 어려워요. 이에 비해 전집은 선택의 고민을 줄여줍니다. 취학 전 어린이를 둔 부모라면 한 번쯤 '전집을 살까, 말까?' 하고 고민하지요. 부모가 직접 구매하지 않더라도 이웃이 혹은 친척이 샀다가 몇 번 보지도 않았다면서 물려준 전집을 받을 때도 있어요. SNS를 통해 공구 형태로 전집을 특가에 판다는 공지를 보면 마음이 흔들립니다. 방송 시간과 수량이 얼마 남지 않았다고 재촉하는 쇼호스트의 목소리에 다급해지는 심리겠죠.

　과거 전집을 추천하지 않은 이유는 책의 질이 떨어진다는 점을 들었어요. 지금은 꼭 그렇지는 않아요. 다만 전집 혹은 시리즈로 책을 구매하려는 양육자에게 당부하는 게 하나 있어요. 우선, 제가 시리즈물을 추천했던 이야기부터 할게요.

　초등 저학년 어린이를 기르는 남자 후배에게 '마법의 시간여행' 시리즈를 소개한 적이 있어요. 아이가 책 읽기를 싫어한다는 푸념을 들었거든요. 독후감을 쓸 때마다 아내와 아이가 실랑이를 벌인다고 했어요. 저학년은 읽기가 중요하니, 남자 어린이가 좋아하는 시리즈 물을 소개했지요. 대신에 우선 한 권만 사주라고 했어요. 아이가 다음이 궁금하다고 조르면 마지 못한 척 서점에 같이 가서 다음 권을 사주라고 했어요. 이런 식으로 한 권씩 감질나게 사주라고 했지요.

　결과는 어떨까요? 후배는 제가 추천한 시리즈가 저렴한 가격에 중고로 나온 걸 발견했습니다. "이왕 살 건데 다 사지 뭐!" 하며 제 충고를 흘려듣고 전권을 한 번에 샀어요. 누군가에게는 인생 책이 될 수도 있었겠지만, 그 집에서 이 책은 애물단지 취급을 받았답니다. 부모가 전집이나 시리즈를 사기만 하면, 어린이가 저절로 알아서 다 읽을 거라는 생각은 헛된 기대입니다. 거금을 들이면 부모도 모르게 어린이를 압박해요. 본전 생각이 나니까요. 어린이는 원하지도 않았는데 책을 사놓고 읽으라고 하니 부담스럽죠. 전집과 시리즈가 나쁘다는 말이 아니라 독서교육에서 가장 중요한 원칙 중 하나는 어린이에게 책을 선택할 기회를 주는 일입니다.

서점에서 낱권으로 한 권씩 책을 사는 건 쉽지 않아요. 하지만 책 읽기의 즐거움을 위해 이 정도의 노력은 해야겠지요. 마찬가지로 좋아하는 작가의 그림책을 한 권씩 사서 보세요. 혹은 도서관에서 빌려온 책 중에 아이가 좋아하는 책은 구매한 후 반복해서 읽어주세요.

취향에 맞는 책을 고르는 일은 훈련이 되지 않은 모든 독자에게 어려운 일이에요. "책을 어떻게 고르나요?" 하고 묻는 양육자에게 저는 가장 먼저 신뢰할 만한 단체의 목록을 살피라고 권합니다. 새로운 분야의 책을 만날 때 그 분야의 기본서가 무엇인지 살피는 일이 우선이니까요.

참고로 어린이도서연구회에서 매년 발행하는 연간추천도서 목록이 있어요. 홈페이지에 가면 목록을 무료로 내려받을 수 있어요.(https://childbook.org/) 국제아동청소년도서협의회의 한국 지부인 KBBY와 그림책협회에서도 그림책을 추천합니다.(@ kbby1995/ @picturebook_association) 행복한아침독서에서도 매년 '아침독서 추천도서'를 발표합니다.(http://www.morningreading. org/) 처음에는 이런 추천 단체들이 권하는 그림책으로 시작해서, 조금씩 그림책을 고르는 기준을 만들어가세요.

그림책은 어린이가 만나는 첫 번째 예술작품

성인은 아무래도 좋아하는 스타일의 그림이 있습니다. 그림이 마음에 들지 않으면 내용과 무관하게 그림책을 안 읽기도 해요. 그림에 대한 호불호는 개인마다 편차도 크고 강력합니다. 그런데 어린이가 자꾸 유치한 그림책을 읽어달라고 하면 고역이지요. 한편으로 걱정도 되어요. '이런 그림책을 계속 읽어줘도 좋은 걸까?' 하고요. 그림책 선택에 관한 두 번째 이야기를 할게요.

"그림책은 어린이가 만나는 첫 번째 예술작품"이라고 합니다. 제 말이 아니고 원주 그림책센터의 이상희 선생이 오래전부터 하는 말이에요. 집에서 어린이가 다양한 그림책을 접할 수 있다면 미술관이나 박물관을 찾는 것과 비슷한 효과를 거둘 수 있다는 말이지요. 유럽 그림책의 역사가 150여 년이 되었어요. 그동안 그림책은 현대 예술의 흐름을 일정하게 반영해 왔어요. 그림책 안에 예술의 역사가 들어있는 거죠.

그림책을 읽다가 마음에 드는 장면을 만나거든 가까이 두고 여러 번 보세요. 그 장면만 보아도 좋고, 그림책을 거듭 읽으며 보아도 좋습니다. 독서대에 마음에 드는 장면을 펼쳐 집안에 두고 전시해도 됩니다. 취향도 결국 훈련입니다. 어느 날 갑자기 심미안이 생기지는 않아요. 아름다운 그림을 가까이 두고 자주 보면 세련된 취향이 생기기 마련입니다. 이런 그림책을 보고 자란 어린이는 아름다움을 가까이하는 어른이 될 테지요. 그러니 어린이가 처음 보는 그림책이 이왕이면 색감, 구도, 조형, 독창성이 뛰어난 작품이라면 더할 나위 없이 좋겠지요. 이 책에서 소개한 '영원한 고전'의 그림책 목록이 그런 역할을 해주면 좋겠습니다.

그렇지만 때때로 어린이의 선택도 존중해주세요. 부모가 보기에 마음에 들지 않아도 어린이가 무지무지 좋아하는 책이 있기 마련입니다. 부모가 모든 선택권을 쥐는 건 바람직하지 않아요. 부모가 골라서 읽어주는 책과 어린이가 스스로 고른 책을 함께 읽어가면 됩니다. 어린이가 고른 책이 못마땅할 때도 있지만 시행착오와 실패를 거치지 않는다면 취향도 만들 수 없지요. 이 또한 읽는 사람이 되어가는 과정입니다. 한미화

파랑이와 노랑이

레오 리오니 글·그림, 이경혜 옮김, 파랑새어린이

레오 리오니는 광고디자이너로 일하다 미국으로 건너와 잡지의 아트디렉터로, 다시 그림책 작가로 데뷔했어요. 첫 책인 『파랑이와 노랑이』에서 추상표현을 시도한 건 그만큼 현대 예술의 흐름을 잘 알았기 때문일 겁니다. 철학적인 내용과 현대 미술을 동시에 담은 그림책이에요.

눈 오는 날

에즈라 잭 키츠 글·그림, 김소희 옮김, 비룡소

에즈라 잭 키츠는 어릴 때부터 화가가 되고 싶었어요. 하지만 집은 가난했고 대공황까지 겹쳐 불가능해 보였지요. 그럼에도 꿈을 포기하지 않고 마침내 흑인 어린이를 주인공으로 내세운 『눈 오는 날』을 발표합니다. 눈 오는 날의 풍경을 시적으로 담아낸 그림을 자세히 보면 입체파부터 추상화까지 현대 예술의 흔적이 고스란히 담겨 있어요. 모두 에즈라 잭 키츠가 화가를 꿈꾸며 공부했던 현대 미술의 기법을 그림책 안에 담은 것이죠.

미술관에 간 윌리

앤서니 브라운 글·그림, 장미란 옮김, 웅진주니어

앤서니 브라운이 자신에게 영감을 준 미술사의 위대한 그림을 패러디한 책이에요. 윌리가 그림을 그린 스케치북을 한 장씩 보여주는 구성인데, 본문 속 그림들은 다 빈치의 「모나리자」, 미켈란젤로의 「아담의 창조」, 밀레의 「이삭 줍기」, 에드워드 호퍼의 「일요일의 이른 아침」 등입니다. 책의 마지막에 윌리가 영감을 받은 그림들을 따로 소개하고 있어서, 원작과 윌리의 그림을 비교해보면 좋습니다. 미술 공부가 따로 없지요.

아트와 맥스

데이비드 위즈너 글·그림, 박보영 옮김, 시공주니어

덩치가 큰 뿔도마뱀 아서는 화가예요(맥스가 자꾸 아트라고 불러요. 의도적이죠). 작은 도마뱀 맥스는 그림을 몰라요. 맥스가 아서에게 그림을 그리겠다며 말하며 나서요. 맥스는 아크릴, 파스텔, 수채물감, 선, 점묘 등 다양한 재료와 기법으로 엉뚱한 그림을 그려요. 예술가에게 자유분방한 창조성이 얼마나 중요한지를 말하는 거죠. 마지막에 맥스에게 자극받은 아서가 물감이 묻은 붓을 던지는 모습은 잭슨 폴록의 액션 페인팅을 생각나게 합니다.

점

피터 레이놀즈 글·그림, 김지효 옮김, 문학동네

무엇이든 '나는 못해'라고 생각하면 진짜로 못하게 되죠. 베티도 '나는 그림을 못 그려!'라고 생각했어요. 미술 시간에 마지못해 흰 종이에 점을 하나 찍었죠. 선생님이 살피더니 베티에게 그림 아래쪽에 이름을 쓰라고 해요. 일주일 뒤 베티가 점을 찍은 종이는 금테 액자 안에 걸려 전시되었어요. 그 다음부터 베티는 다양한 점을 그립니다. 예술이 태어나는 순간이 궁금하다면, 바로 이 책에서 만날 수 있어요.

하루 종일 미술시간

하세가와 요시후미 글·그림, 김소연 옮김, 천개의바람

선생님이 아주 굵은 붓 한 자루만으로 그림을 그리자고 합니다. 반장이 굵은 붓으로 칠하면 밑그림 선 밖으로 색이 삐져나온다고 하자, 선생님은 섬세한 부분은 섬세한 기분으로 그리면 된다고 해요. 주인공이 복도를 갈색으로 칠하자 선생님은 "이 복도가 한 가지 갈색으로 보이나요, 만져 보세요"라고 해요. 대상을 만지고, 귀를 대고, 찬찬히 살펴 그리면 달라집니다. 그림을 그리는 마음을 잘 담아낸 책입니다.

어린이에게는
애착 물건과 상상 친구가 있어요

  그림책의 독자는 어린이입니다. 당연히 어린이의 세계를 반영하지요. 그러다 보니 어른에게 터무니없게 느껴지는 일이 있어요. 하지만 어린이의 세계는 독자적입니다. 어린이의 세상에서 인형은 말을 할 수 있고, 곰이나 공룡은 상상의 친구가 되어 어린이를 도울 수 있어요.

  존 버닝햄의 『알도』는 상상의 친구를 소재로 삼았어요. 초록색 줄무늬 목도리를 두른 알도는 토끼 인형에 불과합니다. 하지만 주인공 아이에게 알도는 "나만의 친구"이고, "나만의 비밀"입니다. "나에게 정말 힘든 일이 생기면 알도는 언제나 날 찾아와" 준다고 믿습니다. 저는 어른이지만 닉네임을 '알도'로 사용하는 성인을 여럿 알고 있습니다. 이들에게도 알도는 "나만의 비밀이고 나만의 친구"였으며 그때를 잊지 않았다는 뜻이겠지요.

종종 어린 시절의 상상 친구를 잊지 않는 어른이 있어요. 멕시코의 초현실주의 여성 화가인 프리다 칼로도 그중 한 사람입니다. 작가의 작품 중에 「두 명의 프리다The Two Fridas」가 있어요. 한 명의 프리다 칼로는 후아나의 전통 의상을 입고 있어요. 다른 한 명의 프리다 칼로는 현대적인 옷차림을 하고 있지요. 이별의 슬픔과 외로움을 담은 그림이지만, 프리다는 어린 시절 상상의 친구에 대한 기억으로부터 비롯된 그림이라고 했어요. 상상의 친구가 절망에 빠진 프리다를 위로해주는 거지요.

어린이가 애착을 느끼는 모든 것이 친구

어린이에게 상상의 친구는 동물이 될 수도 있고, 봉제 인형이 되기도 해요. 애니메이션에서 본 슈퍼 히어로도 가능하고, 잠잘 때 덮는 담요가 될 수도 있어요. 어린이가 믿고 의지하는 애착의 대상이 되는 사물이라면 무엇이든지 친구가 될 수 있어요.

심지어 보이지 않는 가상의 친구를 만들기도 해요. 가상의 친구에게 혼잣말하는 어린이를 부모는 걱정스러워해요. 보이지 않는 친구와 대화를 하다니 '우리 아이가 문제가 있나?' 싶지요. 흥미롭게도 가상 친구는 전 세계 어린이들에게 공통으로 나타나는 현상입니다. 또한, 모든 부모가 약속이라도 한 듯이 가상 친구를 탐탁지 않게 여깁니다. 그래서인지 국내에 가상 친구를 소재로 삼은 그림책이 여러 권 출간됐지만 좋은 반응을 얻지는 못했답니다.

어린이가 상상 친구를 만드는 일은 대략 6세 무렵까지 나타났다 사라집니다. 초등학교 입학 즈음이면 어린이는 상상 친구로부터 떠나요. 어른이 되면 어린 시절에 상상 친구가 있었는지조차 기억하지 못하니 크게 걱정할 일은 아닙니다. 인지과학 전문가들 역시 상상 친구를 정상적인 발달 과정으로 봅니다. 종종 영화나 드라마에서 외톨이인 어린이가 상상 친구를 만드는 설정이 나오지만 현실은 좀 다릅니다.

어른의 생각과 달리 어린이는 상상 친구와 대화하고 함께 놀며 현실의 사람들이 생각하고 느끼고 행동하는 걸 예상하고 대응하는 연습을 합니다. 상상 친구와 놀 수 있는 어린이는 타인의 감정과 행동을 미루어 짐작할 수 있는 공감 능력이 뛰어난 아이입니다. 물론 상상 친구가 없다고, 어린이가 덜 사교적인 사람으로 자란다는 말은 아닙니다.

상상 친구와 놀며 관계를 배우는 어린이

후배의 어린 아들에게 나이 많은 직장인 친구가 있다는 말을 들은 적이 있습니다. 이름은 미자 누나였어요. 일곱 살배기 사내아이의 상상 친구로는 뜻밖이었지요. 보통 어린이는 자기 또래의 상상 친구를 만드니까요. 좀 의외라 앞뒤 사정을 물었습니다. 같은 분야에서 맞벌이로 일하던 후배 부부는 집에서도 업무 이야기를 종종 했지요. 흔히 부모들이 그러듯 옆에서 어린이가 "무슨 일이야 나도 좀 알자" 하고 물었죠. 그때마다 "어른들 일이야. 너는 몰라도 돼."라고 반응했고요. 어느 날부터 어린이가 지지 않고 "나도 다 알아. 미자 누나는 다 알고 있어?"라고 답하더라는군요. 이 말을 듣고 저는 미소를 지었어요. 부모의 대화에 참여하고 싶지만 끼워주지 않자 어린이는 직장인 가상 친구를 만들어낸 겁니다. 어른의 세계를 가상의 누나랑 연습하고 있었는지도 모르겠어요. 실제로 이 어린이는 글을 배우자 자기소개서를 썼답니다!

전문가들은 어린이가 가상 친구가 실제로 존재한다고 믿는 건 아니라고 말합니다. 가공의 인물이라는 걸 안다는 거죠. 다만 현실에서 자신이 보고 듣고 경험한 내용을 기반으로 가상의 인물과 함께 사회생활을 하는 흉내를 내거나 친구와 노는 것처럼 가장하는 놀이를 한다는 겁니다.

어린이가 아끼는 인형 없이는 아무 데도 가지 못하거나 너무 만져서 헤진 베개나 이불 없이 잠들지 못하거나 보이지도 않는 상상의 친구 이야기를 늘어놓을 때 가장 중요한 것은 부모의 태도입니다. 어린이의 가상 친구를 인정하고 자연스럽게 받아들여 주세요. 어린이는 이를 통해 어른이 될 준비를 하고 하는 것뿐이며, 곧 현실의 친구가 더 좋은 시기가 찾아옵니다. ‡ 한미화

알도

존 버닝햄 글·그림, 이주령 옮김, 시공주니어

노란 웃옷을 입은 여자 어린이는 혼자 있는 시간이 많고 친구도 없어
요. 하지만 특별한 친구 알도가 있지요. 남들이 비웃을 테니 말은 안
하지만 알도는 늘 함께 있어요. 작가는 현실과 판타지를 오가는 구성
으로 어린이가 상상의 친구와 보내는 시간을 보여줍니다. 선과 면의
이중주를 이용한 존 버닝햄의 독특한 세계가 담겨 있어요. 특히 비뚤
비뚤한 선을 통한 심리 묘사나 어린이가 안정감을 느낄 수 있는 일련의 상징물을 표현한 솜씨 역
시 눈여겨보세요.

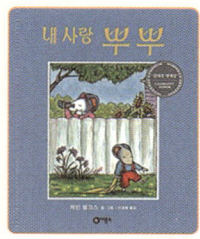

내 사랑 뿌뿌

케빈 헹크스 글·그림, 이경혜 옮김, 비룡소

만화 「찰리 브라운」에서 루시의 남동생 라이너스는 손가락을 빨고
담요를 끌고 다녀요. 애착 담요가 없으면 몸을 떨고 땀을 흘리며 불
안해하죠. 『내 사랑 뿌뿌』에 등장하는 오웬에게도 '뿌뿌'라는 애착 담
요가 있어요. 학교에 갈 때가 되자 엄마 아빠는 뿌뿌를 떼어놓으려
합니다. 하지만 '뿌뿌' 없는 세상은 상상할 수도 없어요. 어린이와 애
착 대상의 밀접한 관계를 코믹하게 보여줍니다. 비슷한 경험이 있는
어린이가 정말 좋아하는 책입니다.

내 토끼 어딨어?

모 윌렘스 글·그림, 정회성 옮김, 살림어린이

무려 50여 년을 이어온 어린이 교육 프로그램 「세서미 스트리
트」가 있어요. 모 윌렘스는 대학 졸업 후 이곳에서 작가 겸 애니
메이터로 일을 했고 에미상을 무려 여섯 차례 수상했지요. 그래
서인지 모 윌렘스는 어린이에 대한 이해, 스토리텔링 능력, 거
기에 유머도 뛰어나요. 모 윌렘스의 '내 토끼' 시리즈는 주인공 트릭시의 성장을 보여주는 대서사
입니다. 부모 역시 공감할 장면이 많아요. 트릭시가 연두색 토끼 인형을 잃어버린 후 벌어진 소
동을 똑같이 겪은 분들이 있지 않나요?

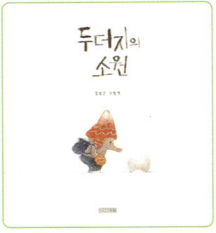

두더지의 소원

김상근 글·그림, 사계절

학교에서 집까지 먼 길을 혼자 가던 두더지가 눈덩이와 만나요. 자연스럽게 오늘 있었던 일을 들려주고 친구가 되죠. 한데 운전기사 아저씨들이 '눈덩이'는 버스에 탈 수 없대요. 눈덩이가 아니라 친구인데 말이죠. 친구를 버릴 수 없는 두더지의 마음, 바로 어린이가 애착 대상에게 느끼는 감정입니다. 함께 한 시간이 있다면 어린이에게는 모두 친구입니다.

비클의 모험

댄 샌탯 글·그림, 고정아 옮김, 아르볼

어린이들이 저마다 다른 상상 친구와 논다면, 혹시 상상 친구가 모여 사는 세계가 있는 걸까요? 댄 샌탯은 그렇다고 말해요. 다만 어린이가 상상 친구를 떠올리고 이름을 불러주길 기다리는 거죠. 상상 세계의 비클은 아무도 이름을 부르지 않자 직접 찾으러 가요. 상상 친구 비클과 앨리스가 서로를 알아가고 함께 모험을 떠나는 후반부는 현실에서 관계를 배워가는 과정을 그대로 보여줍니다. 댄 샌탯의 자전적인 이야기가 스며있는 책입니다. 2015 칼데콧 메달 수상작.

곰돌이랑 나랑

케라스코에트 글·그림, 마술연필 옮김, 보물창고

케라스코에트는 프랑스에서 일러스트레이터이자 만화가로 활동하는 부부의 필명입니다. 소녀와 애착 대상인 곰돌이가 관계를 쌓아가는 모습을 세밀하게 표현했어요. 곰돌이 인형을 세탁할 때 어린이가 울며 소리를 질러 얼굴이 새빨개진 모습은 정말 생생합니다. 학교에 입학할 무렵 처음 애착 인형과 떨어진 어린이의 마음이 잘 그려진 글 없는 그림책입니다.

어린이는 상상을 통해
배우고 자라요

　어린이를 위한 그림책에서 중요한 걸 하나만 꼽으라고 하면, 판타지가 아닐까요. 그림책의 대가라고 불리는 작가들은 하나같이 판타지의 세계를 탁월하게 그려냈어요. 존 버닝햄, 모리스 샌닥, 데이비드 위즈너 같은 작가들은 자신만의 고유한 판타지를 그림책 안에 구축했지요. 이수지와 백희나 작가도 독특한 판타지를 보여줍니다. 이수지 작가는 경계 삼부작을 통해 판타지의 세계를 넘나드는 어린이를, 백희나 작가는 일상 속의 마법을 그림책 안에 부려 넣었습니다. 이런 판타지 그림책을 즐기는 건 어린 시절 누릴 수 있는 특권이라 할 수 있지요.

많고 많은 판타지 그림책 중에 단 하나만 손꼽으라면 모리스 샌닥의 『괴물들이 사는 나라』를 빼놓을 수 없습니다. 대체 판타지가 어린이에게 어떤 의미가 있는지를 보여주는 책입니다. 물론 양육자들은 이 책에 대해 그리 호의적이지 않아요. 뭔가 모르게 어두운 정서가 그림책 전체를 지배하는 데다가 맥스가 버릇 없이 "내가 엄마를 잡아먹어 버릴 거야!"라는 무지막지한 말로 대들잖아요.

2012년 4월 9일 사우스 론에서 열린 백악관 부활절 달걀 굴리기 행사에서 오바마 대통령 부부가 어린이들에게 책을 읽어주었어요. 그때 오바마 대통령이 읽어준 책이 바로 『괴물들이 사는 나라』였답니다. 아마도 두 딸 사샤와 말리아가에게 이 책을 즐겨 읽어주었나 봅니다. 오바마 대통령이 그림책을 읽어주는 모습은 유튜브 영상을 통해 만나실 수 있어요. 『괴물들이 사는 나라』는 이렇게나 어린이가 좋아하는 책이자, 유년 시절을 대표하는 그림책입니다.

『괴물들이 사는 나라』를 펼치면 맥스가 장난을 치다가 엄마에게 혼이 나는 장면부터 나옵니다. 맥스에게 엄마는 저녁밥도 안 주고 방에 가두는 벌을 내려요. 맥스는 화가 납니다. 하지만 어린이가 할 수 있는 건 아무것도 없어요. 무력하게 엄마가 화를 풀고 방에서 나오라고 할 때까지 기다리는 수밖에요.

하지만 어른이 모르는 어린이의 비밀이 있어요. 이토록 무력한 순간 어린이는 판타지의 세계로 갑니다. 그곳은 현실의 법칙과는 다르게 움직이지요. 판타지의 나라에서 맥스는 무서운 괴물에게 마법을 부려 꼼짝 못 하게 하고, 심지어 그들의 왕으로 군림할 수도 있습니다. 괴물들과 함께 광란의 춤을 추고 소리를 질러도 아무도 야단치는 사람이 없지요. 맥스가 자신의 분노를 판타지 세계에서 풀고 돌아오는 이야기가 『괴물들이 사는 나라』입니다. 특히 어린이 안에서 아직 분화되지 않은 무의식의 야수성을 처음으로 보여준 그림책입니다.

모리스 샌닥은 이런 이야기를 하곤 했어요. "내가 재주가 있다면, 그림을 잘 그리거나 글을 잘 쓰는 것이 아니라, 남들은 잘 떠올리지 않는 것들, 즉 어릴 때 내가 들었던 소리, 느꼈던 감정과 보았던 이미지 같은 감성적인 부분들을 다른 사람보다 잘 기억해 내는 것이라 생각한다." 작가가 어린이의 내면을 그림책 안에 고스란히 담아낼 수 있었던 이유인가 봅니다.

판타지는 무슨 일을 할까

어린이는 육체적으로 작고 여리고 무력합니다. 돌봐주는 사람이 없다면 혼자 살아남을 수 없지요. 심지어 어린이는 보이지 않는 상상의 위험 앞에서도 겁을 집어먹습니다. 이를 해결할 수 있는 곳이 판타지입니다. 현실에서 어린이는 작은 존재지만 판타지 속에서는 제아무리 무서운 호랑이나 불을 내뿜는 용도 제압할 수 있습니다. 맥스도 괴물들의 왕이 되었지요. 상상의 놀이에서 무서운 대상을 극복하며 어린이는 두려움을 이겨내는 법을 배웁니다.

심리학자 피아제는 24개월부터 6세 무렵까지를 논리 이전의 세계로 파악했습니다. 이때는 이성적으로 사고하는 시기가 아니라 상상이 중요한 시기라는 겁니다. 어린이는 자신을 중심에 두고 자기 마음대로 상상하고 생각합니다. 양육자에게는 터무니없어 보이는 이런 상상은 정상적인 인지 발달의 과정입니다. 인지 발달이란 어린이가 세상을 경험할 때 어떻게 정보를 받아들이고 배우며 성장하는지를 말합니다. 즉, 이 시기의 인지 발달은 지식의 습득으로 이뤄지는 게 아니라, 상상을 통해 이뤄진다는 뜻입니다. 24개월 이후부터 어린이는 부쩍 역할 놀이나 가상 놀이를 즐겨 합니다. 인형 혹은 장난감을 가지고 몰두하며 노는 모습을 흔하게 볼 수 있어요. 이는 정상적인 발달의 과정이며 상상 놀이는 곧 학습입니다.

이 시기의 어린이가 건강하게 자랄 수 있도록 양육자들이 도울 방법이 있습니다. 어린이가 상상의 나래를 펼 때 "에이, 그런 게 어딨어?" 하고 토 달지 말고 함께 놀아주면 됩니다. 새삼스럽게 어린이와 소꿉놀이나 인형 놀이를 하기 쑥스럽다면, 방법이 있습니다. 판타지의 세계를 다룬 그림책을 즐겁게 읽어주면 됩니다. 그림책은 스토리텔링이 있으니 감정을 따라가다 보면 나도 모르게 판타지의 세계에 어린이와 함께 푹 빠질 수 있습니다.

한미화

해럴드와 보라색 크레용

크로켓 존슨 글·그림, 홍연미 옮김, 시공주니어

1955년에 처음 출간되어 60여 년이 지난 지금도 사랑받는 그림책입니다. 보라색 크레용 한 자루를 쥐고 모험을 떠나는 해럴드의 이야기가 간결한 드로잉으로 펼쳐집니다. 해럴드가 보라색 크레용으로 그림을 그리며 상상의 나래를 펴는 모습은 어린이의 상상 놀이를 잘 보여줍니다. 이 설정은 에런 베커의 『머나먼 여행』 같은 글 없는 그림책에서도 이어지지요.

난 커서 바다표범이 될 거야

니콜라우스 하이델바흐 글·그림, 김경연 옮김, 풀빛

하이델바흐는 상상 속에서 일어나는 일을 환상적으로 보여줍니다. 『브루노를 위한 책』도 『난 커서 바다표범이 될 거야』도 그렇죠. 바닷속에 가본 적도 없는 엄마가 매일 바다 이야기를 들려줘요. 너무나 생생해요. 엄마의 이야기 속에 등장하는 바다 생물을 저녁 식탁에서부터 소년의 침대에 이르기까지 연속 8페이지로 그린 장면이 압권입니다. 다 읽고도 '대체 어떻게 된 거지?' 곰곰히 생각하게 하는 책입니다.

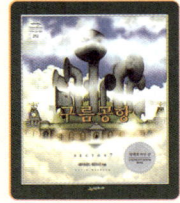

구름공항

데이비드 위즈너 글·그림, 시공주니어

데이비드 위즈너는 『이상한 화요일』, 『시간 상자』, 『구름공항』, 『자유낙하』, 『허리케인』 등 자신의 모든 책에서 유감없이 상상력이 발휘합니다. 이중에서 어린이가 가장 먼저 보고 즐거워할 만한 책으로 『구름공항』을 골랐어요. 하늘의 구름을 보고 물고기를 닮았다, 곰을 닮았다 하는 상상을 하잖아요. 그런 상상을 작가가 끝내주는 판타지로 펼쳐냅니다.

감기 걸린 날

김동수 글·그림, 보림

이 책이 오래 사랑받는 이유는 어린이의 상상을 꾸밈없이 보여주기 때문이 아닐까 싶습니다. 선물 받은 오리털 파카에서 삐죽 나온 오리털을 보고, 털 없는 오리를 생각하고 마음 쓰는 일은 아무나 못 하죠. 어린이니까 가능한 일입니다. 초등교과서에도 수록된 그림책입니다. 어린이가 쓱쓱 그린 듯 하지만 절제된 선으로 색을 아껴 쓴 그림이 두고 두고 봐도 좋아요.

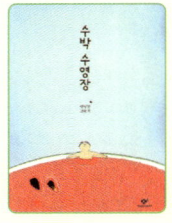

수박 수영장

안녕달 글·그림, 창비

한여름 시원한 수박만큼 달고 맛있는 과일이 없습니다. 아이가 냉장고에서 막 꺼낸 수박을 먹었다면 반드시 읽어야 할 그림책이 『수박 수영장』입니다. 여름 하면 떠오르는 수박과 수영장을 특유의 상상력으로 묶어냈습니다. 세상에서 가장 시원하고 가장 재미난 먹거리와 놀거리를 엮어내서 어린이는 물론이고 어른도 함께 즐길 수 있는 여름 그림책입니다.

문어 목욕탕

최민지 글·그림, 노란상상

혼자 할 수 있는 게 별로 없는 어린이는 스스로 판타지의 세계를 만들고 그 속에서 못다 이룬 꿈을 꿉니다. 『문어 목욕탕』에서 엄마 없이 혼자 목욕탕에 간 아이가 탕에 들어갔다가 문어를 만나요. 목욕탕에 문어가 있을 리 없지만, 외로운 아이는 문어를 만나 한바탕 신나게 놀지요. 그림책의 판타지는 어린이의 특권이고 권리입니다.

우르르 팡 변신 우산

노인경 글·그림, 문학동네

'밤이랑 달이랑' 시리즈 중 한 권입니다. 언니 밤이와 동생 달이의 일상을 판타지로 끌고 간 작가의 저력이 돋보이는 책입니다. 이 책은 비 오는 날, 우산 없는 생명에게 마음을 쓰는 어린이의 마음을 담았어요. 어린이는 보고 겪은 경험을 토대로 판타지를 만들어요. 그러니 어린이의 판타지는 공상이 아니라 어린이의 진실이죠. 시리즈에 담긴 그림책이 모두 재미있습니다. 2024 '한국에서 가장 재미있는 책(BBPK)' 선정작.

시계탕

권정민 글·그림, 웅진주니어

엄마의 시계는 팽팽 돌아갑니다. 매일 "늦었어, 서둘러, 10분 안에 나가자" 같은 소리를 하던 엄마의 시계가 멈추었다면 어떻게 할까요? 어린이가 엄마를 살리러 시계탕을 찾아가는 판타지 그림책입니다. 엄마에게는 잠시의 휴식과 위안을 역설하고, 어린이에게는 부모를 통제하고 싶은 욕망을 대리 만족시킵니다. 그림책을 읽어주며 엄마 시계가 멈추었을 때 아이들의 놀라움과 반응을 꼭 확인해보세요.

아이가 밤낮없이
"왜?"라고 물어요

어린이가 말끝마다 "왜?"라고 하는 날이 갑자기 찾아와요. 어린이의 질문 중에 "왜 냉장고에 케이크가 없어?"처럼 즉답할 수 있는 것도 있지만 답하기 어려운 철학적이고 과학적인 질문도 많아요. 어디서부터 어떻게 설명해야 할까, 말문이 막힙니다. 아는 걸 모두 짜내서 설명해 보지만, 솔직히 짜증이 날 때도 있어요. 질문이 그치지 않으니까요. 당장 해결해야 할 일이 머릿속을 꽉 채우고 있거나 쑥대밭이 된 집안을 치워야 한다면 벌컥 화가 나지요. "왜?"를 둘러싼 부모와 자녀 사이의 이야기를 유머러스하게 풀어낸 그림책이 있습니다. 안녕달의 『왜냐면…』과 이자벨 아르스노의 그림이 멋진 『왜냐면 말이지…』입니다.

바닷가 마을에 갑자기 비가 내립니다. 엄마는 유치원으로 우산을 들고 가지요. 엄마와 아이가 손을 잡고 걸어가는데, "엄마, 비는 왜 와요?"라고 물어요. 여러분이라면 뭐라고 대답하시겠어요. 스마트폰으로 검색하면 백과사전적 지식을 얻을 수 있지요. 말하자면 이런 식으로요. "증발한 수증기들이 공기와 함께 상승하여 차가워지면 응결과정을 거쳐 작은 물방울이 되는데, 이 작은 물방울들이 다른 물방울들과 결합해서 커지면 비로 내린단다."

그림책 속 엄마는 전혀 다른 말을 합니다. "하늘에서 새들이 울어서 그래." 아이는 여기서 멈추지 않고 어른들이 가장 무서워하는 꼬리에 꼬리를 무는 "왜?"로 대응합니다. "새는 왜 우는데요?" 질문과 답이 오가는 사이, 그림책 본문에는 동네 풍경과 정겨운 가을 사람들의 이야기가 펼쳐집니다. 그림책은 현실과 상상을 오가는데요. 아이가 질문할 때는 마을 모습이, 엄마가 "새들이 울어서 그래"처럼 답할 때는 상상의 세계가 펼쳐지는 식으로 교차하며 전개됩니다.

그렇게 대화가 이어지다가 아이가 이야기 속에 끼어듭니다. 오늘 유치원에서 일어난 곤란한 일을 상상에 슬쩍 끼워 넣습니다. 그 엄마에 그 어린이다 싶습니다. 안녕달 작가 특유의 부드러운 색감과 다정한 그림에 숨은 이야기를 살피는 재미도 각별합니다.

『왜냐면 말이지…』 속의 어린이는 잠을 자야 하는데 내키지 않나 봅니다. 방을 나가려는 아빠를 불러세우고는 "왜 바다는 파래요?" 하고 묻습니다. 아빠의 대답은 이래요. "매일 밤, 내가 잠들던 물고기들이 기타를 꺼내. 슬프게 노래하면서 파란 눈물을 흘리거든." 이런 식으로 그림책 속 아빠와 아이가 대화를 주고받습니다. 어두운 밤을 상징하는 회색을 중심 색으로 삼았지만, 질문마다 다른 색을 하나씩 꺼내 페이지에 곁들입니다. 결국, 어린이는 마음에 숨겨둔 마지막 질문을 합니다. "왜 자야 되는데요?" 덧진 아빠가 들려주는 대답을 책에서 꼭 찾아보세요.

‘무엇’에서 ‘왜’로 나아가는 시기

흔히 부모가 생각하듯 취학 전 어린이에게 지식을 많이 전달한다고 똑똑해지는 건 아닙니다. 우리는 은연중에 ‘어린이가 책을 많이 읽으면 아는 게 많아지고 그러면 똑똑해지고 결국 좋은 대학에 갈 수 있다’는 생각을 품고 있지요. 물론 이 공식이 완전히 틀렸다는 말은 아닙니다. 다만 이 논리는 어린이가 좀 더 자란 후에야 가능합니다.

피아제는 12~24개월의 아기는 움직이고 보고 듣고 만지고 맡는 감각 과정을 통해 세상과 접촉하고 배운다고 했지요. 아이가 아직 말을 못 하니 당연히 감각과 운동 기능을 이용해 세상을 배울 수밖에 없습니다. 앞에서 24개월에서 6세 무렵은 논리 이전의 시기로 어린이는 역할 놀이나 가상 놀이를 통해 현실에서 보고 익힌 것을 학습한다는 이야기를 드렸어요. 그래서 어린이는 노는 게 공부입니다. 요즘처럼 뇌과학이 발달하지 않았던 시기의 이론이지만 피아제의 말은 귀담아들을 부분이 있습니다. 취학 전 어린이의 뇌 발달에 관한 이론과 거의 일치하거든요.

성장하며 아기의 뇌는 점점 커지는데, 이는 뇌세포와 세포 사이를 잇는 회로가 정교해지기 때문입니다. 뇌세포 사이의 연결이 복잡해지고 증가할수록 지능과 감정이 발달합니다. 그렇다면 어린이의 뇌 속에서 느슨했던 세포 간 결합을 더 강하게 만들면 똑똑해지겠군요. 그 연결을 돕는 것이 경험과 감각입니다. 어린이가 일정 시기가 되면 "왜"라고 물어보는 이유도 학자들은 어떤 일이 다른 일과 연결된다는 걸 알기 시작했기 때문이라고 봅니다. 아이가 "왜"라고 물어보기 전에 어떻게 질문했는지 기억하시나요. "이게 뭐야?"입니다. '무엇'에서 '왜'로 한 단계 나아갔다는 뜻이지요.

부모들은 어린이가 "왜?" 하고 물으면 정확한 사실과 지식을 전달해야 한다고 생각하니 진지해집니다. 예를 들어 아빠가 회사에 간다면 어린이는 "왜?" 하고 묻죠. 아빠가 "거래처 사람들이 와서 회의해야 해!"라고 말했어요. 어린이는 멈추지 않고 "왜?"라고 물어요. "아빠의 일이 그거야. 그래야 돈을 벌지." 하고 답합니다. 아이가 "왜 돈을 벌어?"라고 물으면 "돈이 있어야 맛있는 것도 사먹고 장난감도 사지."라고 말하겠지요. 여기서 멈추지 않고 어린이가 다시 "왜?"라고 하면 정말 난감하죠. 궁지에 몰린 아빠는 "자본주의가 그런 거야!" 하는 말까지 할지도 몰라요. 어린이가 이런 답을 원하는 건 아니에요. 어느 날부터 시작되는 "왜?"라는 질문에 정확한 사실을 말해줘야 한다고 지레 겁먹지 마세요. 연구자들은 어린이가 정말로 답을 알고 싶은 게 아니라 "왜"라고 묻고 답을 말하는 방식을 알고 싶어서 질문한다고 해요.

엄마도 모르겠네, 같이 알아보자

『왜냐면…』의 엄마와 『왜냐면 말이지…』의 아빠는 그런 점에서 참 멋진 분들이에요. 어린이의 "왜?"를 충분히 인정하잖아요. 아이의 지치지 않은 호기심을 억누르지 않고 북돋는 가장 좋은 방법 중 하나는 "아빠도 모르겠네. 같이 알아보자"입니다. 간혹 부모가 잘 아는 분야에 대해 질문했고 충분히 답변할 수 있다 해도 답을 찾는 과정을 즐길 필요가 있어요. 이 시기 어린이에게 필요한 것은 지식 그 자체가 아니라 다양한 감각과 경험이니까요. 부러 어린이의 손을 잡고 도서관에 가거나 동물원에 가거나 천문대에 가서 직접 세상을 만나도록 이끌어주세요. 혹시 지금 너무 바빠서 엄두가 나지 않는다면 포스트잇에 써서 냉장고에 붙여두세요. 잊지 말고 시간이 날 때 해보면 되니까요. 혹시 어린이의 질문에 답하다가 "자본주의"까지 나가버렸다면 다시 정신을 차리고 어린이가 궁금한 게 무엇이었는지를 물어보세요. "아빠가 회사에 가는 게 왜 궁금했어?" 하고 질문을 돌려주면 간단하게 해결되는 경우도 많습니다.

유치에서 저학년 정도의 어린이를 위한 교양서 중에는 지식 백과류가 많습니다. 어린이의 질문이 하도 다종다양하니까요. 이런 책을 한두 권 사놓고 같이 읽어보는 것도 좋지요. 한데 제가 가장 이상적으로 생각하는 이 시기의 교양서는 '과학의 씨앗' 시리즈입니다. 기회가 있을 때마다 소개했지만 별 효과는 없었어요. 왜 그럴까 생각해보니 이유를 알겠더군요. 부모는 지식을 담은 책을 좋아하지, '과학의 씨앗' 시리즈처럼 지식을 쌓아가는 과정을 보여주는 책에는 관심이 없는 게 아닌가 싶습니다. 전자가 더 쉽고 간단하고 확실해 보이니까요. 하지만 책을 통해 일상적인 궁금증을 어떻게 풀어가는지를 살펴주세요. 어린이를 '똑똑'하게 키우는 방법이니까요.

이 시리즈 중 한 권인 『쭈글쭈글 주름』의 예를 들어볼게요. 우리 몸에 주름이 어디에 있을까요, 손에도 있고 얼굴에도 있고 다리에도 있어요. 책은 몸을 살펴 주름의 원리를 설명하고, 이를 이용한 실생활의 도구를 보여주며 지식을 확장합니다. 과학 지식의 나열이 아니라 과학적으로 생각하는 법을 보여주는 그림책이지요. 물론 할 일 많은 부모에게 과정을 함께 탐색하는 일은 벅찰 수 있어요. 그래도 지식 자체보다 호기심을 가지고 사물을 대하고 세상을 만나도록 이끄는 일이 이상적이라는 사실은 기억해주세요. 노벨 물리학상을 수상한 리처드 파인만의 아버지가 그랬던 것처럼요.

:: **한미화**

갯벌이 좋아요

유애로 글·그림, 보림

한국 그림책의 시작을 알린 '솔거나라' 시리즈에서 『숨 쉬는 항아리』와 『갯벌이 좋아요』는 어린이들이 특히 좋아하는 책입니다. 『갯벌이 좋아요』는 1999년 출간되었지만, 우리 갯벌의 생태를 다룬 책으로 여전히 값집니다. 갯벌에 사는 꽃발게가 바다 끝에 보이는 흰 구름을 잡겠다고 길을 나서요. 그 과정에서 갯벌에 사는 여러 생명을 만나고 그들이 사는 법을 살핍니다. 모험 속에 갯벌의 생태가 잘 녹아있지요. 혹시 갯벌에 다녀왔다면 꼭 함께 읽어보세요.

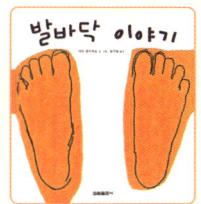

발바닥 이야기

야규 겐이치로 글·그림, 엄기원 옮김, 한림출판사

과학 그림책의 모범이 되는 책입니다. 처음에 어린이에게 발바닥을 그려보라고 해요. 다음으로 사람보다 몸집이 더 큰 말의 발바닥과 아빠의 발바닥을 비교합니다. 또 발바닥이 하는 일도 보여줘요. 발바닥을 관찰하다 쓰임새로 나아갑니다. 발바닥에 많은 금은 뭔가 닿았을 때 감촉을 잘 느낄 수 있게 해요. 운동화 밑창이나 타이어의 올록볼록 무늬와 같은 이치입니다. 이야기는 점점 확장해 인간의 직립 보행까지 나아갑니다. 1982년 출간 작이지만 여전히 훌륭해요. 『콧구멍 이야기』도 있어요.

선인장 호텔

브렌다 기버슨 글, 메건 로이드 그림, 이명희 옮김, 마루벌

미국 애리조나주 남부의 사막에서만 볼 수 있는 사와로 선인장의 일생을 보여줍니다. 사막 하면 황량한 모래벌판이 떠오르지만 이 책을 보면 생각이 달라집니다. 까만 씨에서 커다란 사와로 선인장이 되기까지의 모습이 파노라마처럼 펼쳐집니다. 사막에 사는 동물과 새들은 사와로 선인장에 구멍을 파서 '선인장 호텔'을 만듭니다. 1995년 국내에 출간됐고 최근 개정판이 나왔어요. 여전히 멋진 논픽션 그림책입니다.

앗, 바뀌었어!

박정선 글, 장경혜 그림, 비룡소

물질이 변화하는 모습을 사진과 그림으로 보여주는 논픽션 그림책입니다. 예를 들어 말린 옥수수 알갱이를 뜨거운 냄비에 넣어 달구면 팝콘이 되지요. 똑같은 방식으로 달걀, 버터, 물 등도 변하죠. 일상에서 흔한 이런 변화가 대수롭지 않아 보이지만 이를 다루는 학문이 있어요. 화학입니다. "왜 이럴까?" 궁금해하고 질문하고 생각하는 과정이 과학임을 느낄 수 있도록 돕는 책입니다.

우리집

카슨 엘리스 글·그림, 이순영 옮김, 북극곰

집에 관한 논픽션인데 아파트, 시골집, 궁전 말고 상상의 집도 이야기해요. 구체적 정보도 없어요. 현실과 상상 속의 집을 실컷 보여주고 "도대체 이곳엔 누가 살까요?", "왜 이런 곳에 사는 걸까요?" 하고 물어요. 결국 집이란 사람이 사는 땅과 기후 그리고 계급의 문제와 밀접하게 연결되니까요. 너구리의 집은 왜 나무 속에 있고, 에스키모의 집은 왜 얼음집일까요? 읽고 나면 더 많은 궁금증이 생기는 책입니다.

할머니의 용궁 여행

권민조 글·그림, 천개의바람

호수와 강 그리고 바다에 플라스틱 섬이 생긴다는 이야기를 들어본 적이 있죠? 바다거북이 코에 빨대가 꽂혀 괴로워하는 영상도 본 적도 있을 거예요. 모두 쓰레기 때문에 생긴 일입니다. 이 책은 플라스틱 때문에 시름시름 앓는 바닷속 동물들을 소재로 삼았어요. 해녀 할머니는 용궁에 가서 아픈 용왕과 동물들을 치료해주고 와요. 현직 교사인 작가가 마치 어린이가 그린 듯 천연덕스럽고 익살맞은 그림과 이야기로 별주부전을 패러디해 환경 이야기를 들려줍니다.

공룡과 자동차에
흠뻑 빠졌어요!

　어린 시절 공룡을 좋아하다가 고생물학자가 된 과학자가 있습니다. 국내 대학에서 처음으로 공룡 뼈로 박사 학위를 취득해 일명 '공룡 박사'로 불리는 박진영 선생입니다. 어릴 때 부모가 보여준 애니메이션 「판타지아」에서 스테고사우루스가 티라노사우루스와 맞서 싸우는 장면이 강렬한 기억으로 남았다고 합니다.

　그림책 작가 경혜원은 공룡을 소재로 삼은 그림책 『특별한 친구들』로 데뷔했어요. 이후로도 여러 권의 공룡 그림책을 펴냈어요. 저에게 경혜원 작가는 공룡 작가로 기억됩니다. 작가는 어린 시절 악어, 거북이, 뱀 같은 파충류와 상상의 동물인 용을 좋아했다고 해요. 그러다 그림책을 만들며 공룡의 매력에 빠져들었고요. 공룡은 멸종되어 지금은 만날 수 없잖아요. 바로 이점이 도리어 작가에게 무궁무진한 상상을 펼칠 수 있도록 자유를 준다고 합니다.

공룡을 왜 좋아할까요?

박진영 박사나 경혜원 작가의 어린 시절처럼 지금도 주변에 공룡에 푹 빠진 어린이가 많아요. 브라키오사우루스, 티라노사우루스처럼 어려운 공룡 이름을 척척 외우고, 짐짓 공룡 흉내를 내죠. 어른도 읽기 쉽지 않은 공룡 도감을 열심히 들여다보고, 공룡 장난감을 사달라고 조르죠. 부모는 어린이의 공룡에 대한 집요한 열정이 이해되지 않죠. 허구한 날 공룡 책만 읽어달라고 하니 좀 지치기도 합니다. 하지만 크게 걱정할 건 없습니다. 시간이 지나면 어린이의 공룡에 관한 관심은 자연스럽게 멀어집니다.

저는 우스갯소리로 이런 말을 하곤 합니다. 만약 어린이가 초등학생이 되고, 중학생이 되어서도 공룡을 좋아한다면 기뻐하라고요. 공룡 모형을 옆에 두고 밥을 먹는다면, 공룡 도감에 빠져 지낸다면 박진영, 이융남 박사처럼 고생물학자가 될지도 모른다고요. 그렇다면 환영할 일이 아닐까요. 실제로 과학자들은 공룡에 관한 관심이 '과학으로 들어가는 문'이라고 말합니다.

어린이가 공룡을 좋아하는 첫 번째 이유는 거대한 몸집과 힘 그리고 파괴력 때문일 거예요. '쥐라기 공원' 같은 영화가 이를 잘 보여주지요. 공룡은 날카로운 발톱으로 서로를 베어버리고, 뾰족한 뿔로 상대를 찔러 죽이고, 곤봉 모양의 꼬리로 다른 공룡을 때려 날리기도 합니다. 이렇게 파괴적인 힘을 보여주는 힘이 센 공룡에게 어린이들은 매료됩니다. 힘에 대한 동경은 공룡뿐 아니라 다른 동물에게도 적용됩니다. 어린이는 일반적으로 원숭이나 쥐처럼 작은 동물보다 상어나 곰같이 덩치가 크고 무서운 동물을 좋아하죠.

24개월부터 6세 무렵까지 상상력이 극대화되는 시기에 어린이는 공룡 혹은 괴물들에게 마음을 빼앗기는 경우가 왕왕 있습니다. 마치 자신이 공룡이라도 된 듯 상상하는 거죠. 이 시기의 특징입니다. 경혜원 작가의 말처럼 공룡은 존재했으나 멸종된 생물입니다. 어린이의 상상력을 자극하기에 이보다 좋을 수 없지요. 다비드 칼리가 글을 쓴 그림책 『내 안에 공룡이 있어요』 속 어린이는 어른들의 말을 잘 들어요. 한데 화가 나면 아무도 막을 수 없는 브론토 메갈로 사우루스로 변해요. 이 그림책 속 어린이처럼 공룡을 좋아하는 어린이는 자신을 공룡과 동일시하는 상상을 하는 거죠.

너는 공룡, 나는 자동차

자녀를 여럿 키운 부모라면 아마 알 거예요. 어린이들이 모두 공룡만 좋아하는 건 아니에요. 특정한 무엇에 강렬하게 매혹되는 과정을 거칩니다. 첫째는 공룡이 없으면 밥을 안 먹었는데 둘째는 자동차만 보면 넋을 잃는다든가 하는 식으로요. 자동차에 빠진 어린이들도 꽤 많은데요. 어려운 공룡 이름을 줄줄 외우는 것처럼 자동차를 좋아하는 어린이는 거리에 나가 자동차를 보면 제조사와 모델 이름까지 척척 알아맞혀요. 아직 취학 전인 어린이가 타이어의 휠까지 알아보면 부모는 '앞으로 뭐가 되려고 저러나' 싶죠. 승용차 말고 굴착기, 트랙터, 구급차, 경찰차처럼 온갖 종류의 차를 좋아하기도 해요. 비슷하게 기차를 좋아하는 어린이들도 있어요. 저는 서울 지하철의 역이름을 모두 외우는 어린이를 만난 적도 있답니다.

공룡, 자동차, 기차 혹은 곤충처럼 일찌감치 덕후의 자질을 보여주는 어린이는 그 분야의 책만 보려 합니다. 하지만 이런 관심은 일정한 시기를 지나면 사라집니다. 관심이 오래 지속된다면 해당 분야를 더 경험하고 배울 수 있도록 북돋아 주어도 좋습니다. 예컨대 공룡에 대한 기호는 과학 전반으로 연결될 좋은 기회이기 때문입니다. 공룡을 좋아하면 서대문 자연사박물관을 추천합니다. 중앙 홀에 거대한 공룡화석 모형이 전시되어 있으니까요. 이 모형은 1억 1500만 년~1억 500만 년 전에 생존했던 아크로칸트사우루스라고 합니다. 티라노사우루스와 같은 육식공룡이지요. 영화 「쥐라기 공원」과 「쥐라기 월드」뿐 아니라 「공룡의 땅」 같은 국내 다큐멘터리와 OTT에서 볼 수 있는 「공룡이 지배하던 지구」 시리즈를 함께 봐도 좋겠죠.

일본 후쿠인칸 출판사의 창업자이자 그림책을 널리 보급하는 일에 앞장선 마츠이 다사시는 이런 일화를 들려준 적이 있어요.

자동차를 좋아하는 자녀를 둔 아빠의 이야기입니다. 시중에 나온 책들에 최신 모델의 자동차 그림이 들어 있지 않자 아빠는 자동차 잡지와 카탈로그를 모으기 시작했어요. 잡지와 카탈로그 속 최신 자동차 사진을 오리고 스크랩해서 자녀에게 직접 자동차 책을 만들어주었다고 해요. 세상에서 단 하나뿐인 자동차 책을 아빠와 자녀가 함께 만든 거지요. 저는 이 사례를 만나고 놀랐는데, 얼마 전에 실제로 어린이에게 자동차 사진을 스크랩해준 엄마를 만났어요. 세상에서 가장 멋진 자동차 책을 만든 부모들이라고 생각합니다.

‡‡ 한미화

엘리베이터

경혜원 글·그림, 시공주니어

공룡에 푹 빠진 윤아의 상상을 엘리베이터라는 소재를 이용해 탁월하게 풀어냈습니다. 윤아는 엘리베이터에 이웃이 탈 때마다 그들의 생김새와 공룡을 연결지어 상상합니다. 파마머리를 한 아줌마는 트리케라톱스 같아 보이고, 헬멧을 쓴 배달 아저씨는 플레시오사우르스 같습니다. 서로를 못 본 척하던 현실과 달리 판타지 속 이웃은 달라집니다. 엘리베이터에 탄 이웃들이 어떤 공룡과 비슷한지 맞춰보세요. 『특별한 이웃들』과 『쿵쿵』도 있어요.

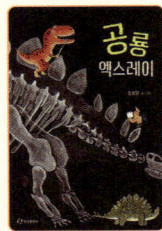

공룡 엑스레이

경혜원 글·그림, 한림출판사

스토리 그림책과 교양서의 성격을 절충한 책이에요. 공룡들이 아파서 병원에 갑니다. 각자 자신의 증상을 말합니다. 티라노사우루스는 몸에 맞지 않게 앞발이 작다고 해요. 의사 선생님이 엑스레이를 찍고 진료 기록 카드를 작성합니다. 공룡의 뼈 모양을 보며, 공룡이 왜 그런 모습인지를 차근차근 풀어냅니다. 공룡의 생태와 특징을 이야기 속에서 접할 수 있어요. 경혜원 작가의 유머도 만날 수 있습니다.

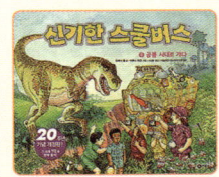

신기한 스쿨버스 6 - 공룡 시대로 가다

조애너 콜 글, 브루스 디건 그림, 이강환 옮김, 비룡소

프리즐 선생과 반 아이들이 오늘 공부한 내용을 마법의 스쿨버스를 타고 직접 만나는 스토리입니다. 논픽션과 스토리가 결합된 형식이지요. 이 책에서는 공룡 발굴현장으로 체험학습을 갔다가 스쿨버스를 타고 공룡 시대로 가요. 정보량이 많아서 이 책을 읽어줄 때마다 "죽었다"는 생각이 들 정도입니다. 공룡이라는 주제에 꽂힌 어린이들이 좋아하는 책입니다.

기차 여행

이숙현 글, 토마쓰리 그림, 다림

자동차나 비행기와 다른 기차 여행의 즐거움이 있어요. 기차 여행은 낭만적이고, 차창 밖의 풍경을 보는 즐거움도 있어요. 기차가 출발하면 어린이는 우아하고 탄성을 지르죠! 하지만 어린이는 금방 지루해요. 언니와 동생이 상상의 나래를 펼치며 기차여행을 즐기는 다정한 그림책이에요.

부릉부릉 자동차가 좋아

리처드 스캐리 글·그림, 황윤영 옮김, 보물창고

리처드 스캐리는 미국에서 가장 사랑받은 그림책 작가 중의 한 사람입니다. 자동차 백과처럼 수많은 자동차가 등장하는 이 그림책이 가장 유명합니다. 돼지 가족이 소풍을 떠나는데 그 여정에서 다양한 자동차가 등장해요. 게다가 숨은그림을 찾는 재미도 있어요. 그림 속에 노랑이와 플롭시 경관이 숨어있어요. 아이와 함께 찾아보세요.

오! 자동차

폴 크라프트 글·그림, 양진희 옮김, 보림

세계의 자동차 1856종을 그림으로 담은 논픽션 그림책이에요. 최초의 자동차, 갱단들이 탄 자동차, 교황을 위한 방탄 자동차부터 미래의 자동차까지 담았어요. 보림의 '아트사이언스' 시리즈에는 『오! 비행기』, 『자이언트 : 어마어마한 탈것과 기계』도 있어요. 값은 좀 비싸지만 만듦새와 그림이 좋아서 탈것을 좋아하는 어린이에게 추천합니다.

진짜 진짜 재밌는 자동차 그림책

리처드 드렛지 글, 앤드류 이스턴 그림, 이홍준 옮김, 라이카미

603대나 되는 자동차가 큰 사진으로 실려있는 도감입니다. 도서관에서 언제나 대출 중인 인기도서입니다. 이 책은 판형도 크고, 페이지도 두껍고 가격도 비싸서 어린이에게 어려워 보여요. 하지만 어린이는 이 책의 이미지를 사진을 찍듯 인식해요. 자동차 사진이 시원시원하게 담긴 책을 찾는다면 추천합니다.

그림책으로
숫자를 배우고 즐겨요

아이들이 무척 좋아하지만 잠자리 그림책으로는 금지령을 내리고 싶은 책이 있습니다. 바로 이와이 도시오의 『100층짜리 집』이에요. 바다, 하늘, 지하, 숲속, 늪까지 공간을 넓혀가며 시리즈로 나왔지요. 이 책은 각기 다른 동물들이 살고 있는 100층짜리 집을 10층씩 오르도록 구성되어 있습니다. 1~10층에는 쥐가 살고 11~20층에는 다람쥐가 사는 식으로요. 각 동물들의 생태 특성, 그에 맞춰 지어진 집과 가구들을 하나하나 보다 보면, 30분이 훌쩍 지나가는 건 일도 아닙니다.

인기 그림책인만큼 파생 굿즈들도 많이 나왔는데요. 그 중 100층짜리 집 카드 게임이 있습니다. 여러 가지 방식으로 카드놀이를 할 수 있는데, 저희 집에서는 특히 '위 아래 게임'을 많이 했습니다. 카드를 나눈 후 돌아가며 카드를 내고, 손 안의 카드를 먼저 터는 사람이 이기는 게임입니다. 예를 들어 65를 내면서 "위"라고 외치면 그 다음 사람은 65보다 큰 숫자를 내야 합니다. 큰 숫자 카드가 없으면 카드를 한 장 가져갑니다. 이렇게 놀다 보니 둘째는 100까지의 숫자를 조금 수월하게 익혔습니다.

생활 속에서 익히는 수 개념

인간이 태어날 때부터 수 개념을 머릿속에 가지고 태어나는 것은 아닙니다. 하지만 수 개념은 유아의 기본적인 생존, 어린이의 지속적인 성장과 발달을 위해 꼭 필요합니다. 어린이의 생활에 숫자는 자연스레 녹아 있습니다. 우리 가족이 몇 명인지, 내가 몇 살인지, 우리 집이 몇 층인지, 언니와 내 과자 개수가 같은지, 사탕을 몇 개씩 나눠야 똑같이 먹을 수 있는지…. 이 모든 것이 초기 수 개념을 형성합니다.

영유아 시절부터 억지로 100 이상 숫자를 읽고 쓰게 하고 구구단을 외우게 하라거나 책상 앞에서 문제집을 풀리라는 뜻이 아니에요. 단순히 100을 센다고 수학적 개념이 생기는 건 아니니까요. 숫자 1과 물건 한 개를 대응시킬 수 있는 것, 여섯보다 둘 큰 수를 정확히 아는 것이 중요합니다.

제일 좋은 방법은 일상 대화를 통해 유아의 수 개념을 자연스레 형성, 확장시켜주는 것입니다. 특히 좋아하는 간식이나 장난감 등 구체물을 들어 개념을 익히면 좋습니다.

"여기 로봇이 두 개 있네."

"딸기 사탕 하나, 초코 사탕 하나니까 사탕이 두 개네."

"과자가 네 개인데 엄마가 두 개 더 주니까 여섯 개가 되었네."

표준 보육 과정에서 0~1세의 수학적 탐구를 위한 첫 단계로 '있다/ 없다 상황을 지각하기'를 꼽습니다. '엄마가 있느냐 없느냐'를 구분하는 것부터가 수 개념의 출발이라는 것입니다. 보통 24개월까지는 '많다/ 적다'라는 양의 개념을 이해하며, 36개월까지는 1부터 3까지를 읽고 순서대로 세는 단계에 이릅니다. 48개월까지는 10까지의 숫자 개념을 이해하고 수량 비교 및 숫자와의 매칭까지 가능하면 된다고 봅니다. 10 이하의 수를 세고 익히고 자유롭게 사용하기까지 만 4년은 필요하다고 보는 것이죠. 이후 20까지의 수 알기, 답이 10 이하인 한 자릿수 덧셈하기, 동전 종류 구분하기 등의 개념을 익혀 초등학교에서 배울 수학의 기초를 쌓아갑니다.

수 개념을 익힐 수 있는 그림책

그림책은 유아의 수 개념 학습에 적극적인 도움을 줄 수 있는 매체입니다. 문자와 그림이라는 두 가지 언어를 활용해, 숫자의 생김새와 소릿값에 익숙해지도록 돕습니다. 숫자 1을 '일' 또는 '하나'라고 읽을 수 있다는 점을 배우며, 1과 코끼리 한 마리라는 사물을 대응할 수 있게 됩니다. 이런 종류의 책은 영아를 위한 숫자 보드북에서부터 만날 수 있습니다.

특히 우리나라에서는 '일, 이, 삼'으로 읽는 한자 수 단어와 '하나, 둘, 셋'으로 읽는 고유 수 단어를 동시에 사용하기 때문에, 두 단어에 모두 노출되는 것이 중요합니다. 서영 작가의 그림책 『시계 탐정 123』을 예로 들어볼게요. 그림 속에 숨겨진 숫자를 찾을 떠는 '숫자 이는 어디 숨었지?'라고 물어 한자 수 단어를 사용합니다. 하지만 그림 속 사물을 자세히 볼 때는 '가방 두 개', '안경 두 개'로 말하며 고유 수 단어를 활용합니다. 이 과정에서 다른 방식의 수 단어를 자연스레 습득합니다.

중요한 것은 반복입니다. 그림책의 가장 큰 장점은 언제든 서가에서 꺼내어 볼 수 있다는 점이지요. 학습한 내용을 이해하고 기억하기 위해서는 정보에 여러 번 노출되어야 합니다. 그림책을 되풀이하여 읽는 과정에서, 강제로 암기하지 않아도 습자지에 잉크가 스며들듯 자연스레 정보가 영유아의 몸과 머리에 스며듭니다.

아름다운 그림과 잘 짜인 이야기 덕분에, 아이들은 반복적 읽기도 마다하지 않아요. 그림 자체가 영유아의 미감을 자극하지 않는다면, 또한 이야기 자체가 영유아의 흥미를 돋우지 않는다면, 아이들이 그림책을 되풀이하여 읽을 리 없습니다. 앞서 언급한 '100층짜리 집' 시리즈는 1~100까지 숫자를 익히게 해주기 때문에 사랑받는 것이 아닙니다. 100층 아파트에 다른 여러 동물이 살고 있다는 흥미로운 상상력, 동물 생태를 반영한 아기자기한 그림, 100층에 다다르면 어떤 일이 벌어질까 하는 기대감

덕분에 스테디셀러가 되었지요.

전집 형태로 자주 만나볼 수 있는 수학 동화는 수학의 기능적인 면만 강조해 작위적인 이야기를 만드는 경우가 많습니다. 그러나 좋은 그림책에서 수 개념은 결코 그림과 이야기에 앞서지 않습니다. 그림책을 즐기는 사이 자연스레 전달할 뿐입니다. 기왕이면 상상력과 창의력이 빼어난 그림책을 골라 유아에게 읽어주기를 권합니다.

흔히 영유아의 수학적 사고라고 하면 숫자 익히기와 연산만을 떠올립니다. 하지만 모양(원, 삼각형, 사각형 등), 비교(길고 짧은 것, 많고 적은 것), 분류(무늬가 있는 것 없는 것) 등 다양한 개념들이 수학적 사고 발달과 관련이 있습니다. 『알록달록 동물원』(모양), 『형은 크다 나는 작다』(크기), 『티치』(비교), 『감기 걸린 물고기』(분류) 등 소위 '수학 동화'로 분류되지 않는 그림책을 통해서도 얼마든지 수학적 개념에 가까워질 수 있습니다.

배운다는 건 즐거운 일이야

어린 시절부터 수학 선행학습을 하는 요즘의 상황에서, 그림책을 활용한 느리고 자연스러운 수 익힘 과정은 비현실적이라고 여겨질지도 모르겠습니다. 만 4세부터 수학 공부를 시작하면 만 6세에 초등학교 4학년 수준의 분수 계산까지 마스터할 수 있다고, 선행학습을 유도하는 광고가 부모의 불안을 자극하는 시절이니까요.

그러나 유명 수학학원 연구소장의 인터뷰를 빌리자면, "2~4세 때 생활 속에서 수와 관련된 많은 경험을 습득한 아이가, 수학을 조기에 배운 아이보다 수학 능력이 높아질 가능성이 많다"고 합니다. 몸무게와 키 재기, 엘리베이터 층 누르기, 버스 번호 읽기 등 실생활에서 할 수 있는 수 경험을 늘려주세요. 동시에 보다 다양한 상황 속에서 수 개념을 적용하고 확장시킬 수 있도록 꾸준히 그림책을 읽어주세요.

　배우는 데는 언제나 시간이 걸립니다. 그리고 경험상, 어린이는 강요하지 않는 한 배움을 두려워하지 않습니다. 긴긴 시간 동안, 영유아가 '배운다는 건 기분 좋은 거구나'라는 느낌을 가질 수 있도록 그림책과 함께 지켜봐 주세요.

:: 황유진

1, 2, 3 고무 오리 열 마리

에릭 칼 글·그림, 스토리랩 옮김, 시공주니어

책장을 넘길 때마다 오리가 한 마리씩 늘어나, 1부터 10까지 수 세기를 연습할 수 있는 책이에요. 숫자(3), 한자 수 단어(삼), 고유 수 단어(셋), 영단어 숫자(three)까지 한 데 담겨 있습니다. 오리 모양 책은 장난감처럼 생겨, 영유아들이 즐겁게 가지고 놀며 자연스럽게 숫자를 익히도록 돕습니다. 같은 작가의 『1, 2, 3 동물원으로』, 『아주아주 배고픈 애벌레의 123』도 함께 읽어보세요.

씨앗은 어디로 갔을까?

루스 브라운 글·그림, 이상희 옮김, 주니어RHK

씨앗 10개가 아름다운 꽃 1송이가 되었다가 다시 씨앗 10개가 되는 과정을 사실적이고 역동적인 그림으로 표현한 작품입니다. 10개의 꽃씨 중 개미, 비둘기, 생쥐, 강아지 등이 하나씩 파먹고 뒤엎다 보니 남은 건 해바라기 꽃 하나뿐입니다. 손가락을 하나하나 거꾸로 꼽아보며 씨앗이 몇 개 남았는지 세어보는 재미를 누릴 수 있습니다.

아기 오리 열두 마리는 너무 많아!

채인선 글, 유승하 그림, 길벗어린이

갓 태어난 아기 오리 열두 마리를 세며 열 이상의 수까지 익힐 수 있는 책입니다. 엄마 오리는 열두 마리 아기 오리를 한꺼번에 데리고 다니는 게 어려워 짝지어 줄을 세웁니다. 열두 마리를 여섯, 넷, 셋, 둘로 묶으며 곱셈과 나눗셈의 기본 개념까지 전달합니다. 팻 허친스의 『자꾸자꾸 초인종이 울리네』와 함께 엮으면 더 즐겁게 읽을 수 있습니다.

즐거운 이사 놀이

안노 미쓰마사 글·그림, 박정선 옮김, 비룡소

열 명의 아이들이 세모꼴 집에서 네모꼴 집으로 이사하는 과정을 그리고 있습니다. 1명이 네모꼴 집으로 이사 가면 세모꼴 집에 남은 아이는 9명이 되고, 2명이 네모꼴 집으로 이사 가면 세모꼴 집에 남은 아이는 8명이 되지요. 1부터 10까지를 세어보는 것은 물론, 10을 이용한 가르기와 모으기를 익히는 데 큰 도움이 됩니다. 현재는 절판되어 도서관에서 볼 수 있습니다.

한 마리 여우

케이트 리드 글·그림, 이루리 옮김, 북극곰

"한 마리 배고픈 여우가 두 눈을 가늘게 뜨고 세 마리 통통한 암탉을 노려봅니다."로 시작되는 그림책입니다. "스릴러 그림책"이라는 부제답게, 마지막에 어떤 일이 벌어질지 궁금하여 하나, 둘, 셋 커지는 숫자를 손으로 꼽게 됩니다. 수를 나열하기만 한 책들과는 차별화되는 이야기와 그림이 독자의 흥미를 끕니다. 수학과학연구소 선정 올해의 수학책, 샬롯 졸로토 상 등 많은 상을 받았습니다.

시계 탐정 123

서영 글·그림, 책읽는곰

숨은그림찾기라는 형식으로 1부터 12까지의 수를 익힐 수 있는 그림책입니다. 숫자를 잃어버린 시계 탐정과 함께, 집 안에 숨겨져 있는 숫자들을 찾아 나섭니다. 또 집 안 곳곳의 사물들은 숫자에 맞는 개수만큼 배치되어 있어, 숫자와 더불어 대응하는 수 개념을 이해하도록 돕습니다. 그야말로 놀면서 숫자와 친숙해질 수 있는 책입니다.

30층 집, 고양이를 찾아라

야스이 스에코 글, 스기타 히로미 그림, 김수희 옮김, 미래아이

1층부터 30층 집을 펼쳐볼 수 있는 6.5미터짜리 아코디언북입니다. 할머니가 키우는 30마리 고양이가 열린 문틈으로 뛰쳐나가 30층에 한 마리씩 숨어있습니다. 독자는 그림책을 한 장 한 장 펼치며 한 층 한- 층 올라갑니다. 30층을 오르고 각 층에서 고양이를 찾으며, 1부터 30까지 숫자를 세어 봅니다. '100층짜리 집' 시리즈와 함께 읽어도 재미있는 그림책입니다. 절판되어 도서관에서 볼 수 있습니다.

씨앗 100개가 어디로 갔을까

이자벨 미뇨스 마르틴스 글, 야라 코누 그림, 홍연미 옮김, 토토북

나무가 날려 보낸 씨앗 100개가 강물에 빠지고 새들이 쪼아 먹고 다람쥐에게 날름 먹히면서 줄어드는 형식의 이야기입니다. 100이라는 커다란 수가 1까지 줄어들었다가 다시 10으로 늘어나는 과정을 즐기다 보면, 자연스레 더하기 빼기 개념과 친숙해집니다. 기다림과 희망이라는 주제 역시 어린이와 부모 독자 모두에게 감동으로 다가옵니다.

미래를 살아갈 어린이에게
꼭 필요한 젠더 감수성

다양한 연령대의 남녀가 모인 송년회 자리에 참석한 적이 있습니다. 이 자리에서 후배 여성들을 만나고 감회가 남달랐습니다. 한 남자 선배가 후배 여성 작가에게 이렇게 물었어요. "여자니까 돈 벌 걱정은 덜 하겠지만, 요즘 책이 잘 안 팔려서 어떻게 합니까?" 걱정이 되어서 한 말이지 의도가 있는 발언은 아니었을 겁니다. 그럼에도 '여자의 일은 취미에 지나지 않는다'는 오래 학습된 무의식에서 나온 말임은 분명하지요. 그러자 이 말을 들은 여자 후배들이 발끈했습니다. "아니요, 저는 전업으로 글을 쓰고 돈을 버는데요." 뿐만 아니라 그 자리의 남성들이 어설프게 아는 척을 할 때마다 여자 후배들은 조목조목 따지며 적확하게 정정했어요. 저는 이 모습을 입을 벌리고 바라보았습니다.

성 역할 고정관념을 강화하는 책은 피해야!

"여자는 이래야 해, 남자는 저래야 해" 하는 여성성과 남성성에 대한 고정관념은 오래도록 우리 사회를 지배했지요. 사회화된 성 역할은 어느 순간 탄생하는 게 아니라 어린 시절부터 학습된다고 하지요. 이런 고정관념이 변했다는 걸 후배들을 보고 느꼈어요.

어린이가 두세 살만 되어도 이미 성 역할 고정관념에 익숙해지는 모습을 흔히 볼 수 있습니다. 여자 어린이가 어린이집에 갈 때 레이스가 달린 분홍 드레스와 분홍 신발과 분홍 왕관을 신겠다고 우기는 일이 있지요. 남자 어린이가 칼이나 무기 같은 장난감을 좋아하는 사례도 있어요. 아주 어릴 때부터 남녀가 성에 따라 선호하는 색이나 좋아하는 장난감이 달라진다는 건 그만큼 어린이들이 쉽게 성 역할을 학습한다는 뜻입니다.

젠더 감수성이 아예 존재하지 않았던 시절에 출간된 책을 읽어줄 때 부모나 교사는 주의를 기울여야 합니다. 한국의 어린이청소년 문학을 대표하는 이금이 작가는 과거에 출간한 작품을 요즘의 가치관에 맞게 수정해 새롭게 펴내는 작업을 꾸준히 합니다. 지금 읽어보면 더러 시대 감수성에 맞지 않는 대목이 나오니까요. 간혹 SNS에서 공동구매로 오래된 그림책을 판매하는 모습을 봅니다. 이런 책은 아름답고 날씬하고 나약한 여성이 왕자에게 사랑받고 구원받는다는 식의 메시지를 전하는 경우가 많습니다. 힘이 세고 용감해서 용을 물리치는 것은 언제나 남자죠. 출간된 지 오래된 고전에도 부분적으로 이런 문제가 있어요. 이 경우 표현을 바꾸어 읽어주거나 어린이에게 설명을 해주는 편이 좋습니다.

요사이 출간된 어린이책을 읽을 때마다 저는 놀랍습니다. 특히 여성 캐릭터가 과거와 크게 달라졌습니다. 예를 들어 초등 고학년이 읽을만한 동화 『왜왜왜 동아리』에서 5학년 록희는 주체적인 여성 캐릭터로 그려집니다. 환경문제를 고민하고 일상의 정치에 참여해 목소리를 낼 뿐 아니라 정치인 아버지와도 정면으로 맞섭니다. 제가 한 번도 해보지 못한 일들을 록희는 당당하게 합니다.

미래를 살아가야 할 어린이를 위해

우리 사회에서 흔히 말하는 '성교육 그림책'이 출간되기 시작한 건 1990년대 후반 무렵부터입니다. 2000년대 초반까지 여러 권의 책이 나왔습니다. 당시 사회적으로 성폭력 문제가 심각했기 때문입니다. 성교육의 중심 메시지는 "안돼요, 싫어요, 하지 마세요"입니다. 내 몸은 나의 것이며 혹시라도 나쁜 사람이 나타나면 큰소리로 싫다고 말해야 한다는 사실을 강조합니다. 김은혜 교사는 『성 감수성 교실』에서 "성폭력의 피해자가 되지 않기 위한 행동을 지속해서 교육하는 징벌적 교육은 2차 가해를 만들 수 있다."라고 말해요. 도리어 중요한 것은 피해자가 되지 않기 위한 교육이 아니라 예방 교육이라고 주장합니다. 또한 남녀 어린이에게 무엇이 잘못된 행동인지를 분명하게 교육하는 일이 함께 이뤄져야 한다고 말합니다.

2020년 이후 출간된 성교육 책들은 젠더 감수성을 강조하는 방향으로 발전합니다. 당시 사회적으로 큰 쟁점이 된 여러 문제가 불거지며 좀 더 넓은 방향으로 인식이 전환되었기 때문입니다. "젠더 감수성 없는 성교육은 무의미하다"라는 말이 대표적이지요. 우리 사회에서 성은 상당히 보수적인 영역입니다. 68혁명은 성 혁명이기도 한데, 68혁명을 겪지 않고 건너뛴 한국의 성의식이 상당히 뒤처진 것이 사실입니다. 그러나 미래는 부모세대와 또 다를 겁니다. 이미 초등학생만 되어도 과거와 달리 젠더 감수성이 높으니까요.

아기가 최초로 '나'를 발견하는 건 자기 몸을 통해서입니다. 아기는 손가락을 빨고, 몸을 만지는 감각을 통해 '나'라는 개념을 만들어갑니다. 말을 하기 시작하면 '나'와 내가 아닌 '너'를 언어로 말하며 분명하게 구분해갑니다. 나는 '아빠 같은 남자' 혹은 '엄마 같은 여자'라는 인식을 통해 남성성과 여성성을 만들어갑니다. 여자인 내 몸이 좋다면 여성이라는 나의 성도 자랑스럽지요. 자존감이라는 말이 한때 유행한 적이 있는데요. 아기가 자기 몸에 대해 느끼는 감정이 바로 자존감의 시작입니다.

관련하여 더 많은 책이 궁금하다면 다움북클럽이 성 평등 어린이·청소년책을 골라 모은 『오늘의 어린이책』을 추천합니다. 젠더 감수성이 높은 어린이책을 만날 수 있는 목록집입니다. 이어지는 글에서는 우선 영유아를 위한 성교육 그림책과 젠더 감수성을 높여주는 책을 나누어 소개하겠습니다. ‡ 한미화

엄마가 알을 낳았대!

배빗 콜 글·그림, 고정아 옮김, 보림

아기가 서너 살 무렵이면 자신이 어떻게 만들어졌고 어디에서 왔는지 알고 싶어합니다. 이 질문을 받으면 부모는 당황하지요. 그래서 대충 얼버무렸고요. 어린이가 성 관련 질문을 할 때 "부모는 이해할 수 있는 범위에서 쉽고 진실하게 답해야 한다"가 정설입니다. 이를 잘 보여주는 그림책입니다.

소중한 나의 몸

정지영 글, 정혜영 그림, 비룡소

어린이가 성에 관심을 두는 일은 당연합니다. 관심을 갖는다가 문제가 아니라 자기 나이에서 정상적인가를 살피면 됩니다. 서너 살 남자 어린이가 여자아이들이 오줌 누는 걸 신기하게 본다면 정상입니다. 남자와 여자가 다르다는 걸 확인하는 거니까요. 하지만 여덟 살 아이가 같은 행동을 하면 문제입니다. 이 책은 남자와 여자의 성기 이름을 정확하게 말해줍니다. 남자와 똑같이 여자도 성기를 가지고 있다는 사실을 말하며 관심을 올바른 인식으로 이끌어요.

소중해 소중해 나도 너도

엔미 사키코 글, 가와하라 미즈마루 그림, 권남희 옮김, 주니어RHK

가정에서 성교육은 어렵고 접근도 난감합니다. 저자는 세 살이 된 자녀를 씻기며 "엉덩이도 가슴도 네가 말한 고추도 모두 소중해. 아가의 몸은 아가의 것이야"라고 말해줬습니다. 내 몸은 소중하고 그래서 나 말고는 함부로 만지면 안 되며 마찬가지로 다른 사람의 소중한 몸도 존중해야 한다는 뜻이죠. 이처럼 첫 성교육은 인권으로 시작하면 됩니다. 어른을 위한 성교육 가이드와 정보가 잘 정리되어 있습니다.

좋아서 껴안았는데, 왜?

이현혜 글, 이효실 그림, 천개의바람

아무리 친구라도 너와 나 사이에는 적당한 거리가 있어요. 친하다고 경계를 잊으면 곤란하죠. 준수는 지아가 좋아서 껴안았어요. 좋아서 그랬다지만 경계를 넘는 일이죠. 상대방이 허락했을 때 함께 놀고, 상대의 물건을 만지고 껴안을 수 있습니다. 신체, 언어, 정서적인 측면에서 개인적인 영역이 존재하며 이를 지켜야 한다는 사실을 들려줍니다. 2022 국가인권위원회 인권도서관 어린이 인권도서 추천 그림책.

메리는 입고 싶은 옷을 입어요

키스 네글리 글·그림, 노지양 옮김, 원더박스

1800년대에 미국 뉴욕주에 살았던 메리 에드워즈 워커가 실제로 겪은 이야기입니다. 여자가 바지를 입을 수 없었던 시절입니다. 1800년대 유럽과 미국에 살던 여성은 허리를 한껏 조여 숨쉬기 힘든 드레스를 입어야 했습니다. 아무도 이상하게 여기지 않았어요. 주인공 메리만 빼고요. 같은 주제를 다룬 『치마를 입어야지, 아멜리아 블루머!』는 절판되었지만 도서관에서 볼 수 있어요.

종이 봉지 공주

로버트 먼치 글, 마이클 마르첸코 그림, 김태희 옮김, 비룡소

옛이야기에서 용을 물리치고 공주를 구하는 건 언제나 왕자의 몫입니다. 『종이 봉지 공주』에서는 정반대의 일이 일어납니다. 공주는 왕국을 홀라당 태우고 약혼자를 잡아간 용을 찾으러 길을 떠납니다. 모두 타버렸으니 종이 봉지로 옷을 만들었어요. 드레스도 입지 않은 공주가 용을 무찌른다는 설정은 통쾌하기 이를 데 없지요.

우리는 최고야!

토미 드 파올라 글·그림, 이순영 옮김, 북극곰

남자아이는 반드시 공을 차고, 공룡이나 자동차를 좋아해야 할까요. 정서적으로 조용하다면 남자답지 않은 걸까요. 현대의 뇌과학은 남자의 뇌와 여자의 뇌가 다르지 않다고 말합니다. 경험상 꼼꼼하게 정리를 잘하는 사람 중에 남자가 더 많았어요. 축구나 야구를 좋아하고 덜렁대는 여자도 흔하지요. 여자와 남자가 아니라 기질과 취향이 다를 뿐입니다.

과학자 에이다의 대단한 말썽

안드레아 비티 글, 데이비드 로버츠 그림, 김혜진 옮김, 천개의바람

여성이 소외되었던 분야에서 여자 어린이가 꿈을 꾸고 성취하는 모습을 보여주는 그림책입니다. 과학자부터 정치가까지 다양한 여자 어린이의 꿈이 시리즈로 나왔어요. 여자 어린이에게 롤모델을 보여주고 싶은 마음 때문이겠죠. 에이다 마리라는 주인공의 이름도 최초의 여성 컴퓨터 프로그래머였던 에이다 러브레이스와 노벨화학상을 받은 마리 퀴리에서 따왔다고 하네요.

4부

그림책으로
책의 세계를 만나요

-

5~6세

형제자매가 동시에
그림책을 읽어달래요

둘째가 만 19개월이 되면서, 그림책 읽어주는 시간이 전쟁통이 되었습니다. 그전까지는 언니에게 책을 읽어줘도 곁에 앉아 가만 듣고 있던 둘째가 이즈음부터 돌변해버렸거든요. 언니에게 책을 읽어주기 시작만 하면 아무 책이나 빼들고 와서 저에게 넘기며 "어어! 어어!" 소리를 질렀습니다. 제 무릎에 엉덩이를 들이밀며 자기 책을 먼저 읽어달라고 떼를 썼습니다.

가만 보니 둘째가 꼭 그 책을 읽고 싶어 하는 건 아니었어요. 그냥 책을 매개로 엄마를 독차지하고 싶었던 거예요. 그러니 무조건 언니가 골라온 책은 거부하고, '내가 골라온 책을 읽어라', '언니는 옆으로 치우고 나만 안고 있어라' 성화를 부린 겁니다.

둘째의 말문이 트이자 그림책 시간은 더더욱 시끄러워졌습니다. 둘이 책을 즐기는 방식이 전혀 달랐거든요. 첫째는 책을 조용히 보는 편입니다. 활짝 웃거나 얼굴을 찡그리는 등 감정이 드러나기는 하지만, 말로 잘 표현하지는 않습니다. 특히 그림책을 읽는 중에는 끼어드는 법이 없었습니다. 또 책이 재미가 있건 없건 처음부터 끝까지 단숨에 다 읽어주기를 좋아했습니다.

반면 둘째는 서너 살 때부터 읽어주는 내내 쉴 틈 없이 말을 붙였습니다. 궁금한 건 하나하나 다 물어보고, 자기가 발견한 그림을 짚어가며 으쓱해하고, 자기가 겪었던 비슷한 일도 종알거립니다. 뒷장으로 넘어가지 못하고 있을 때마다 첫째의 입이 불퉁하게 나왔습니다. 빨리 결말 봐야 하는데, 얘는 왜 이렇게 말이 많은 거야!

한 사람에 한 권씩, 규칙 만들기

이처럼 아이가 여럿 있는 집에서는 '어떻게 그림책을 읽어줘야 하나' 고민이 깊어집니다. 아이들 성격이 모두 다르듯 좋아하는 책도 다르고 책을 읽는 방식도 다 다르거든요. 그래서 그림책 시간의 평화를 지키기 위한 최소한의 규칙을 만드는 것이 중요합니다. 특히 '한 사람에 한 권씩' 원칙을 지킬 필요가 있습니다. 아이들이 골라오는 책을 한 권씩 순서대로 돌아가며 공정하게 읽어주는 것입니다.

19개월 아기라도 예외는 없습니다. "무조건 언니 한 권 너 한 권이야. 언니 책 다 읽어야 네 거 읽을 수 있고, 네 책 다 읽으면 다시 언니 차례야.”라고 강조하며 첫째가 가져온 책을 읽어주었습니다. 다 읽고 나야 둘째가 골라온 책을 읽어주었고, 골라온 책을 번갈아 읽었습니다. 당연히 아이들은 생떼를 씁니다. 말도 잘 못 하는 쪼그만 녀석이 어찌나 큰 소리로 울며 난리를 치던지요. 울면 엄마 무릎에 못 앉는다고 번쩍 들어 옆에 내려놓았습니다.

단번에 안 된다고 좌절하지 마세요. 앞으로도 오래도록 그림책을 읽어주고 싶다면, 규칙을 만들고 지키도록 가르쳐주세요. 당장은 힘들겠지만 멀리 보면 더 쉬운 길이더라고요. 둘째는 두어 달이 지나서야 생떼를 그치고 이 원칙을 받아들였답니다.

형제자매가 나오는 책을 함께 읽기

형제자매는 아주 특별한 관계입니다. 친구처럼 상호주의의 성격이 있으면서도, 친구와 다르게 출생 순위에 따른 서열이 있습니다. 부모의 관심과 사랑을 두고 겨루는 경쟁 관계이기도 합니다. 그렇기에 서로에게 느끼는 감정은 아주 복잡합니다. 놀 때는 마냥 좋다가도 싸울 때는 세상 원수 같아집니다. 나만 억울한 것 같고, 내 형제자매만 이상한 사람인 것도 같습니다. 어린이 독서모임에서 ‘내가 겪은 속상하고 억울한 일’을 물어보면, 1순위는 언제나 형제자매 관련 이야기라니까요!

그림책 속에는 다양한 형태의 형제자매가 등장합니다. 형제냐 자매냐 남매냐에 따라서도, 첫째냐 막내냐 사이에 낀 둘째냐에 따라서도 입장이 달라집니다. 형제자매가 단 두 명이냐 여러 명이냐에 따라서도 풍경이 달라지죠. 형제자매가 나오는 그림책을 읽으며, 아이들은 자기와 비슷한 입장에 공감했다가 반대 입장에 분개했다가 하며 다양한 상황을 간접적으로 경험합니다.

이런 그림책들을 함께 읽으며, 우리 집의 상황과 빗대어 이야기를 나누어보면 훌륭한 대화 시간이 됩니다. 서로 서운했던 점을 토로하는 성토대회가 벌어질 수도 있을 거예요. 중재하려 하지 마시고, 그냥 속상했던 감정을 인정해주기만 하면 됩니다. 오히려 이 시간을 겪으며, 친구와는 다른 진한 형제애를 느낄 기회가 될 수도 있으니까요.

▬▬ 때로는 형제자매가 대신 읽어줘요

팬데믹 시절 육아가 너무 힘에 부칠 때, 가끔 첫째가 둘째에게 책을 읽어주곤 했습니다. 어쩌다 있는 이벤트였지만 한숨 돌릴 만한 틈은 되어주었습니다. 엄마 없이 단둘이 읽다 보니, 둘만의 비밀스러운 얘기를 하는지 킥킥 소리가 중간 중간 흘러나오더라고요.

아이가 크게 부담스러워하지만 않는다면, 때로 양육자 대신 형제자매가 그림책을 읽어주는 것도 좋은 방법이에요. 읽어주는 아이는 이런 것도 해낼 수 있다는 성취감을 느낄 수 있고, 듣는 아이는 새로운 목소리가 주는 신선함을 느낄 수 있습니다. 또 양육자를 가운데 두고 경쟁 관계일 필요가 없기 때문에, 둘만의 끈

끈한 유대 관계가 성립됩니다.

꼭 한글을 뗀 아이가 읽어주지 않아도 됩니다. 아직 한글을 읽지 못하는 아이라도, 많이 봐서 외운 책이 있다면 형제자매에게 읽어줄 수 있습니다. 어린 동생이 형 오빠 언니 누나에게 읽어준다면, 그것대로 뿌듯하고 즐거울 일입니다. ‡‡ 황유진

피터의 의자

에즈라 잭 키츠 글·그림, 이진영 옮김, 시공주니어

새로 태어난 동생 때문에 첫째가 느끼는 복잡미묘한 감정을 잘 표현한 그림책입니다. 하루아침에 가족들이 모두 아기만 바라볼 때, 내 물건을 동생에게 물려주겠다고 할 때, 아기 자니 조용히 하라고 야단을 칠 때, 자연스레 동생이 미워지지요. 결국 동생을 받아들이고 제 의자를 물려주는 피터의 모습에서 첫째의 고충과 성장이 느껴집니다. 콜라주 기법의 그림체가 돋보이는 책입니다.

티치

팻 허친스 글·그림, 박현철 옮김, 시공주니어

형과 누나가 있는 막내 티치는 몸도 작고 키도 작다 보니, 가지는 물건도 항상 제일 작습니다. 형과 누나는 커다란 두 발 자전거를, 티치는 작은 세 발 자전거를 타는 식이에요. 하지만 티치가 심은 작은 씨앗은 형과 누나보다도 더 크게 자라, 빨리 크고 싶은 티치의 마음을 충만하게 채워줍니다. 손위 형제를 넘어서고 싶은 동생의 마음이 잘 표현된 사랑스러운 그림책입니다.

터널

앤서니 브라운 글·그림, 장미란 옮김, 논장

달라도 너무 다른 남매가 터널 너머 둘만의 세계를 공유하며, 극적으로 화해하는 이야기를 담고 있습니다. 사실적인 인물 묘사와 관계성이 돋보이는 동시에, 옛이야기를 차용한 초현실주의적 서사가 눈길을 끕니다. 옛이야기를 연상케 하는 사물들이 곳곳에 숨어있어, 숨은그림찾기 하는 즐거움도 선사합니다.

원숭이 오누이

채인선 글, 배현주 그림, 한림출판사

동생 없이 혼자 놀고 싶은 첫째와 어떻게든 첫째를 쫓아다니고 싶은 동생의 마음이 잘 표현된 그림책입니다. 오빠 손이를 너무 좋아해서 오빠가 하는 것이라면 뭐든 따라 하는 동생 온이. 원숭이처럼 찰싹 달라붙는 온이가 귀찮았지만, 막상 온이가 사라지자 누구보다 걱정하는 것이 오빠 손이입니다. 후속작으로 『오빠한테 질 수 없어!』가 있습니다.

흔한 자매

조아나 에스트렐라 글·그림, 민찬기 옮김, 그림책공작소

언니의 시점에서 동생에게 보내는 편지체 그림책입니다. 내 물건에 손대는 동생, 끝을 모르고 시끄럽게 떠드는 동생은 아무래도 다른 별에서 온 외계인 같습니다. 하지만 가족 중 나와 가장 닮은 사람도 동생이지요. 사소한 일에 샘을 내면서도 세상 누구보다 친한 자매 사이를 세심하게 그려내고 있습니다. 아이가 그린 듯 연필과 색연필로 삐뚤빼뚤 그려진 그림이 진솔함을 더합니다.

언니와 동생

샬롯 졸로토 글, 사카이 고마코 그림, 황유진 옮김, 북뱅크

언니가 동생을 돌보는 일방적인 관계에서 한 걸음 나아가 동생이 언니의 조력자로 성장해가는 에피소드가 아름답게 그려진 책입니다. 샬롯 졸로토 작가에게 실제 6살 차이 나는 언니가 있어 동생의 입장에서 바라보는 이상적인 자매 관계가 그려집니다. 사카이 고마코의 서정적이고 부드러운 그림이 자매의 사랑과 성장의 감동을 배가시켜 줍니다.

우리가 케이크를 먹는 방법

김효은 글·그림, 문학동네

다섯 남매 중 둘째였던 작가의 경험담이 담긴 그림책입니다. 대부분 자녀가 한두 명인 요즘, 무엇이든 나누어야 하던 다섯 남매의 이야기는 신선한 감동을 불러일으킵니다. "다섯이서 무언가를 나눈다는 것은 좀 피곤한 일"이지만 나눌수록 커지는 희한한 것들도 만날 수 있습니다.

아이가 편독이 심한데
어쩌죠?

친구의 아들 중 네 살부터 역사, 우주, 지도 등 분야를 가리지 않고 지식책만 읽던 어린이가 있었습니다. 이야기책은 거들떠보지도 않더군요. 『MAPS』와 『놀라운 인체의 원리』 같은 백과사전 형식 책에 푹 빠져서, 책 제본이 터지고 종이가 찢어져 너덜너덜해질 정도였습니다. 다섯 살이 되었을 때 이 어린이의 즐거움은 유럽의 나라들을 외우고 그리는 것이었어요. 지도책 맨 뒤에 있는 국기를 외우고, 가베로 좋아하는 국기도 만들며 놀았습니다.

한글을 배우면서 아이의 배움은 꽃을 피웠습니다. 글씨는 삐뚤빼뚤 맞춤법은 틀리면서도, 가상 왕국을 세우고 지도를 그리고 역사를 지어내더군요. A4용지를 잘라 스테이플러로 찍어 직접 만든 책이 한 아름 쌓였습니다. 몇 년간 책을 읽으며 내면에 쌓인 배경 지식들이 어린이의 상상력과 만나, 자신만의 공고한 세계를 구축하는 힘이 된 것입니다.

▬▬ 편독 없는 독서는 가능할까?

아이가 책을 안 좋아해서 고민인 부모님들도 있지만, 아이가 특정한 책만 읽으려고 해서 고민인 부모님들도 많습니다. 아이가 '편독'하는 것이, 자칫 발달에 좋지 않은 영향을 미칠까 걱정하는 것이지요. 특정한 소재만 골라 읽는 아이들, 픽션 혹은 논픽션 책만 읽으려 하는 아이들 등 편독의 양상은 다양하게 나타납니다.

하지만 전문가들은 사뭇 다른 의견을 내놓습니다. 최승필 독서교육전문가는 EBS「독서의 재발견」프로그램에서, 편독은 독서 취향이며 편독 없이 독서를 한다는 것은 불가능하다고 말합니다. 아동 청소년 심리전문가 이임숙 작가 역시 편독이라는 단어는 발달적으로 맞지 않는다고 말합니다. 아이들은 관심 있는 것부터 알고 싶어하기 때문입니다. "아이가 특정 주제나 장르를 좋아한다면 오히려 반갑고 고마운 마음으로 어떻게 더 발전시켜줘야 할지 그 방법을 생각하는 것이 우선"이라고 설명합니다.

취향을 통해 어린이는 몰입의 즐거움을 경험할 수 있습니다.

공룡에 대해 제일 많이 아는 사람은 고생물학 전공자가 아니라, 다섯 살 아이와 다섯 살 아이를 키우는 부모라는 우스갯소리도 있지요. 그만큼 아이들은 좋아하는 분야에 흠뻑 빠지면서 성장합니다. 부모가 이때 해줄 일은 좋아하는 소재와 주제의 책을 계속 찾아 공급하고 읽어주는 것입니다. 아이가 '이만하면 충분하다'며 만족스러워할 때까지요.

편독하는 아이, 고쳐야 할까?

우리 집 두 딸들은 위에 소개한 친구 아들과 정 반대 성향입니다. 둘 다 자발적으로 논픽션 책을 읽은 적이 거의 없습니다. 두 돌쯤 국민템으로 들인다는 자연관찰 전집도, 친숙한 동물 몇 권 꽃 몇 권 빼보고는 보는 둥 마는 둥 했으니까요.

다만 픽션 그림책은 생활 그림책, 판타지 그림책, 글 없는 그림책 등 장르나 외국/ 한국 그림책 등 국적을 가리지 않고 좋아했습니다. 이야기를 좋아하던 성향은 지금도 동화와 청소년 소설 읽기로 이어지고 있습니다. 그래서일까요, 중학생이 된 첫째의 취미는 다름 아닌 로맨스 소설 쓰기랍니다.

어찌 보면 인간은 편독할 수밖에 없는 존재입니다. 사람 한 명 한 명 타고난 기질, 배경, 성장 과정에서 빚어지는 취향이 각자 다릅니다. 그런데 어떻게 모든 사람이 전 분야의 책을 가리지 않고 읽을 수 있나요? 자기 자신도 하기 어려운 일을 아이에게 강요할 수는 없는 노릇입니다.

다만 부모가 아이의 즐거운 독서 생활을 위해 약간의 노력을 더할 수는 있습니다. 책을 골고루 읽도록 코뚜레를 뚫어 끌고 갈 수는 없겠지만, 스스로는 읽지 않으려는 책들을 접하도록 돕는 역할은 할 수는 있습니다. 아래에는 아이의 편독 양상에 따라 몇 가지 팁을 드려보려 합니다.

특정한 관심 소재로 흥미 유발하기

경험적으로 남자아이들이 공룡, 자동차, 기차 등의 소재에 집중한 독서를 하는 경우가 많았습니다. 특정 소재를 다룬 지식책만 읽으려는 어린이라면, 같은 소재의 이야기책을 골라 읽어주면 좋습니다. 예를 들어 공룡 백과사전만 읽는 어린이라면, 공룡을 소재로 한 이야기 그림책들을 읽어주는 거지요. 경혜원 작가의 『한 입만』, 『내가 더 커』 등은 공룡의 사실 정보를 활용하면서도 유머가 넘치는 그림책입니다. 미야니시 타츠야의 『고 녀석 맛있겠다』의 주인공은 아기 안킬로사우르스와 사나운 티라노사우르스로, 유머와 함께 뜻밖의 감동을 전해줍니다.

논픽션/ 픽션 구분 없이 좋아하는 소재와 근접한 분야로 관심을 확장해줄 수도 있습니다. 공주가 나오는 명작 그림책만 읽는 어린이라면 아름다운 의상과 관련된 책을 골라보세요. 『숲속 재봉사의 꽃잎 드레스』는 작가가 말린 꽃잎, 나무껍질, 씨앗 등을 활용해 만든 꽃잎 드레스가 눈길을 사로잡는 그림책입니다. 아름다운 드레스와 구두, 머리 스타일 등을 고르며 놀 수 있는 『10층 공주의 성』도 시각적 즐거움을 선사합니다. 패션 디자이너 엘사 스키아파렐리를 다룬 인물 그림책 『피어나다』도 추천합니다.

이야기 그림책만 읽으려고 한다면?

이야기 그림책만 읽으려는 아이들의 경우, 백과사전 형식의 논픽션 책은 읽기 힘들어합니다. 우주 관련 책을 예로 들어볼게요. 백과사전 형식 책에는 우주의 탄생, 은하와 별, 태양계의 구성, 지구와 달, 우주 탐사 등 수많은 정보가 담겨 있지요. 이야기 그림책을 좋아하는 어린이들은 이토록 많은 정보가 한꺼번에 들어오는 걸 매우 부담스러워합니다.

같은 주제를 이야기 형식으로 전개해, 보다 쉽고 다정하게 다가가는 그림책들이 있습니다. 『달은 어디에 떠 있나?』, 『지구 말고 다른 데 살아볼까?』 같은 그림책은, 특정한 주제만을 하나씩 다루며 친근한 대화체로 전개됩니다. 우주 전체를 다룬 개론서를 읽어줘야 한다면, 『나의 첫 우주 그림책』처럼 나이 대비 쉽고 정보가 간략한 책을 고르는 것이 좋습니다. 아이가 '단번에 너무 많은 것을 배워야 한다'는 부담에 짓눌리지 않고 찬찬히 대상과 친숙해지는 것을 목표로 삼아보세요.

좋아하는 픽션과 논픽션 책을 연결하여 읽어주면 더욱 좋습니다. 그림책 속 예쁜 옷을 좋아하는 어린이라면, 역사 속 다양한 복식을 보여주는 지식 그림책 『옛날 여자들은 어떤 옷을 입었을까?』, 패션의 역사에서 중요한 순간들을 다룬 『표현하는 패션』 등을 함께 찾아보세요. 모든 내용을 한 번에 다 읽어줄 필요가 없어요. 좋아하는 그림 위주로 봐도 되고, 어린이가 특히 궁금해하고 신기해하는 부분만 골라 읽어주셔도 좋습니다. 관심을 확장하고 연결하는 것이 중요한 거지, 모든 정보를 다 받아들여야 하는 것이 아니니까요.

아이가 좋아하는 책을 밀어내고 다른 책들만 읽어주라는 것이 아닙니다. 독서는 기본적으로 즐거워야 합니다. 아이가 좋아하는 책을 80% 정도 읽는다면, 평소 잘 안 읽으려는 책은 부모가 가져와서 슬쩍 20% 정도 읽어주는 거지요. 아이의 세상을 넓혀주는 부모의 역할도 중요하지만, 독서의 주체는 무엇보다도 어린이라는 점을 잊지 말아주세요. ‡ 황유진

글 없는 그림책을
읽어주는 방법

　어른이 되어 처음 만났던 글 없는 그림책은 에릭 로만의 『이상한 자연사 박물관』이었습니다. 비를 피해 박물관으로 날아 들어온 새를 따라가다 보면, 전시된 공룡 뼈를 지나 공룡의 시대로 훌쩍 넘어갑니다. 액자 구성을 통해 현실과 환상을 구분하는 기술이 자연스러워 깜짝 놀랐어요. 공룡에게 쫓기다 다시 현실로 돌아오는 장면에서는 긴박감에 주먹을 꼭 쥐고 있을 정도였지요. 글 한 줄 없는 책이 이토록 생생한 서사와 감정을 전달할 수 있다는 사실이 굉장하게 여겨졌습니다.

　그러나 아이가 글 없는 그림책을 처음 가져왔을 때는 무척 당황했습니다. 혼자 읽을 때야 내 마음대로 읽으면 그만이지요. 하지만 글이 한 줄도 없는데 어떻게 '읽어줘야 할지' 답답했어요. 저뿐만이 아니라 많은 양육자나 교사들이 글 없는 그림책을 읽어주기 어려워합니다. 오랜 시간 텍스트에 익숙해진 어른들에게 그림 읽기는 꽤 어려운 과제입니다.

그림을 천천히 여유롭게 즐겨요

글 없는 그림책은 그림으로 이뤄진 화집과는 전혀 다릅니다. 한 장 한 장의 그림이 완결성을 갖추는 동시에 앞장과 다음 장은 이야기로 연결되어야 합니다. 앞장에 전개되던 사건이 뒷장에서 흐지부지 사라지면 안 돼요. 앞장에 없던 등장인물이 마지막 장에 갑자기 등장해 사건을 해결해 버려도 안 되고요. 등장인물, 시간적·공간적 배경, 사건, 결말, 주제 등 문학작품으로서의 구성요소를 갖추되, 전체 이야기를 그림만으로 표현해내야 진정한 글 없는 그림책이라고 할 수 있습니다.

글 없는 그림책의 이야기는 전적으로 그림에 의존하니 그림의 수준이 높아야겠지요? 단순히 멋지고 예쁜 그림을 뜻하는 것이 아니에요. 선, 색, 모양, 방향, 시점, 거리 등의 요소를 활용해 등장인물의 캐릭터와 사건의 전개를 분명하게 드러내는 그림을 수준 높다고 할 수 있습니다. 저절로 이야기를 따라가도록 만드는 그림이랄까요.

제르다 뮐러의 『발자국을 따라가 볼까요』를 예로 들어볼게요. 이 책은 어린이의 발자국을 따라 독자의 시선을 왼쪽에서 오른

쪽으로 유도하면서, 자연스럽게 다음 장에 일어날 일들을 유추하도록 합니다. 전경의 어린이 발자국 외에도 각종 동물들의 발자국을 원경에 넣어, 이야기의 범위를 한껏 확장시킵니다.

글 없는 그림책은 그림만 보다 보니 읽는 데 시간이 적게 걸릴 거라고 생각하기 쉽습니다. 하지만 글 없는 그림책의 특징을 이해하면, 예상외로 시간이 더 오래 걸릴 수 있다는 걸 이해할 수 있을 거예요. 글만 읽어주면 끝나는 게 아니라 능동적으로 그림을 읽어야 하거든요.

글에서 얻을 수 있는 정보가 없다 보니, 이야기를 이해하려면 그림을 상대적으로 찬찬히 봐야 합니다. 때로는 내용을 다시 파악하기 위해 앞으로 돌아가서 자세히 봐야 하기도 합니다. 처음에는 대충 읽으며 뼈대만 파악하고, 두 번째에 꼼꼼히 읽으며 이야기에 살을 붙여나가는 방법도 좋습니다. 어떤 그림책이든 여유를 두고 읽어주는 것이 좋으며, 글 없는 그림책도 예외는 아닙니다.

부담을 버리면 함께 즐길 수 있어요

아이가 아직 글을 읽지 못하는 경우라면, 그림책 읽기 시간에 아무래도 부모가 주도권을 쥐게 됩니다. 반면 글 없는 그림책은 보다 평등한 읽기가 가능합니다. 대신 부모로서는 조금 당혹스러울 수 있어요. 부모가 어떤 역할을 해줘야 할지 알기 어렵거든요.

한스 크리스티안 안데르센 상을 수상한 이수지 작가는 글 없는 그림책의 대가입니다. 작가는 산문집 『만질 수 있는 생각』에서 글 없는 그림책을 읽어주기 곤란해하는 한 아빠의 이야기를 들려줍니다. 아이 아빠는 '매일 밤 읽어주다 보면 내용이 조금씩 달라지는데, 이래도 괜찮냐'는 질문을 던졌어요. 작가는 두 가지 방법을 제시합니다. 하나, 즐기면서 읽어줘라. 둘, "네 생각은 어때?"하고 아이에게 역할을 넘겨봐라. 두 제안 모두 부모가 이야기를 완벽하게 파악해서 전달해줘야 한다는 부담을 덜어내라는 뜻이겠지요.

글 없는 그림책을 읽는 가장 재미있는 방법은 등장인물 간 대화를 상상하여 말해보는 것입니다. 『엄청난 눈』의 두 주인공은 눈을 파면서 무슨 대화를 나눌까요? 끝없는 사다리를 타고 올라가면서는 또 어떤 말을 하고 있을까요? 양육자와 아이가 역할을 맡아 이야기를 나누면 더 재미있게 읽을 수 있어요.

어떤 일이 벌어지고 있는지 힌트를 찾아, 사건을 재구성하거나 예측해보는 것도 좋은 방법입니다. 그림책 『진주의 여행』에서 왼쪽 페이지에서는 현재의 상황을 보여주고, 오른쪽 페이지에서는 앞으로 전개될 사건의 힌트를 보여줍니다. 일례로 왼쪽 페이지에서는 소녀가 보석함에 반지를 넣고 있고요. 오른쪽 페이지에서는 까치가 반지를 빤히 바라보고 있습니다. 이후에 무슨 일이 벌어질까요? 아이와 함께 예상하며 적극적으로 책을 읽을 수 있습니다.

우리 집 둘째는 책을 읽으며 말하는 것도 좋아하고 이야기를 즉석에서 변형시키는 것도 좋아해서, 이렇게 놀듯이 글 없는 그림책을 볼 수 있었어요. 그러나 아이에 따라 말하기를 선호하지 않거나, 완벽히 구성된 이야기를 똑같이 반복해달라고 하는 경우도 있습니다. 이런 성향의 아이들은 이야기가 자꾸 바뀌면 짜증을 내기 때문에, 읽어주기 전 부모가 미리 책을 읽어보기를 추천합니다.

둘째와 달리 첫째는 제가 처음부터 끝까지 완결된 이야기를 들려주기를 바랐어요. 심지어 두 번째 세 번째 읽어줄 때도 "지난번처럼 읽어줘"라고 주문했지요. 그래서 처음 보는 글 없는 그림책을 아이가 가져오는 경우 "엄마한테 잠깐만 시간을 줘"라고 한 후 먼저 내용을 파악했습니다. 미리 책을 읽어보고 대략적인 줄기만 머릿속에 넣어두어도, 살을 붙여 이야기를 전달하기 한결 수월해집니다.

마음대로 읽어도 좋아요

5~6세 아이들 중 한글을 읽을 줄 아는 아이들도 있습니다. 이때 부모가 아이에게 그림책 글을 읽어보라고 하기도 합니다. 대부분 아이들은 아직 완벽하게 한글을 읽는 상태라고 하기 어려워요. 더듬더듬 읽다 보면 지적을 받으며 위축되고 책 읽기에 짜증이 납니다. 설령 능숙하게 읽는 아이라 해도, 그 뜻까지 정확하게 파악하며 읽는 것은 아닙니다.

글 없는 그림책의 최대 장점은 어린이가 실패감을 경험하지 않는다는 점입니다. 글은 읽지 못해도 그림은 읽을 수 있으니까요. 어른들의 눈에는 말도 안 되는 이야기 같아 보일지라도 아이들은 상상력을 동원해 자유롭게 이야기를 만들어냅니다. 특히 글 없는 그림책을 읽고 이야기를 전달하는 과정에서 만 5~6세 어린이의 어휘력, 어휘 이해력, 이야기 구성 능력이 향상된다는 연구 결과도 있습니다.

엉뚱한 곳으로 흘러가더라도, 잘못 읽은 거라고 굳이 지적하거나 고쳐줄 필요 없습니다. 그림을 보고 이야기를 지어내는 즐거움을 한껏 누리도록 해주세요. 이 과정에서 어린이들의 논리력과 상상력이 한층 발달합니다. 말로는 다 누릴 수 없는 즐거운 세계를 적극적으로 발견하게 됩니다. :: 황유진

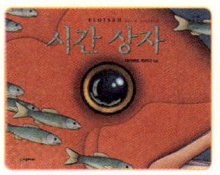

시간 상자

데이비드 위즈너 글·그림, 시공주니어

바닷가에 놀러온 소년이 모래사장에 밀려온 수중 카메라를 우연히 손에 넣습니다. 필름을 인화해보니 상상도 못한 바닷속 세계가 펼쳐집니다. 먼먼 옛날부터 어린이들의 손을 타고 이어지는 시간 상자의 여행이 만화 형식으로 이어집니다. 작가의 글 없는 그림책 『이상한 화요일』, 『구름공항』, 『자유 낙하』 등도 함께 읽기를 권합니다. 2007 칼데콧 상 수상작.

파도야 놀자

이수지 글·그림, 비룡소

먹색, 파란색, 흰색, 세 가지의 제한된 색만을 활용해 어린이의 심리 변화를 효과적으로 전달하는 그림책입니다. 새로운 장소가 불러일으키는 두려움과 한번 경험해보고 싶다는 호기심을 넘나드는 과정이 그려집니다. 특히 경계로 활용된 접지선과 색의 변화에 주목하면 이 책을 더욱 흥미롭게 읽을 수 있습니다. 작가의 글 없는 그림책 『동물원』, 『선』, 『그림자 놀이』 등도 함께 읽기를 권합니다.

발자국을 따라가 볼까요?

제르다 뮐러 글·그림, 파랑새

주인공 어린이의 발자국을 찬찬히 따라가야만 사건을 이해할 수 있는 그림책입니다. 맨발이었던 발자국이 슬리퍼 자국으로 바뀌고 부츠 자국으로 바뀔 때, 눈밭에 찍힌 발자국이 멈추어 설 때, 독자는 주인공이 어떤 행동을 하고 있는지 상상하게 됩니다. 눈 위에 찍힌 동물 발자국까지도 독자의 상상력을 자극합니다. 발자국을 자세히 따라가며 주인공 아이의 하루를 머릿속으로 그려보세요.

눈사람 아저씨

레이먼드 브릭스 글·그림, 마루벌

내가 만든 눈사람이 실제 사람이 된다면? 한번쯤 해보았을 법한 유쾌한 상상을 레이먼드 브릭스는 따스한 색연필 그림으로 구현합니다. 집안에서 함께 한 즐거운 시간, 밤하늘을 나는 황홀한 시간 뒤에는 필연적인 이별이 이어져 복합적인 감정을 느끼도록 이끕니다. 동명의 애니메이션으로도 큰 사랑을 받았습니다.

머나먼 여행

에런 베커 글·그림, 웅진주니어

외롭고 심심한 소녀에게 빨간 마법의 펜이 등장합니다. 펜으로 그린 문 너머에 환상의 세계가 기다리고 있습니다. 위기에 처할 때마다 소녀는 빨간 펜을 활용해 문제를 해결하지요. 황금빛 새를 구하려다 빨간 펜을 놓친 소녀. 빨간 펜을 쫓아가다 보면, 글 없이도 이야기를 자연스럽게 쫓아가게 됩니다. 『비밀의 문』, 『끝없는 여행』으로 이어지는 글 없는 그림책 3부작을 함께 만나보세요. 2014 칼데콧 영예상 수상작.

진주의 여행

안느-마르고 램스타인·마티아스 아르귀 글·그림, 이경혜 옮김, 웅진주니어

소년은 바닷속에서 발견한 진주로 꽃반지를 엮어 좋아하는 소녀에게 선물합니다. 그런데 한밤중 까치 한 마리가 소녀의 방에 들어와 진주를 물고 둥지로 날아갑니다. 고양이가 까치 둥지를 떨어뜨리며 진주는 고양이 주인의 손에 들어갑니다. 진주의 여행은 어디까지 이어질까요? 왼쪽 면에서는 현재 시점의 진주가 보이고 오른쪽 면에는 사건을 암시하는 힌트가 숨겨져 있어, 꼼꼼하게 그림을 읽어야 합니다. 두 작가의 『시작 다음』, 『안을 보면 밖을 보면』 역시 환상적인 글 없는 그림책입니다.

엄청난 눈

박현민 글·그림, 달그림

주인공 아이들은 간신히 문을 열고 엄청나게 쌓인 눈을 치우기 시작합니다. 종이의 하얀 여백이 그 자체로 눈이 됩니다. 엄청난 깊이의 눈을 뚫고 올라가 신나게 눈싸움을 한 아이들은 엄청난 크기의 눈사람을 만듭니다. 대사를 만들며 읽으면 주인공들의 즐거움이 한층 크게 전달될 것입니다. 독자가 무엇을 상상하든 그보다 더 크고 환상적인 눈의 세계를 보여주는 책입니다. 2021 볼로냐 라가치상 수상작.

애니메이션 그림책만
읽으려고 해요

어린이가 책과 친근해지기 위해서는 책이 많은 곳에 자주 가서 익숙해지는 경험이 중요합니다. 하지만 대형 서점에 가는 일이 요즘 부모에게는 조금 난감한 일이 되었습니다. 문구, 완구 판매 비중이 높아져서 서점에 가도 아이들이 문구나 완구에만 관심을 쏟거든요. 어렵게 그림책 코너에 가도 인기 애니메이션의 캐릭터 그림책들이 매대를 점령하고 있습니다.

친근한 캐릭터, 화려한 색감, 역동적인 표정까지! 어린이들이 애니메이션 그림책에 반응하는 건 당연한 일입니다. 그러나 이런 그림책만으로 독서 경험을 채워도 괜찮을까요? 이 질문에 답하기 위해서는 먼저 애니메이션 그림책은 어떤 매체인지, 또 우리가 책을 통해 궁극적으로 어린이에게 주고 싶은 것이 무엇인지 생각해 보아야 합니다.

—— **목적이 분명한 애니메이션 그림책**

뽀로로, 타요 등 유명 캐릭터를 활용한 애니메이션 그림책은 특히나 생활 그림책, 안전 그림책, 학습 그림책 분야에서 큰 인기를 끌고 있습니다. 내가 좋아하는 캐릭터가 규칙이나 지식을 알려주면, 별 거부감 없이 받아들이는 아이들의 특성을 활용한 것이지요. 제자리에 앉아 먹기, 외출 후 손 씻기 등 처음 생활습관을 교육할 때 종종 이런 책의 도움을 받기도 합니다.

이런 종류의 그림책은 캐릭터의 호감을 높여 다양한 부가상품을 판매하겠다는 전략 하에 만들어집니다. 또한 어린이의 생활, 안전, 학습에 도움을 주겠다는 목적이 뚜렷한 편입니다. 따라서 '이렇게 하는 것이 옳다', '이렇게 해야 한다' 하는 식으로 당위성을 강조하는 경우가 많습니다. 부모가 할 법할 잔소리를 캐릭터가 대신해주는 셈입니다.

그림책이 유명해지면 캐릭터를 이용해 시리즈를 만들기도 합니다. 처음 출간된 그림책은 스토리가 매력적이고, 등장하는 캐릭터도 너무 사랑스럽지요. 하지만 시리즈가 만들어지며 이런 개성이 사라지고 단지 캐릭터만 남는 경우를 간혹 볼 수 있어요.

처음 만들어진 그림책은 구태여 무언가를 가르치겠다는 목적의식이 없었기에 자유로운 상상의 세계가 펼쳐지며 독자에게 더 흥미롭게 다가옵니다. 그러다 시리즈가 거듭될수록, 어린이에게 바른 생활습관을 가르치고 교훈을 주려는 목적이 분명해지는 경향이 있습니다. 거짓말을 하면 안 된다거나, 자기 방을 정리하는 습관을 강조하거나, 손톱을 깨무는 버릇을 고쳐야 한다거나 하는 식으로 주제가 뚜렷해집니다. 주제의식 자체가 문제는 아니지만 서사의 갈등구조를 강조하는 과정에서 작위적으로 흐르기 쉬워요. 결국 등장인물의 감정선과 관계는 밋밋해지곤 하지요.

애니메이션을 꼭 책으로 봐야 할까?

더 큰 문제는 애니메이션 북 형태입니다. 이전에는 유명한 애니메이션 캐릭터와 배경 설정을 활용할 뿐 그림책의 문장과 서사 양식은 지키는 형식의 작품이 많았는데요. 요즘은 유명 애니메이션의 장면을 순간 멈춤하여 그대로 종이에 옮긴 듯한 책이 많아지고 있습니다. 글과 그림의 관계성, 문장 완결성 측면에서 완성도가 높지 않습니다. 또 캐릭터의 귀여움이나 자극적인 상황이 눈길을 사로잡지만 어린이의 실제 생활상이나 감정선을 반영하지는 못합니다. 이런 그림책은 움직이고 소리가 나지 않을 뿐, 그림책이라기보다는 애니메이션에 가깝습니다.

그림책에는 다양한 어휘, 문장의 리듬감, 글과 호흡하는 그림, 그림과 그림 사이의 자연스러운 흐름이 있습니다. 그리고 우리가 책을 통해 어린이에게 주고 싶은 것들이 가득합니다. 상상할 수 있는 여백, 섬세한 감정의 결, 어린이의 성장을 지켜보는 건강한 어른의 마음…. 그림책은 애니메이션 북과 달리 천천히, 강요하지 않는 방식으로 어린이를 기다려줍니다.

애니메이션은 무조건 나쁘고 그림책은 무조건 좋다고 말하려는 건 아니에요. 애니메이션에는 애니메이션 고유의 역동적이고 화려한 즐거움이 있습니다. 현실에서 만날 수 없는 상상의 세계를 구체적이고 풍성하게 만날 수 있어요. 통쾌한 해방감과 자유로움도 극적으로 느낄 수 있고요.

그림책과 애니메이션의 경계를 넘나드는 작품들도 있습니다. 호주의 그림책 작가 손 탠은 그림책 『잃어버린 것들』을 애니메이션으로 작업해 오스카 상을 수상했습니다. 「할아버지의 바닷속 집」은 애니메이션 발표 직후 그림책이 만들어져, 두 매체 모두 큰 사랑을 받았습니다.

다만 애니메이션과 책은 서로 다른 특징을 지닌 미디어라는 점을 염두에 두면 좋겠습니다. 애니메이션과 달리 그림책은 함축과 여백의 아름다움을 간직한 매체입니다. 또 긴 러닝타임의 애니메이션을 짧은 그림책으로 만들려면, 애니메이션의 캐릭터와 이미지만 일부 빌려 무리하게 줄거리를 요약해야 합니다. 고전을 다이제스트로 축약해 읽는 것처럼 달라질 수 있습니다.

이 책에서는 개성 넘치고 흥미진진한 캐릭터가 돋보이는 그림책들을 소개하려 합니다. 사람, 초인적 인물, 동물, 과일, 심지어 색깔과 모양까지도 그림책의 캐릭터가 될 수 있어요. 이런 캐릭터와 사랑에 빠지면 독서 경험을 이어가기도 수월하답니다. 다음 권을 얼른 읽고 싶어지니까요. ⁞ 황유진

도깨비를 빨아버린 우리 엄마

사토 와키코 글·그림, 이영준 옮김, 한림출판사

커다란 빨래통을 꺼내 산더미만 한 빨랫감도 금세 해치우는 씩씩한 우리 엄마. 날씨 좋은 날 신나게 빨래를 하던 엄마는 커튼, 바지를 빨다가 개도 닭도 소시지도 구두도 한데 넣고 깨끗이 빨아 말립니다. 마지막에는 천둥번개도깨비까지도 빨아주지요! 거침없는 손길과 기운찬 상상력의 엄마 캐릭터를 만날 수 있는 책입니다. 후속작으로 『달님을 빨아 버린 우리 엄마』, 『도깨비를 다시 빨아 버린 우리 엄마』가 있습니다.

마녀 위니

밸러리 토머스 글, 코키 폴 그림, 김중철 옮김, 비룡소

모자부터 스타킹까지 알록달록하게 차려입고, 안팎으로 새까만 집에서 새까만 고양이 윌버를 키우며 사는 마녀 위니. 마녀 캐릭터와 배경 설명부터 흥미진진하지 않나요? 까만 배경 때문에 윌버가 잘 보이지 않아 벌어지는 소동을 유쾌하게 그려낸 책입니다. 그림책과 동화책의 형태로 시리즈책이 다수 출간되어 있습니다.

지하철을 타고서

고대영 글, 김영진 그림, 길벗어린이

'지원이와 병관이' 시리즈의 첫 권입니다. 신중한 누나 지원이와 씩씩한 동생 병관이가 단둘이 지하철을 타고 할머니 댁까지 가는 여정을 그려내고 있습니다. 서로 다른 캐릭터의 남매가 때로 갈등하고, 또 협력하는 모습이 사실적으로 그려집니다. 『두 발 자전거 배우기』, 『손톱 깨물기』 등 실제 어린이들이 겪을 법한 이야기들과 섬세하게 재현한 도시 풍경이 독자의 시선을 사로잡습니다.

오늘은 하늘을 날 거야

모 윌렘스 글·그림, 박보미 옮김, 봄이아트북스

『내 머리에 새가 있다고?』, 『아이스크림이 너무 좋아』 등으로 유명한 '코끼리와 꿀꿀이' 시리즈의 첫 권입니다. 계획적이고 신중한 코끼리 제럴드, 현재의 기쁨을 구하는 돼지 피기. 두 등장인물의 성격과 관계성이 돋보이는 그림책 시리즈입니다. 『오늘은 하늘을 날 거야』는 하늘을 날아보고 싶은 어린이의 소망을 유쾌하게 풀어내고 있습니다.

까까똥꼬

스테파니 블레이크 글·그림, 김영신 옮김, 한울림어린이

아침에 일어나야 할 때, 양치질을 해야 할 때, 시금치를 먹으라고 할 때! 싫어하는 일을 시킬 때마다 꼬마 토끼 시몽의 대답은 오직 한가지입니다. "까까똥꼬." 엉뚱해 보이는 말 속에는 무력하게 끌려가고 싶지 않은 어린이의 강한 생명력이 깃들어 있는 듯합니다. 『메롱 크리스마스』, 『짜장면만 먹을래!』 등 어린이의 언어, 생활, 마음을 잘 읽어낸 그림책들이 시리즈로 나와 있습니다.

세모

맥 바넷 글, 존 클라센 그림, 서남희 옮김, 시공주니어

사람과 동물만 캐릭터가 되라는 법은 없지요. 세모, 네모, 원 같은 도형도 얼마든지 등장인물이 될 수 있습니다. 모양이 다른 만큼 성격도 판이하게 다르지요. 시리즈의 첫 권 『세모』에서는 장난꾸러기 세모와 어리숙한 네모의 소소한 장난극이 환한 웃음을 자아냅니다.

맛있는 숲의 레몬

사토 메구미 글·그림, 황진희 옮김, 올리

과일과 채소도 주인공이 될 수 있다! '과일 채소 히어로즈' 시리즈 첫 권의 주인공은 레몬입니다. 과일과 채소들이 친구가 되어주지 않아 풀이 죽은 레몬은 생강, 유자 등 향신료 히어로즈를 만나며 자신에게 맞는 자리를 찾아갑니다. 독특하고 유쾌한 캐릭터들을 통해 자아존중감이라는 주제를 매끄럽게 다룬 솜씨가 돋보이는 작품입니다.

꼭 독후활동을
해야 하나요?

자발적인 그림책 읽기는 이미 그 자체로 놀이입니다. 어린이들은 그림책을 읽을 때 몰입하며 상상력과 창의력을 발현합니다. 읽는 과정에서 감정을 이입하고 마음껏 표현하며, 배움과 성장이 일어납니다. 그림책 읽기는 자발성, 재미와 즐거움, 의사소통, 몰입이라는 놀이의 성격을 충분히 포함하고 있습니다.

그림책 읽기의 놀이적 성격은 어린이를 자발적으로 놀이의 세계로 이끌기도 합니다. 윌리엄 스타이그의 『아빠와 피자놀이』는, 비 때문에 밖에 나가 놀 수 없어 풀이 죽은 아들 피트를 위해 아빠가 아들을 피자로 만드는 이야기입니다. 아들의 몸을 도우처럼 주무르고, 밀가루 대신 베이비파우더를, 토핑 대신 종잇조각을 뿌리며 피트 피자를 완성해가지요. 작가가 어린 막내 딸과 함께 했던 놀이를 떠올려 쓴 그림책이라고 합니다.

실제 놀이 경험을 바탕으로 한 그림책이라 그런지 우리 집에서도 즉각적인 반응이 나왔습니다. 책을 읽어줄 때마다 이 놀이를 하자고 졸랐지요. 별다른 준비물도 필요 없어요. 아이들을 소파에 올려놓고 주무르고 굴리고, 손에 집히는 아무 물건이나 배 위에 올리며 피자를 만드는 거예요. 다 만들고 나면 이번에는 엄마 아빠가 소파에 누울 차례입니다. 간지럽다고 깔깔 웃는 소리가 거실에 한참이나 울려 퍼집니다.

시중의 책 놀이 책들은, 책 읽기의 즐거움을 배가시키는 방법으로 다양한 놀이 방법들을 제안합니다. 미술 놀이, 역할 놀이, 말 놀이, 몸 놀이 등을 통해 독서에 대한 긍정적인 감정을 최대한으로 끌어내는 것이 목표입니다. 다만 '놀이'란 강제성이 없고 자발적일 때 그 효과를 발휘합니다. 부모가 방향과 재료를 다 준비해서 하는 놀이는 어린이에게 긍정적인 감정을 유발하기 어렵습니다. 부모 입장에서도 책을 읽으며 매번 놀이를 준비해야 한다는 것이 큰 부담으로 여겨집니다.

그림책 놀이에서 제일 중요한 점은, '미리 준비하기보다는 읽으면서 자연스레 떠오르는 놀이'여야 한다는 점입니다. 어린이가 먼저 제안하면 더할 나위 없겠지요. 어른이 제안할 경우에도 책의 내용과 연계되는 '자연스러움'과 '부담 없음'이 중요합니다. 『그림책 놀이 일 년 열두 달』에서 제안하는 그림책 놀이의 원칙에 깊이 공감하며 여기에 옮겨 봅니다.

- 놀이는 책을 읽는 과정 혹은 읽고 나서 바로 진행합니다.
- 놀이는 짧으면 5분 길어도 20분을 넘기지 않습니다.
- 별도의 준비물이 없이 진행하는 것을 원칙으로 합니다.
- 해당 그림책의 매력을 확장하는 재미를 추구합니다.
- 책 놀이에 정해진 목표나 완성은 없습니다.
- 책을 충분히 즐겼다고 생각되면 별도의 놀이는 필요 없습니다.
- 책은 어른이 읽어주지만 놀이할 때는 동등한 위치에서 함께 놉니다.

그렇다면 그림책을 읽고 어떻게 아이들과 놀아줄 수, 아니 함께 놀 수 있을까요? 그림책의 매력과 즐거움을 확장하면서도 부모와 어린이 양쪽 모두 부담 없이 놀 수 있는 그림책과 책 놀이 방식을 소개해봅니다.

읽으며 추측하고 상상하기

주인공이 어떤 상황에 처해 있는지, 다음 장에 어떤 일이 벌어질지 유추하는 것도 훌륭한 그림책 놀이가 됩니다. 구멍을 활용한 그림책『창문으로 넘어온 선물』을 읽을 때는, 구멍을 통해 산타가 누구에게 선물을 주는지를 추론해야 합니다. 장을 넘겨 반전을 마주했을 때 재미가 배가됩니다.

그림책 내용에 기반해 상상을 이어갈 수도 있습니다.『눈을 감고 느끼는 색깔 여행』은 시각 외의 감각을 사용하여, 시각 장애인이 인식하는 색의 세계를 비장애인에게 일러주는 책입니다. "노란색은 코를 톡 쏘는 겨자 맛", "초록색은 금방 깎은 잔디에서 나는 싱그러운 냄새" 같은 식이지요. 책에 나온 표현을 넘어, 각자의 감각을 활용해 색깔을 표현해보는 것도 훌륭한 놀이가 됩니다.

관련된 창작활동 진행하기

그림책을 읽고 난 후 관련된 그림을 그리거나 만들어 보는 활동은 가장 보편적인 그림책 놀이입니다. 그런데 창작 활동이 꼭 멋있고 거창할 필요는 없습니다. 『감귤 기차』를 읽은 후, 귤껍질을 길게 까서 기차를 만들어보는 것만으로도 충분히 재미있지요. 만드는 내내 냠냠 귤을 나눠 먹으면서요.

그림책 속 그림을 활용해 나의 이야기를 풀어낼 수도 있습니다. 『이게 정말 나일까?』에는 망토 주머니 한쪽에는 내가 좋아하는 것이, 반대쪽에는 싫어하는 것이 가득 그려진 그림이 있습니다. 똑같은 망토 주머니를 그려본 후, 아이가 좋아하는 것과 싫어하는 것으로 주머니를 채워보게 해주세요. 나에 대해 적극적으로 생각해보게 됩니다. 부모와 함께 그리며 서로를 더 잘 알아간다면 더욱 좋고요.

온몸으로 즐기기

앞서 소개한 『아빠와 피자놀이』는 그림책 몸 놀이의 최고봉이라고 할 수 있습니다. 살을 맞대고 그림책을 함께 읽던 즐거움을 그대로 몸 놀이로 확장할 수 있어요. 『발레가 좋아』를 읽으며 책 속에 나오는 발레 동작을 직접 따라해 보는 것도 좋습니다. 『덩쿵따 소리 씨앗』을 읽은 후 생명이 자라나는 모양과 소리를 몸으로 표현해볼 수도 있습니다.

책 속 내용을 실제로 경험하기

독서 놀이를 바깥 놀이로 연계할 수도 있습니다. 『내가 만난 나뭇잎 하나』 같은 자연관찰 그림책을 읽은 후 밖에 나가 나뭇잎을 주우며 이름 맞추기를 하며 놀 수 있어요. 계절에 맞는 그림책을 읽고 밖에 나가 직접 계절을 경험할 수 있지요. 봄날이라면 『민들레는 민들레』, 『민들레』, 『친구의 전설』처럼 같은 소재를 다룬 그림책들을 엮어 읽고, 활짝 핀 민들레를 찾으러 나가는 것도 재미있겠지요.

그림책 배경이 된 장소에 가보는 것도 추천합니다. 『장수탕 선녀님』을 읽고 함께 목욕탕에서 목욕한 후 달콤한 '요구롱'을 사 먹는 기분, 얼마나 시원하겠어요?

글쓰기 독후활동 꼭 필요할까요?

드물지만 유치원에 다니는 어린이에게 쓰기를 강조하는 독후활동을 하는 경우도 있습니다. 최근 문해력을 강조하다 보니 어릴 적부터 말하고 쓰는 독후활동을 꼭 해야 할 것 같은 불안감이 들기도 하죠. 그러나 저는 독서모임에서 초등 저학년에게도 독후감 쓰기를 잘 시키지 않습니다. 많이 읽고 충분히 느끼며 '독서란 즐거운 것'이라는 믿음을 갖는 일, 또 생각을 말로 표현하며 '저 친구는 저렇게 생각하는구나'라며 확장되는 일. 이 두 가지가 이 시기 어린이들에게는 더 중요하다고 믿거든요.

미취학 아동에게 쓰기 활동은 더더욱 큰 부담입니다. 이 시기 아이들에게는 연필을 쥐고 쓰는 행위 자체에 노력이 필요해요. 게다가 "재밌었다", "무서웠다"의 인상평을 넘기가 어렵습니다. 독서 기록을 남기는 게 목적이라면, 독서 통장에 책 제목/ 작가 / 별점 매기기 정도를 해보도록 도와주세요. 양육자가 큰 욕심을 내지 않는 것이 오히려 어린이가 장기적인 독서가가 되도록 돕는 길입니다. ‡‡ 황유진

내 머리가 길게 자란다면

타카도노 호코 글·그림, 예상렬 옮김, 한림출판사

단발머리 수진이는 머리를 길게 기르고 싶다며 즐거운 상상을 시작합니다. 머리가 아주 아주 길어지면 다리에서 머리를 늘어뜨려 낚시를 하고, 머리를 두르고 잠을 자고, 양갈래로 머리를 묶어 빨래를 널 거라고 상상하지요. 이 책을 읽은 어린이 독자들도 긴 머리로 할 수 있는 다양한 일들을 상상하게 될 거예요. 그림책은 모든 상상을 쉽고 가볍게 가능하도록 합니다.

까만 크레파스

나카야 미와 글·그림, 김난주 옮김, 웅진주니어

하얀 도화지에 오색 크레파스들이 아름다운 그림을 그리지만 까만 크레파스는 낄 틈이 없습니다. 다른 크레파스들이 자기 색만 칠하려고 싸우는 사이, 까망이는 엉망이 된 그림을 새까맣게 칠합니다. 샤프가 검은색을 긁어내어 그림을 그리자 화려한 불꽃놀이 그림이 완성되지요. 아이와 직접 까만 크레파스로 그림 위를 색칠하거나 스크래치 종이를 준비하여 스크래치 놀이하기 딱 좋은 그림책입니다.

겁쟁이 빌리

앤서니 브라운 글·그림, 김경미 옮김, 비룡소

과테말라에는 나무 조각과 천 조각으로 만든 걱정 인형에게 걱정을 털어놓고 잠들면 근심거리가 사라진다는 믿음이 있다고 합니다. 걱정쟁이 빌리에게 할머니는 걱정 인형을 선물해주고, 빌리는 걱정 인형들을 위해 또 다른 걱정 인형들을 만들어줍니다. 주변에 있는 작은 나무와 천 조각을 이용해 걱정 인형을 만들고 머리맡에 두고 자기 딱 좋은 그림책입니다.

조용해지면 들리는 책

마거릿 와이즈 브라운 글, 레너드 웨이즈가드 그림, 이혜원 옮김, 웅진주니어

아침을 여는 조용한 소리에 귀 기울이도록 하는 책입니다. 작은 생명의 소리, 상상 속의 소리, 고요한 사물의 소리…. 분주하고 시끄러운 아침 속에 사실은 얼마나 작고 고요하고 벅찬 소리들이 숨겨져 있는지, 조용히 머물러 알아보고 싶어지지요. 아이와 함께 주변의 소리들을 수집해볼 수 있는 멋진 기회가 될 거예요. 같은 작가들이 함께 작업한 『눈 감으면 들리는 책』도 함께 즐겨보세요.

나무 위의 집 사용 설명서

카터 히긴스 글, 에밀리 휴즈 그림, 홍연미 옮김, 달리

"나무 위에 집을 짓고 싶다면 나무를 올려다보면서 상상하는 것부터 해야 해" 높은 나무 위에 아지트를 짓는 일은 많은 어린이들의 로망일 것입니다. 그림의 공간감이 빼어나고 표현이 섬세하여, 어린이의 상상 놀이와 창작 놀이를 북돋워 주기에 탁월한 그림책입니다. 나만의 나무집을 그림이나 만들기로 표현할 수도 있고, 밖에 나가 어떤 나무가 나무집에 어울릴지 고르는 것부터 놀이를 시작할 수도 있습니다.

고구마구마

사이다 글·그림, 반달

크고 작고 길고 짧고 가늘고 통통한 고구마들이 자신을 긍정하는 이야기입니다. 모든 대사가 "구마"로 끝나는 덕에, 읽고 나면 아이들이 자연스레 모든 말에 "구마"를 붙입니다. "밥 잘 먹었구마", "오늘은 숙제하기 싫구마" 이때 자연스레 장단을 맞춰 함께 "구마"로 대화를 이어가면 그것으로 충분합니다. "잘 먹었다니 좋구마", "나도 일하기 싫구마"

돌멩이도 춤을 추어요

힐데 헤이더크 후트 글·그림, 김서정 옮김, 바람의아이들

어린이의 눈으로 바라보면 작은 돌멩이에도 캐릭터가 있고 감정이 있습니다. 크기, 색깔, 모양이 서로 다른 돌멩이들이 서로 붙었다, 떨어졌다, 혼자 있다, 모여 있다 하면서 재미있는 이야기의 주인공이 됩니다. 혼자 남은 돌멩이의 사연과 뒷이야기를 상상하는 놀이, 다양한 성격의 돌멩이를 직접 줍는 놀이, 주워온 돌멩이들로 상황극을 만들어보는 놀이 등으로 확장할 수 있는 그림책입니다.

잠이 솔솔 핫초코

양선 글·그림, 소원나무

잠이 잘 오지 않는 어느 밤, 인형들은 잠이 솔솔 오게 만드는 핫초코를 만들어봅니다. 책 속 레시피를 따라 핫초코를 만들다 보면 꿈나라로 갈 수 있을까요? 잠들기 어려워하는 어린이들과 함께 읽고 나만의 잠들기 꿀팁을 이야기하기 좋은 책입니다. 또 어린이와 마음에 드는 머그잔에 직접 핫초코를 만들어 먹는다면 더할 나위 없이 달콤하고 행복한 그림책 놀이가 될 거예요!

책을 읽고 아이에게
질문을 해야 할까요?

저에게는 방금 읽은 그림책이 마음에 쏙 들면 표지를 두어 번 쓸어내리는 습관이 있습니다. 아이 머리를 쓰다듬어주는 것과 비슷해요. 이렇게 좋은 책을 읽게 되어 기쁘다, 작가님이 이런 책을 써줘서 감사하다, 이 책이 내게 오다니 다행이다, 같은 마음을 담은 표현입니다.

둘째가 "엄마는 왜 어떤 책을 읽고 나면 표지를 만져?"라고 묻길래 이유를 설명해줬습니다. 그러자 어느 날부터인가 아이가 읽은 책이 마음에 들면 표지를 두어 번 쓸어내리더라고요. "그렇게 좋아?"라고 물으면 씩 웃습니다. 그 손짓 앞에서 어떤 질문이나 설명이 필요하겠어요. 좋은 건 그저 좋은 거지요. 저도 표지를 쓰다듬는 순간만큼은, 언어로 생각을 변환하지 않고 그저 행복한 느낌을 충분히 간직하려고 노력합니다.

그림책 읽어주며 질문을 해야 할까요?

그림책을 읽어주다 보면 부모가 어디까지 말해야 할지 고민되는 순간들이 있습니다. 책을 읽고 난 후 질문을 해야 하나 말아야 하나? 아이가 질문을 하면 책 읽기를 멈추고 대답해줘야 하나? 어려운 단어가 나오면 미리 설명을 해줘야 하나?

특히 최근에는 유대인 교육법 하브루타에 대한 관심이 높아지면서, 그림책과 하브루타를 접목하는 수업도 인기가 높아졌습니다. 하브루타는 짝을 이뤄 질문을 주고받고 대화, 토론하며 공부한 것을 익히는 유대교 교리 교육법입니다. 스스로 질문을 도출하고 상대의 질문에 답하고 반박하는 과정에서, 아이의 사고력과 창의력을 키워주는 것을 목표로 합니다.

하지만 이러한 과정이 꼭 그림책과 결부되어야 하는 것은 아닙니다. 질문을 던지고 답하는 행위는 소재, 시간, 장소에 구애받지 않습니다. 밥을 먹다가도 요즘 어떤 생각을 하는지 물을 수 있고, 산책하면서도 좋아하는 것을 묻고 답할 수 있습니다. 같이 애니메이션을 보면서, 차를 타고 가면서, 자기 전에 누워서도 가능하지요. 질문과 답은 어린이와의 생활 전반에 자연스레 녹아있는 편이 좋습니다. 평소에 얼마나 양질의 대화를 나누고 있느냐가 중요해요.

이런 과정은 생략한 채 그림책 읽는 시간만을 질의응답으로 채운다면, 어린이는 이 시간을 부담스럽게 여길 것입니다. 어린이와 대화할 때는 좋은 질문도 중요하지만, 질문이 쉽게 오갈 수 있는 열린 분위기가 더 중요합니다. 그러니 그림책을 읽고 질문을 던지기 전에, 평소 어린이와 충분한 대화를 나누고 있는지 점검해 보시기 바랍니다.

또 모든 그림책이 질문을 필요로 하지는 않습니다. 『비둘기에게 버스 운전은 맡기지 마세요!』로 큰 사랑을 받은 그림책 작가 모 윌렘스는, 한 인터뷰에서 독자들에게 어떤 체험을 선사하느냐는 질문을 받았습니다. 그는 "안전한 무정부 상태 같은 체험"이라고 대답했습니다. "내 책은 독자들이 고래고래 소리 지르며 또 낄낄거리며 전혀 위험에 빠질 걱정 없이 새로운 것을 체험하고 느끼는 장소"라고 덧붙였지요.

이런 책 앞에서 어떤 질문을 던질 수 있을까요? 질문을 던진다 한들 "재미있어" 외의 다른 대답을 끌어낼 수 있을까요? "안전한 무정부 상태"의 해방감과 만족감을 어떻게 언어로 표현할 수 있을까요? 이럴 땐 그저 있는 그대로 충분히 느끼는 것이 최선입니다.

작가이자 중등학교 문학교사로 일했던 다니엘 페나크는 『소설처럼』에서 책 읽기의 즐거움에 대해 이야기하는 동시에 침해할 수 없는 독자의 권리 10가지를 선언합니다. 여기에는 엄숙하고 권위적인 지침 따위는 없습니다. 건너뛰며 읽어도 되고, 아무거나 읽어도 되고, 아무 데서나 읽어도 되고, 읽은 걸 또 읽어도 됩니다. 심지어는 읽지 않을 권리도 있지요. 그저 순수한 즐거움을 위해 읽으면 됩니다.

10가지 중 마지막은 "읽고 나서 아무 말도 하지 않을 권리"입니다. 어린이도 엄연한 독자입니다. 모든 것을 언어로 설명할 필요는 없어요. 어린이 독자가 말하지 않고도 즐길 수 있는 권리를 지켜주세요.

질문은 책의 내용에 맞춰서 유연하게

양육자와 아이가 함께 이야기에 푹 빠졌다가 나오면 저절로 질문이 흘러나올 때가 있습니다. 이런 질문까지 막을 필요는 없지요.『열까지 세면 엄마가 올까?』는 동생을 돌보느라 정신없는 엄마 때문에 속상한 별이의 이야기를 담고 있습니다. 가출을 결심하고 현관을 나설 때, 엄마가 불러줄까 싶어 숫자를 세며 기다릴 때, 엄마의 사랑을 구하는 어린이의 마음이 간절하게 느껴집니다. 그래서 이 책을 다 읽고 나면 "너도 이런 마음이 든 적 있어?"라는 질문이 따라붙습니다.

『강아지 천국』이나 『이게 정말 천국일까?』 같은 그림책을 읽고 나면, "정말 천국이 있을까?", "천국은 어떤 모습일까?"처럼 상상력을 자극하는 질문이 자연스레 흘러나옵니다. 이때 아이에게만 답을 묻는 것이 아니라, 양육자도 함께 참여하며 상상의 범위를 확대해가기를 추천드립니다. 그래야 아이도 부담 없이 자기 생각을 드러낼 수 있으니까요.

가장 피해야 할 질문은 책 내용을 확인하는 질문이에요. "인형 잃어버렸던 친구 이름이 뭐야?"; "얘가 화내면서 뭐라고 말했어?"처럼요. 초등학생이 된 후 두꺼운 동화책을 읽을 때는 내용을 잘 이해했는지 확인하는 질문도 필요합니다. 하지만 지금은 오히려 아이를 압박하는 질문으로 느껴질 뿐이에요.

그림책 내용과 자연스레 연결되는 동시에 어린이의 생각과 감정을 자극할 수 있는 질문이 좋습니다. 입학 전 어린이들과 그림책을 읽을 때는, 아래 네 가지 유형의 질문이면 충분합니다. 이역시 네 가지 질문을 한꺼번에 하는 것이 아니라 책의 내용에 맞춰 유연하게 한두 가지 질문을 던져보세요.

- 이 그림책에서 어떤 장면이 제일 좋았어?
- 이 친구는 이 상황에서 어떤 기분이 든 걸까?
- 너라면 어떻게 했을 것 같아?
- 이런 게 진짜 세상에 있다면 어떤 모습일까?

──

아이가 자꾸 말을 걸어온다면

그림책을 읽어주다 보면 어떤 아이들은 자꾸 말을 걸어와요. "엄마도 이런 적 있잖아"; "나도 유치원에서 이런 적 있었는데"; "이 그림은 뭐야?" 자신의 경험을 털어놓기도 하고, 조그마한 그림을 보며 질문도 합니다. 때로는 책 내용과 상관없어 보이는 말도 합니다. 양육자 입장에서 답답하죠. 얘가 지금 이야기에 집중하고 있는 건가? 빨리 읽어주고 재워야 하는데. 아직 두 권이나 더 남았는데….

아이와 그림책 읽는 시간을 '그림책을 매개로 아이와 대화 나누는 시간'이라고 정의할 때, 아이의 질문과 대화가 방해로 느껴지지 않게 됩니다. 일방적으로 전달하는 시간이 아니라 서로 주고받는 쌍방의 시간이라고 생각하면 아이의 말에 좀 더 관대해지지요. 그림책 단 한 권을 가지고도 얼마든지 풍성하게 읽고 듣고 이야기할 수 있게 됩니다.

물론 아이가 책 읽기가 싫거나 잠들기 싫어 딴소리를 하는 경우도 있습니다. 우리 집 둘째는 언니에게 관심을 뺏기기 싫어 일부러 더 말을 많이 하기도 하더라고요. 아이를 유심히 관찰해보면 그 차이를 알 수 있습니다. 이런 경우는 "그래, 여기까지"라고 부드럽지만 단호하게 이야기를 중단시킨 후 책 읽기로 다시 돌아오도록 유도하는 것이 좋습니다.

어려운 단어를 다 설명할 필요는 없어요

『하루 15분 책 읽어주기의 힘』에서 저자 짐 트렐리즈는 어휘의 종류에 대해 설명합니다. 어른, 아이 상관없이 일상적으로 사용하는 5,000 단어를 기본 어휘, 이따금 사용하는 5,000 단어와 기본 어휘를 합친 10,000 단어를 공통 어휘라고 합니다. 이를 넘어서는 어휘는 '희귀 단어'라고 하는데, 어휘력의 힘은 "얼마나 많은 희귀 단어를 이해하는지에 달려 있다"고 말합니다. 희귀 단어는 인쇄물에 월등하게 많기 때문에, 독서 시간이 부족할 경우 심각한 어휘 부족 현상을 겪을 수 있다는 것입니다. 따라서 독서는 어휘력을 늘릴 수 있는 가장 확실한 방법 중 하나입니다.

다만 어휘력을 늘린다는 이유로 모르는 단어의 뜻을 하나하나 설명해주며 읽을 필요는 없습니다. 특히 이야기 그림책을 읽을 때는 더더욱 그렇습니다. 흐름이 뚝뚝 끊기는 데다 정확히 모르더라도 읽어나가는 과정에서 아이가 뜻을 유추할 수도 있거든요. 내용을 이해하는 데 핵심적인 단어가 아니라면 일일이 짚어가며 뜻을 알려줄 필요는 없습니다.

반면 지식책이나 옛이야기를 읽을 때는 단어 뜻을 알려주는 게 내용 이해에 도움이 될 수 있습니다. 지식책에는 이야기 그림책보다 어려운 개념어가 많이 등장하기 때문에 목차를 먼저 보면서 중요한 단어를 미리 설명해주면 좋습니다. 또 옛이야기의 경우 신분제도, 남존여비 등의 배경이 지금과 달라 이해가 되지 않는 부분이 있으므로 읽어주기 전에 간단히 설명해주면 도움이 됩니다.

✄ 황유진

무거운 주제를 다룬 그림책을
보여줘도 될까요?

첫째가 다섯 살 때 도서관에서 그림책 한 권을 꺼내왔습니다. 표지에 는 무릎에 난 빨간 상처를 물끄러미 바라보고 있는 어린이가 그려져 있었어요. 자기도 무릎에 상처가 자주 나다 보니 그런 이야기라고 짐작하고 가져온 모양이었습니다. 그림책은 침대에 누워 비행기 모빌을 보고 있는 주인공 어린이의 독백으로 시작합니다.

"엄마가 오늘 아침에 죽었다. 사실은 어젯밤이다. 아빠가 그렇게 말했다. 하지만 난 밤새 자고 있었으니까 그동안 달라진 건 없다. 나한테 엄마는 오늘 아침에 죽은 거다."

그림책 『무릎 딱지』의 첫 장을 읽자마자 첫째는 기겁을 하며 책을 던졌습니다. 그러고는 책등이 보이지 않도록 거꾸로 꽂아 넣더라고요. 훗날 여섯 살이 된 둘째가 이 책을 읽어달라며 가져왔을 때 아홉 살 첫째는 다른 방에 들어가 귀를 막고 있었습니다.

둘째의 반응은 조금 달랐습니다. 예상치 못한 시작에 놀라긴 했지만, 책을 내던지지 않고 끝까지 듣더라고요. 며칠 동안 계속 생각이 나는지 "엄마가 왜 죽은 거야?", "얘는 이제 계속 엄마 없이 사는 거야?" 등을 물었습니다. 이후에도 가끔 책을 가져와 읽어달라고 했습니다. 죽음, 상실, 이별과 관련된 책이라면 아예 차단하는 첫째와 달리 둘째는 힘들어하면서도 완전히 피하지는 않았어요. 아이들마다 죽음을 받아들이는 방식이 아주 다르구나, 느끼게 해준 책이었습니다.

▬▬▬ **그림책으로 죽음과 삶을 이야기해요**

대개 다섯 살 미만의 어린이들은 죽음을 단순히 '없어짐'으로 인식해요. 이 부재가 영구적임을 이해하지 못하지요. 다섯 살 이상이 되면 죽음을 '다시 살아날 수 없는 상태'로 받아들이면서, 죽음을 두려워하는 동시에 궁금해합니다. "엄마도 나이 들면 할머니 돼서 죽어?", "애들도 죽어?", "죽으면 어디로 가?" 이런 질문 끝에는 자신과 아끼는 사람의 죽음을 피하고 싶은 마음이 깃들어 있습니다.

그러나 어린이들의 생활 도처에 크고 작은 죽음이 있습니다.

우리 집 아이들도 증조부모 세 분의 장례식을 경험했고요. 같이 놀던 친구의 아버지가 돌아가셨습니다. 이름 붙이고 놀아주던 새끼 길고양이가 죽은 날, 애지중지 기르던 선인장이 죽은 날에는 펑펑 눈물을 흘렸지요. 뉴스에서 교통사고, 산불, 홍수 등으로 인한 죽음을 간접적으로 보고 듣습니다. 죽음은 누구에게고 언제고 닥쳐올 수 있는 일화입니다. 어린이라고 상실을 피할 수는 없습니다.

죽음을 생각하면 우리는 보다 겸손해집니다. 언제든 죽을 수 있는 존재임을 인식할 때, 인간은 지금 여기에서 누구와 어떤 방식으로 행복해질 수 있는지 적극적으로 찾아 나서게 되죠. 그래서 죽음을 이야기하는 것은 어렵고 슬프지만 잘 살아가기 위해 꼭 필요한 일이에요. 아이에게 직접적으로 죽음을 설명하기가 어려울 수 있습니다. 이럴 때 그림책의 힘을 빌리는 것은 현명한 방법입니다.

『그림책으로 배우는 삶과 죽음』의 저자 임경희 작가는 아이의 충격을 덜어준다는 명목으로 죽음을 미화하거나 에둘러 이야기하지 말라고 권합니다. "죽는 건 깊이 잠드는 거야"라는 식으로 말하면 아이가 잠들기를 두려워할 수 있다는 거예요. 로버트 잉펜의 『살아 있는 모든 것은』은 죽음이란 사람, 동물, 식물 등 생명에게 일어나는 현상 중 하나임을 담백하게 보여줍니다. 일견 차가워 보일 수도 있으나 명백한 진실이 불필요한 두려움을 막고 정확한 이해를 돕기도 합니다.

다만 죽음이나 상실이라는 주제 자체를 거부하는 성향의 아이라면 죽음과 관련된 그림책을 고를 때 더욱 신중할 필요가 있습니다. 엄마의 부재는 아이가 받아들이기에는 너무 충격적인 소재이지요. 대신에 공원에서 죽은 새를 추모하는 『안녕, 작은 새』처럼 상대적으로 거리가 있는 존재의 죽음을 다룬 이야기는 보다 수월하게 받아들입니다. 엄마의 부재를 다뤘다 해도 『나비 엄마의 손길』처럼 직접적인 상황과 감정 묘사 대신 유머가 한 스푼 더해진 그림책이라면 아이의 반감이 줄어듭니다.

어린이에게 죽음에 대해 이야기하지 않으려 하는 데에는 '굳이 부정적인 감정을 일러줄 필요가 있을까'라는 부모의 두려움이 깃들어 있습니다. 저는 그럴 때마다 송선미 시인의 동시 「외롭다 말하기」를 떠올립니다. 어린이 화자가 외롭다 털어놓자 아빠는 쓸쓸해하고 엄마는 맛있는 음식을 해주겠다며 분주해집니다. 화자는 묻습니다. "외롭다 말하면 안 되는 건가요?"

어른들은 어린이가 부정적인 감정을 느끼지 않게 미리 차단하려 하고, 그런 감정을 표현하면 문제가 있다고 생각하기도 합니다. 그러나 어린이들도 슬퍼하고 외로워하고 두려워합니다. 죽음 앞에서 이런 감정을 느끼는 것도 당연합니다.

중요한 건 이런 상황과 감정이 인생의 일부라는 것을 받아들이면서, 그럼에도 불구하고 삶은 계속된다는 희망을 놓지 않는 것입니다. 죽음을 다룬 그림책을 함께 읽으며 이야기를 나눠보는 시간도, 어린이와 함께 하는 삶을 소중히 여기는 데 큰 도움이 될 것입니다.

　죽음 외에도 그림책은 전쟁, 난민, 학대, 동물권 등 묵직한 소재들을 피하지 않고 다룹니다. 어른 입장에서는 '어린이들이 이런 소재를 이해할까?' 싶기도 하지요. 이런 주제는 무조건적으로 피해야 할 것이 아니라, 그 주제를 어떤 방식으로 풀어내느냐를 살펴볼 필요가 있습니다.

　그림책은 뉴스처럼 고발하듯 말하지 않습니다. 구체적 존재가 처한 상황을 보여주는 것만으로도 충분히 말할 수 있습니다. 하세가와 요시후미의 『내가 라면을 먹을 때』는 "내가 라면을 먹을 때 옆에서 방울이는 하품을 한다"라는 평이한 문장으로 시작합니다. 나는 이웃집과 이웃 나라의 어린이로 연결되면서 종국에는 가난에 시달리며 일하는 어린이, 전쟁국에서 살아가는 어린이까지 가닿습니다. 우리 모두 연결되어 있음을 보여주면서도 어린이의 안녕과 세계 평화를 강력하게 촉구하는 책입니다.

　강경수 작가의 『눈보라』는 빙하가 녹아 먹을 것이 부족한 북극곰 '눈보라'가 마을로 내려와 겪는 이야기를 다룹니다. 북극곰을 두려워한 마을 사람들은 눈보라를 쫓아내지만, 눈보라가 판다처럼 분장하고 오자 귀엽다며 반갑게 맞아주지요. 기후 위기 문제, 겉모습만을 중시하는 세태, 자신을 지키는 일에 대해 생각해보도록 하면서도, 흥미진진한 이야기와 아름다운 그림을 잃지 않습니다.

　이처럼 그림책은 '이렇게 해야 한다'는 방식으로 말하지 않습니다. 힘주어 주장하지 않아도 정확하게 보여주는 그림책을 통해 어린이는 얼마든지 묵직한 사회 소재들을 읽어낼 수 있습니다. 내가 즐겁게 그림책을 읽고 있는 동안에도 누군가는 죽어가고, 지구 어딘가에서는 전쟁이 일어나고 빙하가 녹아내립니다. 그것은 피할 수 없는 진실이면서 동시에 어린이가 스스로 어떻게 살아가야 하는가에 대한 감각을 쌓는 데 작은 도움이 되어줄 것입니다.   ∷ 황유진

위층 할머니, 아래층 할머니

토미 드 파올라 글·그림, 이미영 옮김, 비룡소

일요일마다 만나던 증조할머니가 돌아가셨을 때, 어린 토미가 겪은 슬픔을 담은 그림책입니다. 위층 할머니를 다시는 보지 못한다는 생각에 울고 있는 토미에게 엄마는 "할머니는 항상 네 마음속에 있어"라고 위로를 전합니다. 상실의 슬픔이 그리움과 추억으로 깊어지는 과정을 어린이의 눈높이에서 서정적으로 그려낸 작품입니다.

죽고 싶지 않아!

안느-가엘 발프 글, 이자벨 카리에 그림, 김지연 옮김, 보랏빛소어린이

죽음을 두려워하는 어린이들의 이유가 진솔하게 드러나며 아이를 안심시키려는 엄마의 노력이 다정하게 그려집니다. 아이는 어두워서, 추워서, 혼자 있는 게 싫어서 죽는 게 싫다고 합니다. 엄마의 친절한 설명에도 불구하고 아이가 계속 죽음을 거부하자 엄마는 아이의 불안을 이해해주면서 꼭 안고 사랑을 전합니다. 죽음을 대하는 가장 좋은 태도는 두려움이 아니라 사랑이라는 점을 일깨워주는 책입니다.

강아지 천국

신시아 라일런트 글·그림, 류장현 옮김, 책공장더불어

반려동물 양육 인구 1500만 시대, 수명이 짧은 반려동물과는 필연적으로 이별을 겪게 됩니다. 뉴베리 상과 칼데콧 상에 빛나는 작가는 강아지 천국을 따뜻한 상상력과 그림체로 풀어냅니다. 이별은 힘들지만 천국에서 행복하게 뛰어노는 강아지를 보면 기쁨과 안도감을 갖게 됩니다.

이게 정말 천국일까?

요시타케 신스케 글·그림, 고향옥 옮김, 주니어김영사

돌아가신 할아버지의 노트 속에는 천국이 어떤 곳일까 하는 상상이 가득합니다. 죽음이 두려운 게 어린이만은 아닌 거지요. 주인공은 할아버지를 따라 '천국에서 뭘 할까'를 써보려고 했지만 떠오르는 것은 하나같이 '오늘 하고 싶은 일'입니다. 죽음을 생각하다 보면 자연스레 지금의 삶이 소중해지게 되는, 유쾌하면서도 감동적인 그림책입니다.

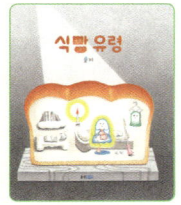

식빵 유령

윤지 글·그림, 웅진주니어

매일 찾아와 식빵 유령의 평화를 어지럽히는 길고양이. 식빵 유령은 길
고양이가 더 이상 찾아오지 않기를 바라지만 막상 고양이가 예고도 없이
사라지고 나니 고양이의 안부가 궁금해집니다. 고양이와 식빵 유령은 함
께 살아갈 수 있을까요? 글과 그림은 매우 사랑스럽지만 추운 겨울을 나
는 길고양이나 유기견들의 존재를 상기시키는 묵직한 책입니다.

상자 세상

윤여림 글, 이명하 그림, 천개의바람

당일 배송과 새벽 배송이 일상이 된 시대. 물건을 사고 나면 택배 상자가
덩그러니 남습니다. 버려진 상자들이 배고프다며 갑자기 세상의 모든
것들을 잡아먹기 시작하는데요. 상자와 세상의 운명은 어떻게 될까요?
환경 문제와 과소비 문제를 상투적인 교훈으로 손쉽게 마무리하지 않으
려는 작가의 노력이 엿보이는 책입니다.

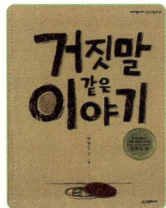

거짓말 같은 이야기

강경수 글·그림, 시공주니어

세계 곳곳에서 벌어지는 전쟁과 자연재해, 그로 인한 가난과 불평등, 폭
력과 난민 문제가 매일 뉴스를 통해 전달됩니다. 하지만 실제 우리 마음
까지 가닿지는 못하지요. 『거짓말 같은 이야기』는 구체적인 어린이를 등
장시켜 이 거짓말 같은 참혹함이 현실이라고 말해요. 위에서 소개한 『내
가 라면을 먹을 때』와 함께 읽어보세요. 2011 볼로냐국제어린이도서전
라가치 상 수상작.

바나나가 더 일찍 오려면

정진호 글·그림, 사계절

온라인으로 쇼핑을 하며 소비 생활은 간단하고 편리해졌지만 그 이면에
는 빠른 속도와 높은 업무 강도에 시달리는 노동자들이 있어요. 편리함
의 이면을 '바나나 배송'이라는 구체적 행위를 통해 보여주는 그림책입
니다. 사계절출판사와 민주화운동기념사업회 협업으로 만들어진 '민주
인권그림책' 시리즈도 함께 추천합니다.

그림책은
가장 좋은 감정 교과서

애니게이션 「인사이드 아웃」을 좋아합니다. 1편에서 열한 살 라일리의 감정은 다섯 가지였지요. 라일리의 뇌 속 컨트롤 타워에 기쁨, 슬픔, 버럭, 까칠, 소심이 각자 맡은 역할을 바쁘게 했지요. 2024년 영화는 속편으로 돌아왔습니다. 라일리는 벌써 열세 살이 되었고 사춘기를 맞았어요. 그러자 불안, 당황, 따분, 부러움이라는 감정이 새롭게 등장합니다. 특히 불안이의 모습이 인상적이었습니다. 미래에 대한 불안으로 현재를 망쳤던 경험은 누구나 있지요. 저도 그런 적이 많았는데 애니메이션 속 라일리도 그럴 뻔하더군요. 사실 자신의 감정을 안다는 건 평생의 숙제인데요. 애니메이션을 보며 불안이를 포함해 다양한 감정을 직관적으로 이해할 수 있습니다.

특히 라일리가 열세 살이 되며 일어난 감정의 세분화는 주목할 대목입니다. 어릴 때 라일리는 다섯 가지 감정으로 충분했어요. 하지만 사춘기가 되니 네 가지 감정이 추가되었지요. 또 애니메이션 초반에 노스탤지어가 잠깐 나와요. 그랬더니 불안이가 노스탤지어를 돌려보냅니다. 대학도 졸업하고, 친한 친구가 결혼을 할 만큼 시간이 흘러야 비로소 라일리도 노스탤지어를 느끼기 시작한다는 거죠. 나이 든 어른을 만나면 늘 옛날이야기만 하잖아요. 노스탤지어를 지배하는 시기가 따로 있는 거죠. 자, 그렇다면 어릴 때의 감정은 어떤 걸까요.

감정이 대물림되는 이유

갓난아기는 상대의 표정을 보고도 감정을 또렷하게 인식할 수 없다고 해요. 다만 유쾌, 불쾌, 중립적인 감정 정도만 구분할 수 있어요. 세 살이 되면 어린이가 늘 하는 말이 있지요. "좋아!"와 "싫어"입니다. 가장 기본적인 감정 단어를 알고 말할 수 있게 되는 거지요. 하지만 부정적인 표정들이 지닌 차이까지 구분하지는 못해요. 부모가 얼굴을 찡그리고 불쾌한 감정을 드러낼 때 정확히 슬퍼서 그러는지, 화가 나서 그러는지, 실망해서 그러는지까지는 모른다는 거예요. 심지어 "불쾌한 표정은 모두 슬픔으로 인식"한다고 합니다. 예일대 감성 지능 센터장인 마크 브래킷은 네 살에서 다섯 살 정도가 되어야 분노와 두려움이 다른 감정이라는 걸 이해하고, 부정적인 감정을 표현하는 법을 배우기 시작한다고 합니다.

저는 어린이가 감정을 다루는 법을 배운다는 사실을 처음 알았을 떄 무척 놀라웠습니다. 내 감정을 드러내고, 타인의 감정을 읽는 건 그냥 타고나는 거라고 여겼거든요. 부모나 주양육자로부터 감정을 사용하는 법을 배운다니, 부모로서 제 가슴이 철렁했어요. 이때 '배운다'의 의미는 부모가 어떻게 감정을 표현하고 숨기는지 거울처럼 보고 따라 한다는 뜻입니다. 부모가 감정을 능숙하게 지혜롭게 표현하는 모습을 보고 자란 어린이는 똑같이 감정 표현을 잘하겠지요. 반대로 부모가 감정을 억누르거나 회피하는 모습을 보고 자란 어린이는 똑같이 참고 살며 고통스러워하겠지요.

여기서 '감정을 잘 표현한다'라는 말은 '제멋대로 감정을 발산한다'와 같은 뜻이 아니라는 점도 중요합니다. 자기의 감정을 다룰 줄 아는 사람이란 뜻에 가까워요. 도리어 감정을 잘 조절하는 사람이 되려면 욕구를 누르고 만족을 미룰 줄 알아야 하니까요. 어린이의 감정을 받아준다고 할 때 훈육과 좌절 없이 감정을 모두 인정해야 한다고 오인하기도 하는데 그렇지는 않습니다.

미국 초등학교에서는 사회정서학습(SLE)을 합니다. 감정 조절을 잘할 수 있는 어린이는 좋은 학업성적을 거두고 친구들과도 잘 지낼 수 있기 때문이지요. 미국 델라웨이주의 한 교사는 매일 아침 교실에 오는 어린이들에게 "오늘 기분이 어때?"라고 묻습니다. 어린이의 기분을 알고 나면 어린이의 표정이나 행동을 이해할 수 있고 적절하게 대응할 수 있으니까요. 작은 질문 하나로 감정 훈련이 시작됩니다.

감정을 주목하는 이유는 행동을 주도하기 때문입니다. 오늘 내 감정에 따라 뜻하지 않은 결과를 만들어 낼 때가 있습니다. 반대로 상대의 감정에 따라 갑자기 날벼락을 맞기도 하지요. 직장 생활을 할 때 결재를 받으러 가면 비서에게 "오늘 본부장님 기분이 어때?" 하고 묻곤 했어요. 같은 사안도 그날의 기분에 따라 반응과 결과가 미묘하게 달라지니까요. 살아보니 감정적으로 지치면 별거 아닌 일에도 더 성마른 반응이 튀어나오더군요.

델라웨이주의 교사는 어린이가 오늘의 기분을 이야기하고 나면 감정에 맞는 팔찌를 골라 끼우도록 합니다. 좋은 감정은 녹색 팔찌, 슬픈 감정은 파란색 팔찌, 살짝 걱정이 있거나 중간이라면 노란색 팔찌를 착용해요. 만약 어린이가 파란색 팔찌를 끼고 있다면, 오늘은 어린이가 슬픈 날이네요. 교사와 친구들이 어린이의 감정을 존중하고 이해하기 손쉬워지겠지요.

어린이가 감정 표현을 배우는 법

초등학교 2학년 1학기 통합 '나' 시간에 우리 어린이들도 감정 표현을 배웁니다. 이때 감정을 표현하는 다양한 말을 익혀요. 감정 이해를 돕는 그림책도 다양하게 출간되어 있고요. 수업과 그림책 한두 권으로 감정 문제를 모두 해결할 수는 없습니다. 하지만 감정 이해를 위한 첫걸음으로 사용할 수는 있습니다. 어린 시절 몸에 밴 감정 사용법은 성인이 되어서 좀처럼 고치기 어렵고 관계의 기본이 되니까요.

감정 그림책은 크게 두 가지예요. 『컬러 몬스터』처럼 감정을 안내하는 책이 있어요. 이 책은 감정을 색깔과 짝지어 쉽게 소개합니다. 10여 년 전에 이탈리아의 서점에서 이 책을 처음 보았어요. 책과 더불어 컬러 몬스터 인형을 판매하고 있었지요. 가져가야 할 짐을 생각하면 네 종류의 몬스터 인형을 모두 살 수는 없었어요. 고심하다 파란 몬스터, 즉 슬픔 인형을 골랐어요. 제가 살며 느낀 주요한 감정이 슬픔이었구나 했습니다. 꼭 인형이 아니라도 색종이 등으로 컬러 몬스터를 만들어 어린이가 감정을 대신 표현할 수 있도록 도와줘도 좋겠습니다.

감정을 비유를 통해 설명하는 이유는 감정 어휘의 중요성 때문입니다. 어떤 감정이 찾아왔을 때 언어로 표현할 수 있어야 다른 사람이 이해할 수 있지요. 내 감정을 스스로 말할 수 있어야 비로소 내 감정을 정확하게 인지할 수도 있고요. 말하지 못하는 감정은 뭉뚱그려질 뿐 무엇인지 알 수 없고 폭주할 따름입니다. 하지만 감정의 정체를 알면 성찰하고 바꿀 수 있지요. 그래서 그림책은 감정에 이름을 붙여 인지하도록 도와요. 이를 "라벨링"이라고 합니다. 만약 어린이가 숙제를 못 해서 표정이 어둡다면, "숙제를 하지 않아서 걱정이 되는구나" 하는 식으로 어른이 감정 단어를 사용해 말해주면 좋습니다. 이런 과정을 통해 어린이는 자신의 감정을 배웁니다. 초등 저학년을 위한 『아홉 살 마음 사전』은 감정 단어가 어떤 상황에서 사용되는지를 구체적으로 보여줍니다. 이런 책을 통해 도움을 받으실 수 있어요.

감정을 인지했다면 구체적으로 감정을 표현해야죠. 누가 저에게 "요즘 어때요?"라고 물으면 입이 저절로 "괜찮아요"라고 말합니다. 괜찮지 않아도 괜찮다는 말이 무의식적으로 나옵니다. 오래도록 감정을 감추며 살다 보니 그렇습니다. 한데 감정은 억누른다고 사라지지는 건 또 아니더군요. 도리어 억눌린 감정이 뜻하지 않은 순간에 분출되어 일을 그르칠 때가 많았습니다. 가까운 사람과의 관계가 파탄이 난 적도 많고요. 만약 어린이라면 감정을 억눌렀을 때 몸이 아프기도 합니다.

이런 이유로 어린이가 부정적 감정일지라도 솔직하게 표현해도 괜찮다는 사실을 보여주는 그림책들이 많습니다. 어린이가 감정을 솔직하게 말할 때 양육자가 잘 들어주는 일은 무엇보다 중요합니다. 이 믿음이 있어야 어린이는 앞으로도 자신의 감정을 솔직하게 표현하고 조절도 할 수 있을 테니까요. 이어지는 글에서 감정 표현과 수용에 관한 그림책을 따로 소개했어요.

꼭 감정을 다루지 않더라도 그림책은 가장 좋은 감정 교과서입니다. 그림책에 등장하는 어린이는 친구가 부러워 샘이 나고, 동생과 싸워 화가 나고, 잠자기 전에 무서워요. 그림책을 읽어주며 가장 안전한 방법으로 주인공의 기분이 어떨지, 왜 그런 기분이 드는지를 대리 체험하고 해소할 수 있습니다. ‡ 한미화

오늘 내 마음은…

마달레나 모니스 글·그림, 열린어린이

그림은 감정의 세계입니다. 지금 내 마음을 잡아끄는 그림을 통해 감정을 비쳐볼 수 있지요. 그림 속 어린이가 어떤 기분일지를 감정 단어로 말해보세요. 왜 그런 생각이 들었나요. 이렇게 이 책은 감정을 능동적으로 읽고 해석해보는 책입니다. 심리학자와 교사가 어린이와 감정 대화를 나눌 때 사용한다고 합니다. 2015 볼로냐 라가치상 수상작.

컬러 몬스터

아나 예나스 글·그림, 김유경 옮김, 청어람미디어

그림책 속 소녀가 뒤죽박죽인 몬스터의 감정 정리를 도와요. 먼저 감정을 색깔과 연결 지어 설명합니다. 노랑은 기쁨, 슬픔은 파랑, 화는 빨강, 무서움은 검정, 평온함은 초록이에요. 색깔이 다르듯 감정도 다릅니다. 감정을 색으로 설명하면 가지런히 감정을 정리하고 들여다볼 수 있어요. 감정 몬스터를 어린이와 함께 만들며 감정을 배워도 좋습니다.

감정은 무얼 할까?

티나 오지에비츠 글, 알렉산드라 자욘츠 그림, 이지원 옮김, 비룡소

서로 다른 여러 가지 감정을 문학적으로 설명합니다. 호기심, 즐거움, 감사, 두려움, 상상력, 평온, 슬픔, 신뢰, 불안 등이 무척 적절한 비유로 표현되었어요. 신뢰는 멀리 떨어진 두 사람 사이에 "다리를 놓고", 희망은 여행을 떠나는 이를 위해 "도시락을 준비" 해주는 일입니다. 외로움은 "홀로 사막을 터덜터덜 걷기"입니다. 그림과 글을 짝지어 보면 감정 이해가 쉽습니다.

감정 호텔

리디아 브란코비치 글·그림, 장미란 옮김, 책읽는곰

이 세상 어딘가에 감정들이 머무는 호텔이 있습니다. 호텔의 지배인은 감정 손님의 특징에 맞게 방을 준비합니다. 예를 들어 시끄러운 분노 손님에게는 넓은 방을 줘야 해요. 마음껏 소리를 지를 수 있어야 하니까요. 이처럼 감정을 독특하게 의인화한 책입니다. 『감정 서커스』도 있어요.

소피가 화나면, 정말 정말 화나면

몰리 뱅 글·그림, 박수현 옮김, 책읽는곰

감정을 다룬 그림책의 고전입니다. 소피가 공룡을 가지고 노는데, 언니가 자기 차례라고 합니다. 공룡을 안 빼앗기려다가 넘어진 소피는 화가 납니다. 이어 소피가 집을 나와 숲을 산책하는 동안 화가 서서히 가라앉는 과정을 보여줍니다. 몰리 뱅은 강렬한 선과 색을 사용해 소피의 감정 변화를 보여줘요. 감정이란 변할 수도, 다스릴 수도 있답니다.

윌리와 구름 한 조각

앤서니 브라운 글·그림, 조은수 옮김, 웅진주니어

키가 작고 겁많은 윌리의 이야기입니다. 아마도 윌리는 키 작은 앤서니 브라운을 닮은 캐릭터가 아닌가 싶어요. 윌리는 구름이 자기를 따라다닌다고 생각하고 두려움에 떨어요. 구름은 두려운 감정이겠죠. 윌리는 어떻게 두려움에 맞설까요. 솔직하게 말해버리는 거죠. 감정 표현의 중요성을 윌리를 통해 느낄 수 있습니다.

가만히 들어주었어

코리 도어펠드 글·그림, 신혜은 옮김, 북뱅크

테일러가 정성스럽게 만든 블록을 새들이 엉망으로 만들었어요. 속상해서 웅크리고 앉아있었더니 닭이 찾아와요. 무슨 일인지 말하라고 하지요. 곰도 코끼리도 계속 충고를 해요. 하지만 테일러는 아무것도 하고 싶지 않아요. 그때 토끼가 테일러 곁에 가만히 있어줍니다. 한참이 지나자 테일러는 스스로 모든 걸 말하고 다시 해보겠다고 해요. 화가 났을 때 우리 모두 "토끼가 필요한 시간"이 있지요. 부모의 일은 충고가 아니라 경청이 전부입니다.

오늘은 회색빛

로라 도크릴 글, 로렌 차일드 그림, 김지은 옮김, 웅진주니어

오늘은 망쳐버린 낙서 혹은 구름 속의 폭풍처럼 기분이 회색빛입니다. "내가 나 같지 않은" 기분도 들어요. 이럴 때 어떻게 해야 할까요? 엄마는 케이크의 분홍빛 크림, 엄마의 빨간, 파랑 자장가 등 회색빛 위에 다양한 색을 더할 수 있다는 것을 보여줍니다. 부모는 언제나 어린이를 믿고 지지하며, 내일은 다른 감정이 찾아올 거라는 사실을 말해주는 그림책입니다.

그림책으로
한글을 뗄 수 있나요?

　첫째 친구 중 대여섯 살 무렵 포켓몬스터에 푹 빠진 아이가 있었습니다. 어린이집이고 놀이터고, 도감을 들고 다니며 캐릭터의 이름을 줄줄 외우고 다녔지요. 책이 너덜너덜해지도록 보면서 아이는 자연스레 한글을 익히게 되었습니다. 또 다른 친구는 사람에게 관심이 많았습니다. 자기 이름과 가족 이름을 써달라고 하더니, 얼마 후 어린이집 사물함에 쓰인 친구 이름을 익히기 시작하며 한글을 배웠습니다.

　우리 집 아이들이 자기 이름과 가족 이름 쓰는 법에 관심을 가질 무렵, 제 마음속에 약간의 기대가 있었습니다. '그림책을 많이 읽어줬으니 한글은 저절로 떼지 않을까?' 하지만 두 아이 모두

만 다섯 살이 지난 후 어린이집에서 학습지 또는 한글자석교구를 통해 한글의 원리를 따로 익히면서 한글을 읽게 되었습니다.

그림책을 많이 읽어준다고 글자 읽는 법을 저절로 배우지는 않더라고요. 아무 연관 관계가 없다고 단언할 수야 없겠지만, 실제 책 읽기와 한글 떼기의 직접적인 연관성은 아직 밝혀지지 않은 상태입니다.

자음과 모음이 결합하는 원리를 배워야

어떤 어린이는 캐릭터 이름, 사람 이름 등을 통으로 인식하며 한글을 배웁니다. 하지만 또 다른 어린이는 이 방식으로 한글을 배우지 못하기도 합니다. 어린이가 통으로 글자를 인식해서 한글을 익히기 시작했다 해도, 한글 공부를 본격적으로 시작하려면 자음과 모음의 결합 원리를 익혀야 합니다. 한글은 자음과 모음이 각각 어떤 소리를 내며, 이것이 조합해 만들어 내는 소리를 배워야 합니다. 어린이가 한글을 통 문자로 인식하는 것은 그림으로 받아들이는 것에 가까우니까요. 다행히 세종대왕이 창제한 한글은 낱글자 언어라 조합의 원리를 통해 쉽게 익힐 수 있습니다.

그러니 그림책을 많이 읽어줬으니 저절로 한글을 떼리라는 기대도, 꾸준히 읽어줬는데도 왜 글자를 못 읽나 실망도 할 필요가 없습니다.

그렇다고 그림책 읽기가 한글 공부에 도움이 되지 않다고 말할 수는 없습니다. 낱글자 조합 원리를 익혀 'ㄷ'과 'ㅏ'가 만나 '다'가 된다는 것을 알게 된 아이는, 그림책을 읽으며 수많은 '다'를 마주합니다. 그리고 귀로 듣는 '다'와 눈으로 보는 '다'가 합치되는 경험을 반복하면서 한글의 조합과 소리 발음에 익숙해 집니다. 조음과 조합 원리는 그림책 밖에서 따로 배우더라도, 그 림책 안에서 듣고 보고 놀며 풍부한 한글 경험을 쌓아갈 수 있습 니다.

그림책으로 한글과 친해지기

그림책이 한글에 익숙해지는 데 도움을 준다고 해서, 그림책 을 한글 익히기의 목적으로 읽히면 곤란합니다. 간혹 한글을 빨 리 떼려는 목적으로, 양육자가 한 글자 한 글자 손가락으로 짚어 가며 읽어주는 경우를 봅니다. 그러나 이 경우 그림은 제대로 보 지 못하고 글자에만 집중하도록 하기에, 그림책의 재미를 반감 시킬 수 있습니다. 그림책은 글과 그림이 서로 협력하고 어긋나 며 재미를 만들어낸다는 사실을 잊으면 안 됩니다. 그림책을 읽 는 재미보다 한글 교육의 목표가 선행될 수는 없습니다.

특히 더듬더듬 한글을 읽을 수 있는 아이에게 억지로 그림책 을 읽어보라고 시키면 책에 대한 흥미만 떨어뜨릴 뿐이에요. 어 린이에 맞춰 속도를 조절하고 성장을 북돋아 주는 부모의 현명 함이 필요합니다. 한글 공부 중인 어린이가 한글에 좀 더 익숙해 지기 위한 몇 가지 방법을 소개해 드릴게요.

새로 사온 그림책의 제목과 작가 이름만 읽어보기

제목과 작가 이름을 읽는 정도는 어린이에게도 부담이 적습니다. 또 얼른 이 책을 읽고 싶다는 열의가 있기 때문에 아이들을 끌어들이기 쉽습니다. 제목과 작가를 읽고 표지 그림을 보며 간단히 내용을 유추해본 후 그림책을 읽기 시작합니다.

좋아하는 등장인물의 대사만 어린이가 읽기

익숙한 그림책을 읽어줄 때, 특히 좋아하는 등장인물이 있다면 그 인물의 대사만 어린이가 읽어보도록 합니다. 대사를 주고받으며 읽으면 상황이 더욱 실감나게 다가와 읽는 재미를 더해줍니다.

마지막 장만 아이가 읽게 하고 큰 소리로 박수 쳐주기

맨 마지막 한 문장, 혹은 한 장은 어린이가 읽도록 합니다. 읽고 나면 "끝!"이라고 외치며 큰 소리로 박수를 쳐, 아이가 성취감을 느끼도록 해줍니다.

한 글자 찾기

그림책을 펼쳐 특정 글자를 찾아봅니다. '고'를 더 빨리 찾은 사람이 이기거나, 펼친 페이지에서 '다'를 더 많이 찾은 사람이 이기는 식으로 게임을 하는 겁니다. 그림책 읽기보다는 그림책을 활용한 글자 찾기 놀이에 가깝습니다.

♯ 황유진

기차 ㄱㄴㄷ

박은영 글·그림, 비룡소

기차가 가는 길을 따라가며 자연스레 한글 자음을 배울 수 있도록 구성한 그림책입니다. "기다란 기차가/ 나무 옆을 지나/ 다리를 건너/ 랄랄랄 노래를 부르며"라며 ㄱㄴㄷ순의 문장이 기차처럼 길게 이어집니다. 그림은 글의 내용을 충실히 재현하면서도 기차의 역동적인 움직임을 잘 포착하여, 그 자체로 읽는 어린이에게 기쁨을 줍니다. 1997 볼로냐 국제 아동도서전 논픽션 부문 선정작.

움직이는 ㄱㄴㄷ

이수지 글·그림, 길벗어린이

명사 위주의 ㄱㄴㄷ책이 많은 현실에서, 이 책은 동사로 ㄱㄴㄷ을 구성하였습니다. 'ㄱ'은 '가두다'의 초성으로, 그림에서는 커다란 새장에 ㄱ이 갇혀있습니다. 'ㄴ'은 '녹다'의 초성으로, 그림에서는 노란 ㄴ이 녹아내리고 있습니다. 이처럼 동사의 성질과 자음을 절묘하게 결합한 그림이 독자의 상상력을 자극합니다.

소리치자 가나다

박정선 기획, 백은희 그림, 비룡소

어린이가 일상생활에서 자주 쓸 한 글자 단어로, '가'부터 '하'까지를 익힐 수 있는 그림책입니다. 강아지가 귀찮게 할 때는 "가", 장난감을 독차지하고 싶을 땐 "다", 치과에서 입을 벌려야 할 때는 "아". 영유아를 위한 보드북이지만 가나다를 처음 배우는 5~6세 어린이들도 유쾌하게 따라할 법한 책입니다.

요리요리 ㄱㄴㄷ

정인하 글·그림, 책읽는곰

샌드위치 만드는 과정을 ㄱㄴㄷ 순으로 보여주는 그림책입니다. "감자 껍질을 스윽스윽 벗겨서/ 냄비에 넣고 푹푹 쪄요/ 달그락달그락 달걀도 삶고" 등 ㄱㄴㄷ 순으로 배치되어 있으며, 다양한 재료와 요리 과정으로 독자의 흥미를 끌어당깁니다. 어린이, 곰돌이, 문어 소시지가 함께 요리하는 그림이 생동감 넘치고 사랑스러워, 어린아이들도 즐겁게 읽을 수 있는 책입니다. 독후 활동으로 샌드위치 만들기를 진행할 수도 있습니다.

가나다 글자 놀이

이상교 글·그림, 한솔수북

50년간 동시와 그림책을 써온 이상교 시인의 동시로 가나다를 배웁니다. '가랑가랑 가랑비가 가만가만 내려요/ 나비나비 노랑나비가 나풀나풀 나들이 가요'처럼 읽는 말맛이 살아있는 그림책입니다. 알록달록 색채와 뚜렷한 형태를 보여주는 밤코 작가의 그림과 어울려, 동시가 어린이의 마음속으로 자연스럽게 흘러 들어갑니다.

사랑 사랑 ㄱㄴㄷ

김숙·김미영·김지영 기획과 글, 권봉교 그림, 북뱅크

나비와 고양이의 숨바꼭질, 다양한 꽃을 소재로 ㄱㄴㄷ을 자연스레 녹여낸 그림책입니다. '개나리가 기웃기웃, 나팔꽃이 나팔나팔, 도라지꽃이 두근두근, 라일락이 팔락팔락' 등 한글 초성이 의성어, 의태어와 어우러져 노랫말 같은 글을 만들어냅니다. 운율이 살아있는 글과 더불어, 민화로 표현된 고운 그림이 독자의 눈길을 사로잡습니다.

내 마음 ㅅㅅㅎ

김지영 글·그림, 사계절

가나다 책은 아니지만, 한글 공부와 함께 읽기 좋은 책을 추천해봅니다. 초성 'ㅅㅅㅎ'로 표현되는 '섭섭해, 속상해, 소심해, 심심해' 등의 단어로, 어린이의 다채로운 마음을 형상화한 그림책입니다. 이 책을 읽고 자신의 감정이나 주변 사물을 두고 초성 놀이를 해보면, 한글과 친숙해지는 데 도움이 될 것입니다.

그림책에서
동화책으로 넘어가려면?

"엄마, 나 이 책 사줘."

"이건 글이 별로 없고 그림만 많잖아. 이거 볼 나이는 지났으니까, 저쪽 동화책 코너 가서 골라보자. 이 책은 여기서 보고 가."

대형 서점 그림책 코너에서 책을 고르고 있으면 가끔 이런 대화가 들려옵니다. 몇 살인가 싶어 보면 예닐곱 살, 기껏해야 여덟 살쯤 된 어린이들입니다. 아직 한창 그림책을 좋아할 연령대지요.

부모 입장은 좀 다릅니다. 그림책은 글이 별로 없으니 굳이 다시 읽을 필요가 없고, 그러니 사갈 필요는 더욱 없다고 느껴집니다. 같은 값이면 줄글이 많아 읽는 데 시간이 오래 걸리는 동화책이 나아 보입니다. 그렇게 어린이들은 조금 이른 나이에, 좋아하던 그림책에서 점점 멀어집니다.

어린 나이에 동화책을 읽는 것이 나쁜 것은 아닙니다. 한글을 갓 뗀 독자들을 위한 동화책들도 시중에 다양하게 나와 있으니까요. 다만 두 가지 문제가 있습니다. 하나는 그림책을 어린이에게서 일부러 떼어놓는 것이고, 또 하나는 동화책을 혼자 읽으라며 건네는 것입니다.

━━━━ **그림책과 동화책은 달라요**

그림책과 동화책은 엄연히 다릅니다. 동화책의 그림이 아무리 화려해졌다고는 하나, 동화책은 글이 중심을 이루는 장르입니다. 사용하는 어휘가 다양하고 문장이 길어지며, 서사는 그림책 대비 복잡해집니다. 그림은 보조적으로 글의 내용을 보여주는 '삽화' 역할을 합니다. 그래서 동화는 그림이 없어도 내용을 이해하는 데 문제가 없습니다.

반대로 글 없는 그림책은 있어도 그림 없는 그림책은 있을 수 없지요. 그림책의 그림은 글을 설명하는 것이 아니라, 글에서 다하지 못한 이야기를 보여줍니다. 앨리스와 마틴 프로벤스 부부의 그림책 『고양이 맥스의 비밀』에는 "새끼 고양이를 열 마리쯤 합쳐놓은 것만큼 말썽꾸러기였지."라는 글이 나옵니다. 글은 간략하게 말할 뿐, 얼마나 말썽꾸러기인지를 자세히 보여주는 것은 그림의 몫입니다. 설탕 봉지에 들어가고 대접에 뛰어들고 끈을 풀어놓고 그릇 속에 몸을 숨기는 그림을 통해, 우리는 주인공 고양이 맥스의 성격을 짐작할 수 있어요.

풍부한 어휘와 복잡한 문장 구조를 익히려면 줄글이 긴 동화책으로 빨리 넘어가는 편이 더 효과적일지 모릅니다. 그러나 그림책을 읽을 때 글만 읽는 것이 아니에요. 그림에 오래 머물며 기호와 상징을 읽어내고, 글과 그림이 동시에 전달하는 상이한 정보를 통합하여 해석하는 힘을 기릅니다. 그림책을 통해 어린이는 언어적 문해력뿐 아니라 시각적 문해력까지 기릅니다.

경험적으로 초등학교 2~3학년 사이 '유치하다'는 이유로 아이들이 그림책을 멀리하기 시작합니다. 그림책은 전 연령대가 즐길 수 있는 매체임을 감안하면 안타까운 일이지요. 하지만 어린이가 복잡한 스토리 라인과 감정선의 재미를 알게 되었다는 뜻이니, '어느새 이만큼 자랐구나' 하며 반길 만한 일이기도 합니다.

그러니 아이가 그림책을 멀리하지 않는 이상 굳이 아이에게서 그림책을 떼어놓을 필요가 없어요. 그림책도 동화책도 이야기를 경험하는 즐거운 방법이니까요. 두 장르를 더불어 읽으며 텍스트와 이미지라는 두 가지 표현 양식을 익숙하게 다룰 수 있도록 도와주면 됩니다.

혼자 읽기의 어려움

요즘 대부분의 어린이들은 초등학교 입학 전 한글을 미리 떼고 옵니다. 1-1학기 국어 시간에 'ㄱ ㄴ ㄷ'부터 한글을 배운다지만, 최근 한글을 모른 채 입학하는 어린이를 거의 본 적이 없습니다. 부모 입장에서는 아이가 한글을 알고 있으니, 당연히 책도 혼자 읽을 수 있다고 생각합니다. 이미 몇 년간 그림책을 읽어줬으니 이쯤 되면 귀찮고 힘이 들 법도 합니다. 동생들이라도 있으면 제발 첫째가 혼자 책을 읽었으면 좋겠다는 마음도 들고요.

그러나 '그림책을 많이 읽어줬다 = 한글을 읽을 줄 안다 = 동화책을 혼자 읽을 줄 안다'라는 등식은 성립하지 않습니다. 한 계단을 밟고 오르듯, 징검다리를 하나씩 밟아 강을 건너듯, 동화책을 스스로 읽는 독자가 되기까지는 단계별로 부모의 도움이 필요합니다.

① 얇은 동화책을 그림책 읽듯 읽어줍니다.
② 분량이 길어지면 나누어 읽어줍니다.
③ 어린이가 무엇을 좋아하는지 계속 관심을 갖습니다.

얇은 동화책은 줄글이 길지 않고 그림도 많기 때문에 그림책과 큰 차이가 없게 느껴집니다. 동화책을 처음 접하는 어린이 독자도, 읽어주는 부모도 부담이 적습니다. 그림책 사이에 섞어 읽어주면, 두려움이나 거부감 없이 자연스레 동화책에 익숙해질 수 있습니다.

평소 본인이 읽던 것보다 두꺼운 책을 혼자 읽으라고 하면 좋아할 어린이가 별로 없습니다. 읽기라는 행위 자체가 부담스러우니까요. 하지만 읽어주면 흥미롭게 듣는답니다. 이런 경우 매일 조금씩 나눠 읽어주기를 추천합니다. 어른들이 인기리에 방영 중인 드라마를 기다리듯, 아이들도 책 읽는 시간을 기다리게 됩니다. 한 권을 다 읽어주기가 부담스럽다면 앞의 한두 챕터만이라도 읽어주세요. 이야기에 일단 몰입하면 분량의 압박을 이길 수 있습니다.

이때 시리즈물의 도움을 받는 것도 좋습니다. 시리즈물은 첫 권을 읽고 나면 주요 등장인물, 배경 설정 등에 익숙해지기 때문에 이후 진입장벽이 낮아진다는 장점이 있지요. '루루와 라라' 시리즈, '병만이와 동만이 그리고 만만이' 시리즈, '고양이 해결사 깜냥' 시리즈, '이상한 과자 가게 전천당' 시리즈 등 다양한 시리즈물을 서점에서 만나볼 수 있습니다.

무엇보다 어린이가 무엇을 좋아하는지 계속 관심을 갖는 것이 중요합니다. 그림책은 워낙 짧아 부모가 금세 내용을 파악하고 고를 수 있어요. 하지만 동화는 한눈에 내용을 파악하기가 어려워요. 또 아이가 자랄수록 부모들도 '우리 아이가 무엇을 좋아하나'보다는 '우리 아이가 무엇을 해야 하나'에 더 많은 관심을 쏟습니다.

그러다 보면 아이에게 어떤 책이 어울릴지 고민하는 시간이 점점 줄어듭니다. 잘 모르다 보니 꼭 읽으라는 필독 도서를 읽히고, 취향에 맞지 않으면 아이가 독서와 점점 멀어지는 악순환이 벌어집니다.

내 자녀가 현실적인 이야기와 판타지 중 무엇을 더 좋아하는지, 어떤 소재를 좋아하는지, 어떤 작가를 좋아하는지 꾸준히 지켜봐 주세요. 그렇게 재미있는 동화책을 읽어주고 공급하다 보면, 어느 순간 스스로 책을 골라 혼자 읽는 세계로 훌쩍 건너갑니다. 그 시간은 생각보다 금세 온답니다. ⁑ **황유진**

엠마의 비밀 일기

수지 모건스턴 글, 세브린 코르디에 그림, 이세진 옮김, 비룡소

비룡소 '난 책읽기가 좋아' 1단계는 조금 두꺼운 그림책부터 얇은 동화
책까지 포함되어, 처음 동화를 접하는 어린이 독자들에게 적합합니다.
이 중 수지 모건스턴의 『엠마의 비밀 일기』는 작가의 손녀 이야기에서
모티프를 얻은 생활 동화로, 어린이들의 일상을 다룬 이야기가 쉽게 공
감을 자아냅니다. 『엠마가 학교에 갔어요!』 등 다른 시리즈도 함께 읽으
면 더욱 재미있습니다.

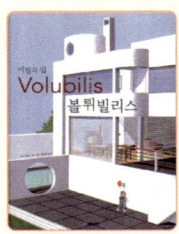

비밀의 집 볼뤼빌리스

막스 뒤코스 글·그림, 길미향 옮김, 국민서관

그림책으로 분류되지만 글이 매우 긴 편이라, 동화책에서 추천합니다.
막스 뒤코스의 책은 그림이 환상적이고 비밀을 풀어나가는 방식으로
진행되기 때문에, 긴 이야기에 익숙하지 않은 어린이들도 흥미진진하
게 이야기에 몰입합니다. 『비밀의 정원』, 『모래 언덕에서의 특별한 모
험』 등 작가의 다른 작품을 통해서도, 실마리를 찾아 수수께끼를 풀어
가는 환상적인 시간을 경험할 수 있습니다.

나도 편식할 거야

유은실 글, 설은영 그림, 사계절

사계절 '웃는 코끼리' 시리즈는 7~8세 어린이들을 위한 국내 창작동화
시리즈로, 짧고 간결하면서도 재치 넘치는 작품이 많이 포함되어 있습
니다. 그중 유은실 작가의 『나도 편식할 거야』는 3편의 단편으로 이뤄져
한 편씩 읽어주기에도 적합하며, 먹는 이야기를 담고 있어 독자의 흥미
를 끕니다. 『나도 예민할 거야』에서 『나는 따로 할 거야』까지 이어지는
작품은 정이의 캐릭터가 특별하고 오빠와의 미묘한 관계를 다뤄 어린이들의 공감을 불러일으킵
니다.

토드 선장과 우주 탐험

제인 욜런 글, 브루스 디건 그림, 박향주 옮김, 시공주니어

두꺼비 토드 선장과 개구리 대원들이 우주 여행 중 새로운 행성을 발견합
니다. 그런데 이 행성에는 괴물 수중마왕이 살고 있어요. 대원들은 무사
히 다시 우주로 돌아갈 수 있을까요? 독특한 캐릭터와 기발한 상상력이
빛나는 우주 탐험 이야기를, 6권의 시리즈로 만나보세요.

목기린 씨, 타세요!

이은정 글, 윤정주 그림, 창비

창비의 '첫 읽기책' 시리즈는 처음 동화책을 읽는 어린이들을 위한 밝고
건강한 작품들을 선보이고 있습니다. 그중 이은정 작가의 『목기린 씨, 타
세요!』는 동물들이 주인공인 의인 동화로, 긴 이야기에 익숙하지 않은 어
린이 독자의 흥미를 끌기 적합합니다. 목이 길어 마을버스에 타기 힘든
목기린 씨가, 마을버스를 타기 위해 아이디어를 내고 연대하는 과정을
그린 다정한 책입니다.

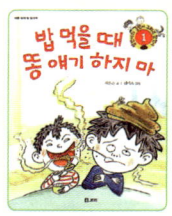

밥 먹을 때 똥 얘기 하지 마

허은순 글, 김이조 그림, 보리

8살 병만이와 6살 동만이, 강아지 만만이가 주인공인 시리즈의 첫 권입
니다. 어린이들의 일상이 담긴 내용도 재미있지만, 첫 읽기책으로써 문
장에 공을 들인 책입니다. 어휘와 문장 구조가 반복되고, 의성어 의태어
가 적절히 활용되어 글맛을 살립니다. 소리 내어 읽어보면, 소릿값과 리
듬감에도 신경 써 문장을 매만졌다는 것을 느낄 수 있습니다.

혼자 잘 수 있어

난별 글, 김진미 그림, 책읽는곰

책읽는곰의 '678 읽기 독립' 시리즈는 6~8세 어린이를 위한 동화책 시
리즈입니다. 난별 작가의 『혼자 잘 수 있어』는 친구들이 모두 부모님과
따로 잔다고 하자 혼자 자기에 도전하는 율이의 이야기입니다. 어린이
의 성장을 지켜보는 생활 밀착형 동화로 공감을 자아냅니다. 홑문장,
순우리말, 구어체, 의성어, 의태어를 적극 활용하여 첫 읽기책으로서
의 효과를 높였습니다.

학습 만화만
읽으려고 해요

"우리 아이는 학습 만화만 읽는데요. 하도 책을 안 읽으니까 이거라도 읽으라는 마음으로 놔두고 있어요. 그래도 괜찮은가요?"

초등 학부모 대상 그림책 강의에서 부모님들이 제일 많이 하는 질문입니다. 학습 만화를 접하는 연령대가 점점 낮아져서 요즘은 유치원 대상 강의에서도 이런 질문을 종종 듣습니다. 읽어주면 그림책이나 동화책도 앉아 듣는데, 혼자 읽으라고 하면 학습 만화만 읽는다는 경우가 많았어요. '학습 만화니까 나중에 공부에 필요한 지식이라도 건질 수 있지 않을까?' 혹은 '그래도 유튜브만 보는 것보다는 낫지 않나?' 하는 마음이 느껴집니다.

학습 만화를 무조건 막기는 어려운 것이 현실입니다. 취학 전 학습 만화를 읽히지 않았는데, 초등학교에 입학 후 교내 도서관에서 신나게 섭렵하더라고요. 부모가 사주거나 빌려주지 않아도, 도서관에서 찾아보거나 친구들에게 빌려서 읽는 걸 막기는 쉽지 않습니다. 책을 사주겠다고 큰맘 먹고 서점에 가면, 컬러풀하고 역동적인 표지의 학습 만화책들이 어린이들의 시선을 빼앗습니다.

어릴 때 접하는 학습 만화, 괜찮을까요?

괜찮냐는 질문에 "괜찮아요"라고 답하고 싶지만, 저는 미취학 어린이에게 학습 만화를 읽히는 것에는 우려를 표합니다. 학습 만화만 읽는 것에는 더더욱 찬성하기 어렵습니다. 다만 초등학생 이후, 다른 책을 읽으면서 학습 만화도 즐기는 것은 반대하지 않습니다.

미취학 어린이들에게 학습 만화를 권하지 않는 이유는 첫째, 캐릭터나 어휘가 자극적이고 둘째, 서사가 빈약하기 때문입니다. 천천히 사건이 전개되고 감정이 고조되는 그림책과는 자극의 정도와 속도가 전혀 다릅니다.

양육자들은 '다양한 분야의 지식이라도 습득하겠지'라는 기대감에 학습 만화를 쉽게 허용합니다. 하지만 어린이들에게 읽고 기억에 남는 것을 얘기해보라고 하면 기대와는 좀 다른 답이 나옵니다. 대부분 재미있는 말장난, 웃기는 상황, 과장된 표정, 단편적이고 신기한 사실 정도를 듣니다. 어른들이 진짜 읽어주길 바라는 정보 면은 '글자가 너무 많다'며 읽지 않고 넘어가는 경우가 대부분입니다.

물론 학습 만화가 무조건 나쁘다고는 말할 수 없습니다. 줄글로 읽기 어려운 역사, 과학, 사회 등의 지식을 쉽게 이해하도록 돕는 측면도 있으니까요. 그림과 사진 자료를 활용해 복잡한 개념과 사건을 조금 더 간단하고 명확하게 전달하기도 합니다. 어릴 때 반복해 읽은 『먼나라 이웃나라』 덕분에 세계사나 세계지리를 조금 더 수월하게 공부했던 것도, 『따개비 한문숙어』 덕분에 어려운 사자성어에 익숙해진 것도 사실이에요.

그러나 이 책들과 지금의 학습 만화를 비교해보면 상당한 차이가 있습니다. 제가 어릴 때 예림당에서 출간된 학습 만화 『우주는 왜』를 무척이나 좋아했어요. 어른이 된 후 궁금하여 이 책을 다시 구한 후, 요즘 사랑받는 『Why? 우주』와 한데 놓고 읽어본 적이 있습니다. 최신 학습 만화의 자료가 생동감 있고 풍성하다는 장점이 있지만, 대사나 그림이 훨씬 자극적이고 화려합니다. 어린 독자가 주제와 상관없는 시지각 정보에 너무 많은 주의를 빼앗기게 됩니다.

연령대가 조금 다르긴 하지만, 유의미한 연구 결과가 있어 소개합니다. 초등학교 6학년, 중학교 3학년, 고등학교 1학년을 대상으로 교과서식 자료와 학습 만화의 학습 효과를 비교한 연구가 있습니다. 모든 학년에서 교과서식 설명 자료를 읽은 편이 학업 성취도가 높았습니다.

그런데 이보다 유의미한 결과가 눈에 띕니다. 흥미도와 이해도 측면에서는 교과서식 자료가 아닌 학습 만화를 읽은 초등학생들이 더 높은 점수를 받았어요. 더 재미있게 공부하고 더 잘 이해했다고 생각하는데, 결과적으로 성취도는 떨어진다는 말입니다. 즉, 진짜로 공부가 되는 것이 아니라 '공부가 되는 것 같은 느낌'을 받는 거지요. 문제가 해결될 것 같은 느낌이 문제를 해결할 수 없듯, 공부가 되는 것 같은 느낌은 공부를 대신 해줄 수 없습니다.

학습 만화만 읽는 것을 방지하려면

만화책은 읽기 독립을 위한 효율적인 수단이라고, 초등 입학을 앞두고 읽기 독립을 시도해보려면 만화책을 적극 활용해 보라는 조언을 읽은 적이 있습니다. 뒤집어 생각해보면, 읽기 독립을 빨리 시킨다는 명목으로 어른들이 어린이의 손에 학습 만화를 쉽게 쥐어주는 것일지도 모릅니다. 6~7세 어린이들이 혼자 책을 읽지 못하는 것은 당연합니다. 그림책 독자에서 동화책 독자로 지속 성장하기를 바란다면, 읽기 독립을 빨리 시키는 것이 아니라 꾸준히 읽을 환경을 만들어주어야 합니다.

학습 만화라도 일단 책이라는 형식에 익숙하게 만든 후, 동화책으로 이끌어주면 되지 않느냐고 반문하는 분도 있습니다. 책에 익숙해지도록 하려면 그저 책을 읽어주면 됩니다. 굳이 학습 만화라는 징검다리를 지나갈 이유가 없습니다. 오히려 학습 만화에만 재미를 붙이면 글로 이뤄진 책은 딱딱하고 지루하다는 인상만 강해질 뿐입니다.

영유아에게 학습 만화를 권하지는 않지만, 이미 아이가 즐겁게 보고 있다면 부모님이 두 가지를 꼭 실천해주시기를 당부드립니다. 첫째, 책 읽어주기를 놓지 마세요. 어린이가 꾸준한 독자가 되기까지는 시간과 노력이 필요합니다. 이 시간을 채워줄 수 있는 건 오직 양육자입니다. 둘째, 학습 만화 중에서도 유난히 관심 있어 하는 분야가 있다면 같은 분야의 픽션, 논픽션 그림책도 골라주세요. 혼자 읽지 않으면 같이 읽어주시면 됩니다. 대부분 어린이들이 혼자 읽기에는 좀 벅차더라도, 누가 읽어주면 관심 있는 분야는 집중하여 듣습니다.

아이가 학습 만화만 고집하고 일반 책은 거부한다면, 두 가지를 점검해 보세요. 먼저 아이가 너무 바쁜 것은 아닌지, 그리고 너무 어려운 책을 읽어주려고 하는 건 아닌지를요. 어른들도 지칠 때 집에 와서 책을 읽기보다는 소파에 누워 영상 한 편을 보고 싶어지는 것과 마찬가지입니다. 또 수준에 맞지 않는 책을 부모가 욕심내어 고르면 아이는 집중하기 어렵습니다. 책 수준을 조정하여 '학습 만화 아닌 책도 재밌구나'라는 마음을 유지하도록 도와주어야 합니다.

만화 형식을 취하되 자극적이지 않고 훌륭한 서사를 갖춘 그림책을 읽는 것도 좋은 방법입니다. 그림책의 그림은 대부분 한 화면에 한 장면을 담고 있지만, 만화 형식을 도입하면 다양한 컷으로 조금 더 세세한 상황과 다양한 등장인물의 감정을 표현할 수 있지요. 한 화면에 한 장면만 나오는 그림책 대비 훨씬 역동적으로 느껴져 어린이들의 눈길을 끌기도 좋습니다.

어린이가 한글을 읽을 수 있다면 만화 속 대사를 주거니 받거니 읽어보기를 권합니다. 『친구의 전설』을 읽으며 양육자는 꼬리꽃을, 어린이는 누렁이를 담당해보세요. 역할을 바꿔 읽는 것도 좋지요. 등장인물들의 마음을 흠뻑 느껴볼 수 있을 거예요.

⇅ **황유진**

산타 할아버지

레이먼드 브릭스 글·그림, 박상희 옮김, 비룡소

어릴 적 신문 만화를 보며 작가의 꿈을 키웠다는 레이먼드 브릭스는, 그림책에 만화의 컷 요소를 훌륭하게 접목시켰습니다. 선물 배달을 준비하고, 긴긴 배달 후 돌아와 크리스마스 이브 저녁을 즐기는 산타 할아버지의 하루가 담겨 있습니다. 흔히 생각하는 인자하고 푸근한 이미지가 아닌, 이웃집 평범한 할아버지 같은 산타의 모습이 유쾌함을 자아냅니다. 『눈사람 아저씨』, 『곰』, 『괴물딱지 곰팡 씨』등도 모두 만화 형식으로 이뤄져 있습니다.

생각하는 개구리

이와무라 카즈오 글·그림, 박지석 옮김, 진선아이

생각하기를 좋아하는 개구리와 친구 생쥐가 일상에서 질문과 답을 찾아가는 과정이 서정적으로 그려진 책이에요. 네 컷 만화라는 간결한 형식이 함축적으로 정보를 전달하면서 여운을 남깁니다. "마음은 어디에 있을까?", "조개의 얼굴은 어디 있을까?" 같은 천진하면서도 철학적인 질문을 만날 수 있습니다. 고단샤 출판문화상 수상작.

양철곰

이기훈 글·그림, 리잼

무분별한 자연 파괴로 황폐해진 지구의 어느 시점, 사람들은 모두 우주 기차를 타고 지구를 떠납니다. 양철곰은 지구에 남은 마지막 초록을 지키기 위해 스스로 녹슬고 스러져 도토리의 보금자리가 됩니다. 글이 없는 대신 역동적인 만화 형식으로 전개되어 시선을 사로잡는 작품이에요. 볼로냐 국제어린이 도서전 2010 멘션 선정작.

내 멋대로 슈크림빵

김지안 글·그림, 웅진주니어

슈크림이 없어 버려진 슈빵 다섯 개가, 슈크림을 찾으러 떠난 여정을 그린 그림책입니다. 속에 슈크림을 채우는데 성공하는 대신, '내가 제일 좋아하는 건 뭘까?'를 고민하며 고유한 슈빵들이 되기 위해 노력하지요. 한쪽에 여덟 컷씩 정갈하게 전개되는 만화 형식이 여러 캐릭터의 복잡다단한 마음을 섬세하게 드러냅니다.

친구의 전설

이지은 글·그림, 웅진주니어

성격 불퉁한 호랑이 누렁이의 꼬리에 수다쟁이 민들레 꼬리 꽃이 붙어버립니다. 성격이 전혀 다른 두 친구가 서로에게 영향을 미치며 소중한 관계가 되어가는 과정이 유쾌하고 감동적으로 그려집니다. 분할 화면 컷과 전체 화면 컷을 번갈아 활용하여, 긴장과 이완의 리듬을 활용해 재미와 감동을 효과적으로 전달합니다. 작가의 『팥빙수의 전설』, 『이파라파냐무냐무』, 『태양왕 수바』 등도 함께 읽어보세요.

쌀알 돌알

벼레 글·그림, 사계절

쌀알 속 섞인 돌알을 쫓아내었다가 불량 쌀알들까지 쫓아내게 된 이야기입니다. 크기가 작다고, 흠집이 있거나 금이 갔다고 불량 쌀알로 낙인 찍는 모습을 보며, 편견과 차별에 대해 생각해보게 됩니다. 철학적인 질문을 담고 있지만 그림과 캐릭터는 매우 사랑스럽고, 촘촘한 컷의 만화 형식으로 속도감 넘치는 서사가 전개됩니다.

어린이가
책과 더 친해지는 방법

첫째는 K팝을 무척 좋아합니다. 처음에는 줄넘기 수업에서 흘러나오는 최신 인기곡들을 전반적으로 다 좋아하다가, 엄마가 좋아하는 가수를 함께 좋아하다가, 차츰 좋아하는 가수가 생겼지요. 가수의 노래를 듣고, 포토 카드를 모으고, 자체 예능 콘텐츠를 봅니다. 댄스학원에 다니며 K팝 안무를 배우고, 배우지 않은 안무도 유튜브를 보며 금세 익힙니다. 그러면서 더 많은 노래를 듣게 됩니다. 무언가를 좋아하는 마음으로 시작한 일이 깊어지고, 그 깊이가 다시 좋아하는 마음을 넓혀주는 순환이 일어납니다.

어린이가 그림책을 좋아하는 마음도 이렇게 깊고 넓어지면 얼마나 좋을까요. 그러기 위해서는 그림책을 읽어주는 것을 넘어 그림책을 다양하게 경험해보는 것이 중요합니다. 유난히 좋아하는 그림책과 그림책 작가를 찾고, 그림책에서 출발한 다양한 콘텐츠들을 오감으로 경험하면서 보다 적극적인 독자로 성장해 나가는 것이지요.

좋아하는 작가를 만들어요

좋아하는 선수가 있으면 축구 경기에 더 몰입하는 것처럼, 좋아하는 가수가 있으면 음악을 더 즐겨듣는 것처럼, 좋아하는 작가가 있으면 책 읽는 기쁨을 더 깊게 누릴 수 있습니다. 어린이가 유달리 좋아하는 그림책을 발견하면, 작가의 다른 그림책도 찾아 읽어봅니다. 안녕달 작가의 『별에게』를 재미있게 읽었다면 『수박 수영장』, 『메리』, 『할머니의 여름 휴가』 등 이전 작품도 찾아서 읽어보는 거지요. 이 경우 작가의 세계관과 표현 양식 등에 일관성이 있기 때문에 쉽게 다른 작품에도 몰입하며 안정감과 즐거움을 느끼게 됩니다.

작가가 작품마다 숨겨놓은 이스터에그를 발견하기도 합니다. 이스터에그는 작품에 숨겨진 작은 메시지, 혹은 유머 요소를 뜻하지요. 『방긋 아기씨』, 『우주로 간 김땅콩』 등을 쓰고 그린 윤지회 작가는 어린왕자를 너무 좋아하여 작품마다 어린왕자를 숨겨놓았습니다. 작품의 내용과 별개로 어린이들은 윤지회 작가의 작품을 만날 때마다 어린왕자가 어디 있을까 눈을 크게 뜨며 찾게 됩니다.

이런 재미를 잘 알기 때문에, 어린이들은 좋아하는 작가의 신작이 나오면 '묻지도 따지지도 않고 사 달라'고 조르곤 합니다. 이전 작품보다 더 재미있다고 하면 참 좋은 일이고, 이전 작품이 더 재미있다고 해도 나쁠 건 없어요. 어떤 작품이 더 나은지를 판단할 정도로 자신만의 기준이 뚜렷해지고 있다는 증거니까요. 좋아하는 작가의 작품을 섭렵하면서, 어린이의 책 취향은 선명하고 섬세해집니다.

작가를 실제로 만나봐요

현실에서 작가를 직접 만나보면 책에 대한 애정이 더욱 깊어집니다. 내가 읽은 책의 작가를 눈앞에서 보는 것만으로도 아이들은 머우 신기해합니다. 북토크에서는 작가가 낭독하는 그림책을 듣고, 그림책을 구상한 첫 아이디어와 스케치 등을 상세하게 봅니다. 작품 뒤 숨겨진 창작 과정을 확인하는 시간이지요. 책을 읽으며 궁금했던 점을 물어보기도, 느낀 점을 솔직하게 표현하기도 합니다. 이 모든 과정이 책과 친해지는 지름길입니다.

작가와의 만남에 가면 시간이 좀 걸리더라도 작가 사인을 꼭 받아보세요. 그림책 작가의 사인은 글과 그림이 어우러져 독특한 개성을 드러냅니다. 볼펜, 색연필, 사인펜, 색종이, 도장 등 다양한 재료를 활용한 사인은 그 자체로 작품이 됩니다. 그림책을 꺼내 사인을 마주할 때마다 작가와 만나 이야기 나눴던 시간이 떠오를 거예요. 그 따뜻하고 즐거운 기억이 다시 그림책을 찾게 하는 원천이 되어줄 것이고요.

─── **다양한 방법으로 그림책을 직접 경험해요**

최근 그림책 관련 콘텐츠를 경험할 수 있는 기회가 다양해지고 있습니다. 원화는 살아있는 그림입니다. 그림책을 인쇄하는 과정에서 작가가 구현하고자 했던 그림은 미세하게 바뀔 수밖에 없어요. 원화를 직접 보면서 본래의 색감을 알아차리고, 그림의 질감이나 재료의 입체감도 생생하게 느낄 수 있습니다.

현대어린이책미술관, 군포 그림책 꿈마루, 순천 그림책 도서관, 원주 그림책 도서관, 알부스 갤러리 등에서 정기적으로 국내외 작가들의 원화전이 열립니다. 전국의 크고 작은 도서관과 갤러리에서도 그림책 원화들을 만날 수 있습니다.

가족 나들이 삼아 그림책 축제에 다녀올 수도 있습니다. 그림책 문화를 꽃피워온 원주에서는 매년 가을 원주 그림책 페스티벌이 열리고 있습니다. 그림책 큐레이션 전시, 어린이 창작 워크숍, 시민 그림책 전시, 어린이 음악극 등으로 그림책 독자들을 찾아갑니다. 독립출판 북페어 전주 책쾌, 전주독서대전 등 책 문화 축제를 열어온 전주에서도 2022년 봄 전주국제그림책도서전이 시작되었습니다. 작가와의 만남, 그림책을 활용한 체험 프로그램, 그림책 굿즈 판매, 어린이 창작 워크숍 등 다양한 행사를 진행합니다.

백희나 작가의 『알사탕』, 『장수탕 선녀님』, 안녕달 작가의 『수박 수영장』, 유설화 작가의 『슈퍼 거북』, 『슈퍼 토끼』, 이와이 도시오의 『100층짜리 집』 등 크게 사랑받은 작품들이 공연의 형태로 재탄생하여 독자들을 찾아가고 있습니다. 원작의 재미를 살리면서도 새로운 서사를 추가해 보고 듣는 재미가 있어요. 평면으로 보던 그림책 장면이 무대와 연기, 음악을 통해 입체적으로 확장되어, 잊지 못할 경험을 어린이에게 선물합니다.

이밖에 그림책 굿즈를 수집하는 재미도 있어요. 『친구의 전설』 등으로 유명한 이지은 작가가 캐릭터 굿즈 샵을 만들어 편지지, 엽서, 마스킹테이프, 연필 등 다양한 굿즈를 선보이고 있습니다. 안데르센 상 수상자 이수지 작가의 작품도 카드, 색종이, 공책, 열쇠고리 등으로 만들어져 판매 중입니다. 좋아하는 그림책 캐릭터의 상품을 고르고 쓰며, 그림책에 대한 애정을 돈독히 지켜 나갈 수 있습니다.

좋아하는 작가를 찾고, 그림책 콘텐츠를 즐기러 나들이를 떠나는 데는 시간과 노력이 듭니다. '아이를 위해 내가 이만큼 애쓰고 있다'라는 생각만으로는 계속 하기 어려운 일입니다. 그러니 그림책을 고르고 읽어주며, 아이 말고 내가 좋아하는 그림책을 꼭 만들어보세요. 그렇게 조금씩 조금씩, 어린이의 손을 꼭 잡고 그림책의 집으로 들어오세요. 어린이도 엄마 아빠와 함께라면 더 신나게 더 적극적으로 그림책의 집을 쏘다닐 테니까요. ‡ 황유진

도서관과 서점은
어린이의 친근한 놀이터

최근 원주 여행을 가면서 2024년 개관한 원주 그림책도서관에 들렀습니다. 그림책 특화 도서관인 이곳은, 영유아를 위한 '처음 그림책실', 누구나 즐길 수 있는 '모두 그림책실', 전시실과 강의실로 이뤄져 있습니다. 귀여운 동물 방석과 푹신한 소파에 자유롭게 앉아 그림책을 즐기는 어린이와 부모들이 도서관을 가득 채우고 있었어요. 누구도 뛰지 않고 떠들지 않지만 조곤조곤 이야기가 오가는 곳. 많은 이들이 꿈꾸는 어린이 도서관의 모습이었습니다.

이런 도서관이 우리 동네에 있었다면 얼마나 좋았을까요. 하지만 어린이를 키울 때 꼭 크고 세련된 도서관이 필요한 건 아니더라고요. 그저 근처에 있는 도서관, 어린이들에게 활짝 열려 있는 도서관이면 충분한 것 같습니다.

초등학교 입학 전까지 아이들과 함께 집 앞 작은 도서관에 매주 다녔습니다. 도서관은 어린이집 하원 후 짬을 내어 들르는 놀이터이자 여름방학 동안 시원하게 책 피서를 떠나는 휴양지, 만들기 수업을 하는 공방이었습니다. 덕분에 아이들은 책이 있는 공간에 자연스레 익숙해졌습니다.

도서관과 친해져요

어린아이를 도서관에 데려가는 게 말처럼 쉬운 일은 아닙니다. 아이들은 아직 도서관이 어떤 공간인지 알지 못하기 때문에, 소리를 지르고 쿵쿵 뛰어다니고 책을 마구 빼고 아무 데나 던지기도 하지요. 아이의 행동을 제지하다 보면 에너지를 다 써버려 '도서관에 안 데리고 가고 말지' 생각도 듭니다.

하지만 아이 교육에서 단번에 되는 일이 단 하나라도 있던가요? 밥을 한두 번 만에 흘리지 않고 깨끗하게 먹는 아이도 없고, 옷을 뒤집지 않고 한 번에 잘 입는 아이도 없습니다. 도서관에 다니는 법도 마찬가지입니다. 도서관에서 해도 되는 행동과 하면 안 되는 행동을 꾸준히 알려줄 때 아이는 배우고 성장합니다.

다른 이용자들에게 크게 방해가 되는 날은 주의를 주고 도서관을 나서야겠지만, 어린이가 아직 몰라 실수하는 거라면 찬찬히 알려주면서 도서관 생활에 익숙해지면 됩니다. 도서관에 가면 좋은 일이 생긴다는 느낌을 주면 더 좋지요. 책을 읽고 난 후 옥상정원에서 간식을 나눠 먹는 것도 좋고, 색연필을 챙겨가 책을 읽다 지루해하면 그림을 그려도 됩니다. 빌린 책을 야외 정원이나 도서관 옆 놀이터에서 읽어주면 색다른 즐거움을 느낄 수 있어요.

도서관에서 책을 고르는 우선순위는 아이에게 있습니다. 부모 눈에 좀 '별로인' 책을 가져와도 그저 읽어주세요. 표지만 보고 흥미로워 보이는 책을 골라오기 때문에 유치해 보이거나 실제로 재미없는 책을 가져오기도 합니다. 읽어주다 보면 아이가 스스로 판단하여 끝까지 읽을지 그만 덮을지 결정합니다. 그러면서 책을 고르는 요령이 차츰 생기게 되지요.

스스로 옷을 골라본 적 없는 사람이 갑자기 옷 쇼핑을 가면 실패하기 십상입니다. 자신에게 어떤 옷이 어울리는지, 옷장에 어떤 옷이 있는지, 요즘은 어떤 옷이 인기인지 정보가 하나도 없으니까요. 이런저런 옷을 사며 실패도 성공도 해봐야, 내게 어떤 옷이 어울리고 옷장의 어떤 옷과 매치하여 입을 수 있는지 감이 생깁니다.

감각은 하루 이틀 사이 쌓이지 않아요. 시간을 들이고 돈을 써봐야 생깁니다. 책도 스스로 골라보고 실패해서 '돈 아깝다'라고도 느껴보고 성공해서 '잘 골랐다' 싶어도 봐야 자신의 취향에 맞는 책을 고를 수 있습니다.

하물며 도서관은 돈이 들지 않으니 실패비용을 획기적으로 줄일 수 있지요. 정 탐탁지 않다면, 아이가 골라오는 책 사이에 부모가 고른 책도 간간히 읽어주면 됩니다. 이 시기 아이들은 대부분 부모가 골라주는 책도 거리낌 없이 수용합니다.

도서관에서 여러 활동을 통해 어린이들의 흥미를 북돋울 수 있어요. 그 중 첫 번째는 어린이 이름으로 회원증을 발급해주는 것입니다. 온라인 회원 가입 후 실물 회원증을 발급, 자기 이름으로 직접 책을 빌려볼 수 있도록 하는 것이죠. 희망도서 신청(도서관에 없는 자료를 구입 신청하는 제도), 상호대차(집 근처 도서관에 없는 책을 관내 타도서관에서 빌려 받는 제도)로 아이가 원하는 책을 미리 신청한 후 도서관에 가서 책을 찾는 것도 좋은 방법입니다.

도서관에 따라 어린이 독서 통장을 발급해주는 곳도 있습니다. 은행에서 입출금 내역을 통장에 찍어주듯, 도서관에서 반납 완료한 도서목록을 통장에 찍어주는 것이지요. 어린이들이 직접 투입구에 통장을 넣고, '지직 지지직' 기계 소리를 들으며 기다립니다. 읽은 책 목록이 모여 한 장 한 장 넘어가다 보면, 통장이 가득 차는 기쁨을 누릴 수 있습니다.

한글을 배운 친구들이라면 검색대에서 책을 직접 찾아보도록 해주세요. 저희 아이들도 제일 처음 키보드를 쳐본 경험이 도서관에서 책을 찾기 위해서였답니다. '814.8 가_23' 같은 십진분류 번호를 출력해 실제 서가에서 책을 찾는 법도 알려주세요. 숫자 → 자음 → 모음 → 자음(받침) 순으로 서가를 오가며 책을 찾다 보면 한글 체계에 더욱 친숙해지게 됩니다.

도서관에서 열리는 여러 프로그램에 참여하는 것도 좋습니다. 도서관에서는 작가와의 만남, 독서교실, 만들기, 말 놀이 프로그램, 그림책 원화 전시, 낭독극 등 책과 관련된 다양한 프로그램이 열립니다. 특히 작가와의 만남에 참석해 작업 과정을 보고 질문하고 사인까지 받아본다면, 특별한 추억으로 남을 거예요.

우리에게는 서점도 있다

도서관만큼이나 수많은 책을 접할 수 있는 공간이 바로 서점입니다. 고른 책을 바로 구매할 수 있다는 건 크나큰 장점이지요. 도서관과 달리 돈을 지불해 소장하게 되므로, 더욱 신중하게 책 고르는 경험을 쌓을 수 있습니다.

대형 서점 매대의 학습 만화, 캐릭터 동화책, 서가 옆 장난감과 문구류에 현혹되지 않기 위해, 두 가지 방법을 써볼 수 있어요. 첫 번째, 서점에서는 그림책만 사겠다는 약속을 사전에 하고 갑니다. 약속을 지키지 않으면 그냥 나오면 됩니다. 약속하고 단호하게 약속을 지키는 과정에서도 어린이는 배웁니다. 두 번째, 대형 서점 대신 동네 그림책 전문서점에 갑니다. 큐레이션 된 그림책 중에서 취향에 맞게 고를 수 있기 때문에 '장난감은 된다, 안 된다' 실랑이를 벌일 필요가 없거든요.

조금 특별한 방법도 추천해볼게요. 바로 여행지에서 서점 들르기입니다. 저는 국내 여행을 떠날 때 관광지나 숙소 근처 서점을 꼭 검색해 봅니다. 특히 SNS를 통해 검색해보면, 특색 있는 동네 서적들을 많이 찾을 수 있습니다. 책방에서 그림책을 읽어주며 이야기의 세계로 여행 속 여행을 떠난 후, 재미있게 읽은 그림책은 사오는 거예요. 특별한 장소에서 특별한 감정을 안고 고른 책은 기억에 오래 남습니다.

도서관에서와 마찬가지로, 서점에서도 어린이가 사고 싶어 하는 책을 구입해 주세요. 애초에 골라도 되는 책과 안 되는 책을 분명히 한 후 허락한 범주 내에서 평가하지 않고 사주는 편이 좋습니다. 어른들이 해줄 일은 큰 울타리를 치고 그 안에서는 어린이들이 자유롭게 놀도록 지켜봐 주는 것입니다. 어린이의 선택을 존중해주세요. 취향은 존중 속에서 자라나니까요. ‡‡ **황유진**

도서관

사라 스튜어트 글, 데이비드 스몰 그림, 지혜연 옮김, 시공주니어

수줍음 많은 아이 엘리자베스는 소위 책벌레입니다. 학교에서든 집에서
든 머릿속에 온통 책 생각뿐이었던 아이는 어른이 되어서도 책에 둘러
싸여 살아갑니다. 책이 집을 가득 채워 발 디딜 틈이 없게 되자, 엘리자
베스가 마을에 기증한 책으로 '엘리자베스 브라운 도서관'을 지었습니
다. 책과 도서관의 아름다움을 느낄 수 있는 서정적인 그림책입니다.

도서관에 간 사자

미셀 누드슨 글, 케빈 호크스 그림, 홍연미 옮김, 웅진주니어

규칙을 중요하게 생각하는 메리웨더 관장님의 도서관에 어느 날 사자
가 찾아옵니다. 이야기 시간을 좋아하는 사자는 도서관 규칙을 잘 지
키며 도서관을 즐기지만, 어느 날 규칙을 어길 수밖에 없는 일이 벌어
집니다. 어린이 독자는 도서관에 사자가 온다는 상상을 통해 도서관
을 즐겁고 환상적인 공간으로 인식하게 됩니다. 도서관의 규칙도 자
연스레 배울 수 있는 책입니다.

도서관에서는 모두 쉿!

돈 프리먼 글·그림, 이상희 옮김, 시공주니어

캐리는 토요일마다 도서관에서 『동물원 친구들』을 읽으며 재미있
는 상상을 펼쳐봅니다. 자신이 사서가 된다면 동물들만 도서관에
들어오겠다는 날을 만들어보겠다는 거예요. 가만 있지 못하는 동
물들이 과연 도서관에서 조용히 책을 볼 수 있을까요? 도서관에
서는 조용해야 한다는 당연한 규칙을 자연스레 익히도록 돕는 책입니다.

도서관에서 만나요

가제키 가즈히토 글, 오카다 치아키 그림, 김소연 옮김, 천개의바람

일본 도서관에서 진행한 '인형 초대의 날'을 소재로 한 그림책입니다. 아이들은 좋아하는 인형을 안고 도서관에서 이야기 시간을 즐깁니다. 어린이들은 집에 돌아가지만, 인형들은 남아 밤의 도서관을 즐기지요. 내 인형은 밤새도록 도서관에서 어떤 책을 읽을까 즐거운 상상을 하게 됩니다. 책을 읽으며 도서관과 친해질 수 있도록 설렘과 호기심을 불어 넣어 줍니다. 지금은 절판되어 도서관에서 만나볼 수 있습니다.

도서관 탐구 생활

사이토 히로시 글, 다나카 로쿠다이 그림, 김숙 옮김, 북뱅크

도서관에 대해 잘 모르는 어린이에게 다양한 정보를 재미있게 알려주는 책입니다. 도서관의 사서 소개, 도서관에 있는 물건, 도서관 예절, 책 대출법 등을 배울 수 있습니다. 퀴즈, 숨은그림찾기, 미로 찾기 등 재미있게 문제를 풀며 도서관에 대해 알아갈 수 있습니다.

있으려나 서점

요시타케 신스케 글·그림, 고향옥 옮김, 주니어김영사

'책과 관련된 책' 전문점인 '있으려나 서점'에 관한 이야기입니다. 희귀한 책, 책과 관련된 도구, 책과 관련된 일과 이벤트, 도서관과 서점에 대한 기발한 상상력으로 무장한 이야기들을 만날 수 있습니다. 책이 얼마나 재미있는 매체인지, 또 서점은 얼마나 중요한 공간인지 느끼게 해주는 그림책입니다.

수록 그림책 목록

주니어, 2017

『엄마랑 뽀뽀』, 김동수 글·그림, 보림, 2008

『쪽쪽』, 김시영 글·그림, 고인돌, 2014

『안아 줄게』, 김복태 글, 김상아 그림, 보림, 2023

스스로 칫솔질이 하고 싶어지는 그림책

『싹싹싹』, 하야시 아키코 글·그림, 이영준 옮김, 한림출판사, 2001

『난 토마토 절대 안 먹어』, 로렌 차일드 글·그림, 조은수 옮김, 국민서관, 2001

『누구나 먹는다!』, 줄리아 쿠오 글·그림, 이은파 옮김, 고래뱃속, 2015

『치카치카 하나 둘』, 최정선 글, 윤봉선 그림, 보림, 2010

『비둘기는 목욕이 필요해요!』, 모 윌렘스 글·그림, 장선영 옮김, 살림어린이, 2014

『한 그릇』, 변정원 글·그림, 보림, 2021

『주세요 주서요』, 신혜영 글, 최미란 그림, 천개의바람, 2021

『이파라파냐무냐무』, 이지은 글·그림, 사계절, 2020

아기가 무조건 좋아하는 뚱 그림책

『누가 내 머리에 똥 쌌어?』, 베르너 홀츠바르트 글, 볼프 에를브루흐 그림, 사계절, 1993

『응가하자, 끙끙』, 최민오 글·그림, 보림, 2001

『똥벼락』, 김회경 글, 조혜란 그림, 사계절, 2001

『아기똥』, 조영지 글·그림, 길벗어린이, 2020

『한밤중의 화장실』, 마루야마 아야코 글·그림, 강방화 옮김, 한림출판사, 2012

『쏴아아』, 재희 글·그림, 킨더랜드, 2020

『대단한 오줌싸개 대장』, 로버트 먼치 글, 마이클 마르첸코 그림, 김은영 옮김, 다산기획, 2018

아빠, 그림책 얽어주세요!

『간질간질』, 최재숙 글, 한병호 그림, 보림, 2014

『아빠한테 찰뜨』, 최정선 글, 한병호 그림, 보림, 2011

『뒹굴뒹굴 짝짝』, 백연희 글, 주경호 그림, 길벗어린이, 2010

『아빠, 해 봐!』, 지미 팰런 글, 미겔 오르도네스 그림, 엄혜숙 옮김, 길벗어린이, 2016

『고 녀석 맛있겠다』, 미야니시 타츠야 글·그림, 백승인 옮김, 달리, 2004

『거미 아난시』, 제럴드 맥더멋 글·그림, 윤인웅 옮김, 열린어린이, 2005

『제가 잡아먹어도 될까요?』, 조프루아 드 페나르 글·그림, 이정주 옮김, 베틀북, 2002

『건전지 아빠』, 전승배·강인숙 글·그림, 창비, 2021

3부

왜 그림책에는 반복되는 말이 많을까요?

『나랑 같이 놀자』, 마리 홀 엣츠 글·그림, 양은영 옮김, 시공주니어, 1994

『곰 사냥을 떠나자』, 마이클 로젠 글, 헬린 옥슨버리 그림, 공경희 옮김, 시공주니어, 1994

『야, 우리 기차에서 내려』, 존 버닝햄 글·그림, 박상희 옮김, 비룡소, 1995

『그건 내 조끼야』, 나카에 요시오 글, 우에노 노리코 그림, 박상희 옮김, 비룡소, 2000

『민들레는 민들레』, 김장성 글, 오현경 그림, 이야기꽃, 2014

『모모모모모』, 밤코 글·그림, 향, 2019

『모두 다 꽃이야』, 류형선 글, 이명애 그림, 풀빛, 2021

우리 아이는 그림책에 흥미가 없어요

『모자 사세요!』, 에스퍼 슬로보드키나 글·그림, 박향주 옮김, 시공주니어, 1999

『숲속 괴물 그루팔로』, 줄리아 도널드슨 글, 악셀 셰플러 그림, 노은정 옮김, 비룡소, 2019

『안 돼, 데이비드!』, 데이비드 섀넌 글·그림, 김경희 옮김, 주니어김영사, 2020

『모두 깜짝』, 쪼오 신따 글·그림, 엄혜숙 옮김, 창비, 2008

『오싹오싹 크레용!』, 에런 레이놀즈 글, 피터 브라

운 그림, 홍연미 옮김, 토토북, 2022

『곰돌이 팬티』, 투페라 투페라 글·그림, 김미대 옮김, 북극곰, 2014

『꿍꿍꿍 좀비』, 윤정주 글·그림, 책읽는곰, 2021

『머피의 하루』, 앨리스 프로벤스 글·그림, 정원정·박서영 옮김, 열린어린이, 2025

인공지능 시대인데 옛이야기 그림책이 필요한가요?

『마고할미』, 정근 글, 조선경 그림, 보림, 2006

『방귀쟁이 며느리』, 신세정 글·그림, 사계절, 2008

『삼신할미』, 서정오 글, 이강 그림, 봄봄, 2006

『콩중이 팥중이』, 이주혜 글, 홍선주 그림, 시공주니어, 2006

『김수한무 거북이와 두루미 삼천갑자 동방삭』, 소중애 글, 이승현 그림, 비룡소, 2013

『깜박깜박 도깨비』, 권문희 글·그림, 사계절, 2014

『그늘을 산 총각』, 이수지 글·그림, 비룡소, 2021

『연이와 버들 도령』, 백희나 글·그림, 스토리보울, 2024

그림책을 고르는 게 어려워요

『파랑이와 노랑이』, 레오 리오니 글·그림, 이경혜 옮김, 파랑새어린이, 2003

『눈 오는 날』, 에즈라 잭 키츠 글·그림, 김소희 옮김, 비룡소, 1995

『미술관에 간 윌리』, 앤서니 브라운 글·그림, 장미란 옮김, 웅진주니어, 2000

『아트와 맥스』, 데이비드 위즈너 글·그림, 박보영 옮김, 시공주니어, 2019

『점』, 피터 레이놀즈 글·그림, 김지효 옮김, 문학동네, 2003

『하루 종일 미술시간』, 하세가와 요시후미 글·그림, 김소연 옮김, 천개의바람, 2021

어린이에게는 애착 물건과 상상 친구가 있어요

『알도』, 존 버닝햄 글·그림, 이주령 옮김, 시공주니어, 2017

『내 사랑 뿌뿌』, 케빈 헹크스 글·그림, 이경혜 옮김, 비룡소, 1996

『내 토끼 어딨어?』, 모 윌렘스 글·그림, 정회성 옮김, 살림어린이, 2008

『두더지의 소원』, 김상근 글·그림, 사계절, 2017

『곰돌이랑 나랑』, 케라스코에트 글·그림, 마술연필 옮김, 보물창고, 2024

『비클의 모험』, 댄 샌탯 글·그림, 고정아 옮김, 아르볼, 2015 From The Adventures of Beekle: The Unimaginary Friend (Caldecott Medal Winner) by Dan San tat, copyright © 2014. Reprinted by permission of Little, Brown, an imprint of Hachette Book Gro up, Inc

어린이는 상상을 통해 배우고 자라요

『해럴드와 보라색 크레용』, 크로켓 존슨 글·그림, 홍연미 옮김, 시공주니어, 2021

『난 커서 바다표범이 될 거야』, 니콜라우스 하이델바흐 글·그림, 김경연 옮김, 풀빛, 2015

『구름공항』, 데이비드 위즈너 글·그림, 시공주니어, 2017

『감기 걸린 날』, 김동수 글·그림, 보림, 2002

『수박 수영장』, 안녕달 글·그림, 창비, 2015

『문어 목욕탕』, 최민지 글·그림, 노란상상, 2018

『우르르 팡 변신 우산』, 노인경 글·그림, 문학동네, 2024

『시계탕』, 권정민 글·그림, 웅진주니어, 2025

아이가 밤낮없이 "왜?"라고 물어요

『갯벌이 좋아요』, 유애로 글·그림, 보림, 2004

『발바닥 이야기』, 야규 겐이치로 글·그림, 엄기원 옮김, 한림출판사, 2007

『선인장 호텔』, 브렌다 기버슨 글, 메건 로이드 그림, 이명희 옮김, 마루벌, 2024

『앗, 바뀌었어!』, 박정선 글, 장경혜 그림, 비룡소, 2014

『우리집』, 카슨 엘리스 글·그림, 이순영 옮김, 북극곰, 2016

『할머니의 용궁 여행』, 권민조 글·그림, 천개의바람, 2020

공룡과 자동차에 흠뻑 빠졌어요!

『엘리베이터』, 경혜원 글·그림, 시공주니어, 2016

『공룡 엑스레이』, 경혜원 글·그림, 한림출판사, 2017

『신기한 스쿨버스 6 - 공룡 시대로 가다』, 조애너 콜 글, 브루스 디건 그림, 이강환 옮김, 비룡소, 1999

『기차 여행』, 이숙현 글, 토마쓰리 그림, 다림, 2022

『부릉부릉 자동차가 좋아』, 리처드 스캐리 글·그림, 황윤영 옮김, 보물창고, 2007

『오! 자동차』, 폴 크라프트 글·그림, 양진희 옮김, 보림, 2022

『진짜 진짜 재밌는 자동차 그림책』, 리처드 드렛지 글, 앤드류 이스턴 그림, 이홍준 옮김, 라이카미, 2022

그림책으로 숫자를 배우고 즐겨요

『1, 2, 3 고무 오리 열 마리』, 에릭 칼 글·그림, 스토리랩 옮김, 시공주니어, 2022

『씨앗은 어디로 갔을까?』, 루스 브라운 글·그림, 이상희 옮김, 주니어RHK, 2001

『아기 오리 열두 마리는 너무 많아!』, 채인선 글, 유승하 그림, 길벗어린이, 2007

『즐거운 이사 놀이』, 안노 미쓰마사 글·그림, 박정선 옮김, 비룡소, 2001

『한 마리 여우』, 케이트 리드 글·그림, 이루리 옮김, 북극곰, 2021

『시계 탐정 123』, 서영 글·그림, 책읽는곰, 2014

『30층 집, 고양이를 찾아라』, 야스이 스에코 글, 스기타 히로키 그림, 김수희 옮김, 미래아이, 2016

『씨앗 100개가 어디로 갔을까』, 이자벨 미뉴스 마르틴스 글, 야라 코누 그림, 홍연미 옮김, 토토북, 2018

미래를 살아갈 어린이에게 꼭 필요한 젠더 감수성

『엄마가 알을 낳았대!』, 배빗 콜 글·그림, 고정아 옮김, 보림, 1996

『소중한 나의 몸』, 정지영 글, 정혜영 그림, 비룡소, 1999

『소중해 소중해 나도 너도』, 엔미 사키코 글, 가와하라 미즈마루 그림, 권남희 옮김, 주니어RHK, 2022

『좋아서 껴안았는데, 왜?』, 이현혜 글, 이효실 그림, 천개의바람, 2015

『메리는 입고 싶은 옷을 입어요』, 키스 네글리 글·그림, 노지양 옮김, 원더박스, 2019

『종이 봉지 공주』, 로버트 먼치 글, 마이클 마르첸코 그림, 김태희 옮김, 비룡소, 1998

『우리는 최고야!』, 토미 드 파올라 글·그림, 이순영 옮김, 북극곰, 2021

『과학자 에이다의 대단한 말썽』, 안드레아 비티 글, 데이비드 로버츠 그림, 김혜진 옮김, 천개의바람 2017

4부

형제자매가 동시에 그림책을 읽어달래요

『피터의 의자』, 에즈라 잭 키츠 글·그림, 이진영 옮김, 시공주니어, 1996

『티치』, 팻 허친스 글·그림, 박현철 옮김, 시공주니어, 1997

『터널』, 앤서니 브라운 글·그림, 장미란 옮김, 논장, 2018

『원숭이 오누이』, 채인선 글, 배현주 그림, 한림출판사, 2009

『흔한 자매』, 조아나 에스트렐라 글·그림, 민찬기 옮김, 그림책공작소, 2017

『언니와 동생』, 샬롯 졸로토 글, 사카이 고마코 그림, 황유진 옮김, 북뱅크, 2020

『우리가 케이크를 먹는 방법』, 김효은 글·그림, 문학동네, 2022

글 없는 그림책을 읽어주는 방법

『시간 상자』, 데이비드 위즈너 글·그림, 시공주니어, 2018

『파도야 놀자』, 이수지 글·그림, 비룡소, 2009

『발자국을 따라가 볼까요?』, 제르다 뮐러 글·그림, 파랑새, 2007

『눈사람 아저씨』, 레이먼드 브릭스 글 그림, 마루벌, 2024

『머나먼 여행』, 에런 베커 글·그림, 웅진주니어, 2014

『진주의 여행』, 안느-마르고 램스타인·마티아스 아르귀 글·그림, 이경혜 옮김, 웅진주니어, 2022

『엄청난 눈』, 박현민 글·그림, 달그림, 2020

애니메이션 그림책만 읽으려고 해요

『도깨비를 빨아버린 우리 엄마』, 사토 와키코 글·그림, 이영준 옮김, 한림출판사, 1991

『마녀 위니』, 밸러리 토머스 글, 코키 폴 그림, 김중철 옮김, 비룡소, 1996

『지하철을 타고서』, 고대영 글, 김영진 그림, 길벗어린이, 2006

『오늘은 하늘을 날 거야』, 모 윌렘스 글·그림, 박보미 옮김, 봄이아트북스, 2020

『까까똥꼬』, 스테파니 블레이크 글·그림, 김영신 옮김, 한울림어린이, 2010

『세모』, 맥 바넷 글, 존 클라센 그림, 서남희 옮김, 시공주니어, 2018

『맛있는 숲의 레몬』, 사토 메구미 글·그림, 황진희 옮김, 올리, 2021

꼭 독후활동을 해야 하나요?

『내 머리가 길게 자란다면』, 타카도노 호코 글·그림, 예상렬 옮김, 한림출판사, 2003

『까만 크레파스』, 나카야 미와 글·그림, 김난주 옮김, 웅진주니어, 2002

『겁쟁이 빌리』, 앤서니 브라운 글·그림, 김경미 옮김, 비룡소, 2006

『조용해지면 들리는 책』, 마거릿 와이즈 브라운 글, 레너드 웨이스가드 그림, 이혜원 옮김, 웅진주니어, 2025

『나무 위의 집 사용 설명서』, 카터 히긴스 글, 에밀리 휴즈 그림, 홍연미 옮김, 달리, 2018

『고구마구마』, 사이다 글·그림, 반달, 2017

『돌멩이도 춤을 추어요』, 힐데 헤이더크 후트 글·그림, 김서정 옮김, 바람의아이들, 2022

『잠이 솔솔 핫초코』, 양선 글·그림, 소원나무, 2022

무거운 주제를 다룬 그림책을 보여줘도 될까요?

『위층 할머니, 아래층 할머니』, 토미 드 파올라 글·그림, 이미영 옮김, 비룡소, 2003

『죽고 싶지 않아』, 안느-가엘 발프 글, 이자벨 카리에 그림, 김지연 옮김, 보랏빛소어린이, 2021

『강아지 천국』, 신시아 라일런트 글·그림, 류장현 옮김, 책공장더불어, 2013

『이게 정말 천국일까?』, 요시타케 신스케 글·그림, 고향옥 옮김, 주니어김영사, 2016

『식빵 유령』, 윤지 글·그림, 웅진주니어, 2020

『상자 세상』, 윤여림 글, 이명하 그림, 천개의바람, 2020

『거짓말 같은 이야기』, 강경수 글·그림, 시공주니어, 2011

『바나나가 더 일찍 오려면』, 정진호 글·그림, 사계절, 2024

그림책은 가장 좋은 감정 교과서

『오늘 내 마음은…』, 마달레나 모니스 글·그림, 열린어린이, 2023

『컬러 몬스터』, 아나 예나스 글·그림, 김유경 옮김, 청어람미디어, 2020

『감정은 무얼 할까?』, 티나 오지에비츠 글, 알렉산드라 자욘츠 그림, 이지원 옮김, 비룡소, 2021

『감정 호텔』, 리디아 브란코비치 글·그림, 장미란 옮김, 책읽는곰, 2024

『소피가 화나면, 정말 정말 화나면』, 몰리 뱅 글·그림, 박수현 옮김, 책읽는곰, 2013

『윌리와 구름 한 조각』, 앤서니 브라운 글·그림, 조은수 옮김, 웅진주니어, 2016

『가만히 들어주었어』, 코리 도어펠드 글·그림, 신혜은 옮김, 북뱅크, 2019

『오늘은 회색빛』, 로라 도크릴 글, 로렌 차일드 그림, 김지은 옮김, 웅진주니어, 2024

그림책으로 한글을 뗄 수 있나요?

『기차 ㄱㄴㄷ』, 박은영 글·그림, 비룡소, 1997

『움직이는 ㄱㄴㄷ』, 이수지 글·그림, 길벗어린이, 2006

『소리치자 가나다』, 박정선 기획, 백은희 그림, 비룡소, 2007

『요리요리 ㄱㄴㄷ』, 정인하 글·그림, 책읽는곰, 2013

『가나다 글자 놀이』, 이상교 글·그림, 한솔수북, 2024

『사랑 사랑 ㄱㄴㄷ』, 김숙·김미영·김지영 기획과 글, 권봉고 그림, 북뱅크, 2024

『내 마음 ㅅㅅㅎ』, 김지영 글·그림, 사계절, 2021

그림책에서 동화책으로 넘어가려면?

『엠마의 비밀 일기』, 수지 모건스턴 글, 세브린 코르디에 그림, 이세진 옮김, 비룡소, 2008

『비밀의 집 볼뤼빌리스』, 막스 뒤코스 글·그림, 길미향 옮김, 국민서관, 2009

『나도 편스할 거야』, 유은실 글, 설은영 그림, 사계절, 2011

『토드 선장과 우주 탐험』, 제인 욜런 글, 브루스 디건 그림, 박향주 옮김, 시공주니어, 1998

『목기린 씨, 타세요!』, 이은정 글, 윤정주 그림, 창비, 2014

『밥 먹을 대 똥 얘기 하지 마』, 허은순 글, 김이조 그림, 보리, 2013

『혼자 잘 수 있어』, 난별 글, 김진미 그림, 책읽는곰, 2024

학습 만화만 읽으려고 해요

『산타 할아버지』, 레이먼드 브릭스 글·그림, 박상희 옮김, 비룡소, 1995

『생각하는 개구리』, 이와무라 카즈오 글·그림, 박지석 옮김, 진선아이, 2021

『양철곰』, 기기훈 글·그림, 리잼, 2012

『내 멋대로 슈크림빵』, 김지안 글·그림, 웅진주니어, 202C

『친구의 전설』, 이지은 글·그림, 웅진주니어, 2023

『쌀알 돌알』, 벼레 글·그림, 사계절, 2023

도서관과 서점은 어린이의 친근한 놀이터

『도서관』, 사라 스튜어트 글, 데이비드 스몰 그림, 지혜연 옮김, 시공주니어, 1998

『도서관에 간 사자』, 미셸 누드슨 글, 케빈 호크스 그림, 홍연미 옮김, 웅진주니어, 2007

『도서관에서는 모두 쉿!』, 돈 프리먼 글·그림, 이상희 옮김, 시공주니어, 2009

『도서관에서 만나요』, 가제키 가즈히토 글, 오카다 치아키 그림, 김소연 옮김, 천개의바람, 2015

『도서관 탐구 생활』, 사이토 히로시 글, 다나카 로쿠다이 그림, 김숙 옮김, 북뱅크, 2016

『있으려나 서점』, 요시타케 신스케 글·그림, 고향옥 옮김, 주니어김영사, 2018

참고 도서

「그림책 반복적 읽어주기에 따른 유아의 문학적 반응 연구」 이대균, 백경순, 『어린이문학교육연구』 6권, 한국어린이문학교육학회, 2005

「부모의 읽기 태도에 대한 학생의 인식과 학생의 읽기 태도와의 상관성 연구」 김대회, 엄혜영, 『한국초등교육』 23권 4호, 서울교육대학교 초등교육연구원, 2012

「읽기 태도의 개념과 성격」 정혜승, 『독서연구』 16호, 한국독서학회, 2006

『0~5세 골든 브레인 육아법』, 김보경, 웨일북, 2023

『0~5세 말걸기 육아의 힘』, 김수연, 위즈덤하우스, 2020

『0~5세 언어 발달 엄마가 알아야 할 모든 것』, 정진옥, 코리아닷컴, 2020

『4~7세보다 중요한 시기는 없습니다』, 이임숙, 카시오페아, 2021

『감정의 발견』, 마크 브래킷 지음, 임지연 옮김, 북라이프, 2020

『공부머리 만드는 그림책 놀이 일 년 열두 달』, 박형주, 김지연, 다우출판사, 2019

『그림책 반복 읽기가 유아의 이야기 구성과 이해 능력 및 읽기 태도에 미치는 영향』, 배서연, 성결대학교, 2014

『그림책으로 배우는 삶과 죽음』, 임경희, (주)학교도서관저널, 2021

『그림책으로 읽는 아이들 마음』, 서천석, 창비, 2015

『글 없는 그림을 활용한 이야기 꾸미기 활동이 유아의 언어능력에 미치는 효과』, 정성순, 전남대학교, 2000

『김수연의 아기발달백과』, 김수연, 삼인, 2024

『당차고 용기있게 딸 성교육 하는 법』, 손경이, 다산에듀, 2021

『마법의 시간 첫 6년』, 셀마 H 프레이버그, 반건호 옮김, 아침이슬, 2009

『만질 수 있는 생각』, 이수지, 비룡소, 2024

『소설처럼』, 다니엘 페나크, 이정임 옮김, 문학과지성사, 2018

『아이는 어떻게 말을 배울까』, 로버타 미치닉 골린코프, 캐시 허시-파섹, 문채원 옮김, 교양인, 2010

『아이를 사랑하는 일』, 오카 시게코, 홍성민 옮김, 라이프앤페이지, 2021

『어린이와 그림책』, 마쓰이 다다시, 이상금 엮음, 샘터, 1990

『옛이야기의 매력』, 브루노 베텔하임, 김옥순·주옥 옮김, 시공주니어, 1998

『우리 아이 왜 그럴까』, 최치현 지음, 아몬드, 2021

『울리지 않고 아이 잠재우기』, 엘라자베스 팬틀리, 강병철 옮김, 김영사, 2008

『유럽의 그림책 작가들에게 묻다』, 최혜진, 은행나무, 2016

『젠더감수성 교실』, 김은혜, 한겨레 출판, 2020

『특수교육학 용어사전』, 국립특수교육원, 하우출판사, 2018

『팩트체크, 아이 정신건강』, 대한신경정신의학회 청소년특임위원회, 대한신경정신의학회 출판부, 2019

『하루 15분 책 읽어주기의 힘』, 짐 트렐리즈, 신디 조지스, 이문영 옮김, 북라인, 2020

『학습만화는 글보다 학업성취도를 향상시키는가?』, 최준열, 서울대학교, 2012

『희랍어 시간』, 한강, 문학동네, 2011

다섯 살 그림책

한미화, 황유진 지음

처음 찍은 날 2025년 9월 5일   처음 펴낸 날 2025년 9월 15일

펴낸이 김덕균   펴낸 곳 오픈키드(주)열린어린이

만든이 조수연   디자인 박재원   관리 권문혁

출판신고 제 2014-000075호

주소 서울시 마포구 월드컵북로 5가길 17 3층

전화 02) 326-1284   전송 02) 325-9941

이메일 openkid1234@naver.com

ⓒ 한미화, 황유진 2025

ISBN 979-11-5676-152-5 03590